幼儿园课程建设实践成果丛书

浙江省教育厅教研室 组织编写

我是中国娃

幼儿园传统文化教育活动精选

虞莉莉 主编

浙江教育出版社·杭州

目　录

"中华经典"篇——以中国特有的"百家姓""伞扇情""中国功夫"等经典文化为内容，让儿童与之互动，激发孩子的探究乐趣。

　　"节日节气"篇——以"红红火火中国年""立夏""端午""中秋""冬至""腊八"等有中国味的节日、节气为素材，尊重儿童的学习方式，让儿童在具象化、生活化、本土化、有童味的活动中感受传统。

　　"民间技艺"篇——以民间特有的技艺，如"平湖西瓜灯""手影""印染""低塘麦编"等为资源，让孩子在玩一玩、做一做中尝试，充分感受与体验中国劳动人民的勤劳与智慧，在不知不觉中成为非遗小传人。

　　"地域资源"篇——以富有地域特色的好玩、好吃、好看、好听的资源为载体，让孩子在"逛庙会""玩土棋""品特色小吃""走进畲乡""享甬韵"中享受家乡的美景、美食，以及美的文化，萌发热爱家乡的情感。

　　四个篇章的活动方案，均由教师自主开发并实施，每个方案由资源分析、目标设计、内容架构、组织实施、亮点分享五个板块构成，努力营造了一场场中国味的遇见。

　　让我们一起努力把中华优秀传统文化的种子埋入每一个孩子的心田，让"我是中国娃，我爱我的家"不断生根、萌芽……

编者

2020 年 12 月

我是中国娃，我爱我的"家"

《幼儿园教育指导纲要（试行）》指出：充分利用社会资源，引导幼儿实际感受祖国文化的丰富与优秀，感受家乡的变化和发展，激发幼儿爱家乡、爱祖国的情感。《3—6 岁儿童学习与发展指南》社会领域目标也明确指出：具有初步的归属感，知道当地有代表性的物产或景观，能感受到家乡的发展变化并为此感到高兴，知道自己是中国人并为此感到自豪等。可见，对幼儿开展传统文化教育，激发其产生对本民族文化探索的兴趣，并形成文化认同感，是培养"中国娃"的核心所在。

"中国娃"怎么培养呢？2017 年 11 月颁布的《浙江省教育厅关于全面推进幼儿园课程改革的指导意见》指明了方向，即开发适宜的课程资源。它明确指出：教师要发挥主体作用，积极挖掘、筛选、利用幼儿园周边的自然资源、社会资源及园内可利用的资源，并考虑幼儿生活的家庭背景，体现中国优秀文化及地域和幼儿园文化，具有文化适宜性。可见，中华优秀传统文化是"中国娃"的重要载体，要通过培养爱祖国、爱家乡等良好社会品质培育根植家国情怀、富有文化情趣的"中国娃"。

2018 年，浙江省教育厅教研室组织开展了浙江省幼儿园"我是中国娃"特色教育活动方案征集评选活动，拉网式推动中华优秀传统文化教育在幼儿园的实践，深入贯彻落实十九大精神，发挥传统文化的思想熏陶和文化教育普及功能，积极培育和践行社会主义核心价值观。

本次评选共收到"我是中国娃"特色教育活动方案 243 项，经过专家评审，最终有119 项入选为浙江省"我是中国娃"优秀特色教育活动方案。为了让幼儿园分享经验，互勉成长，为继续培育"富有家国情怀的中国娃"实践提供借鉴意义，遴选 30 个精品特色教育活动方案并汇编成册，供幼教人学习参考。

中华传统文化博大精深，涵盖文字、语言、曲艺、武术、节日、民俗等。如此丰富的资源，哪些适宜幼儿阶段，又通过何种路径推进呢？这 30 个"我是中国娃"精品特色教育活动方案作了很好的示范，充分体现了"儿童主动建构周遭事物的意义获得发展"的学习特点。本书分四个篇章展开，分别是：中华经典、节日节气、民间技艺、地域资源。

第一篇

中华经典

百家姓

永康市龙山镇中心幼儿园

　　以社会性活动为主线的综合活动"百家姓"是我园大班段"我是中国娃"主题背景下的一个创生活动。我园的孩子来自龙山镇各自然村，每个自然村的主要姓氏不同，这是为什么？孩子们想了解自己的姓源于何处，有什么特殊的意义。通过组织这次活动，我们让孩子们认识、了解自己的姓，初步对中国的姓氏文化产生兴趣，对中国人姓氏的代代传承有所认识，感受家族的凝聚力，为"我是中国娃"而感到自豪。

一、资源分析

　　姓氏是中华民族传统文化的重要组成部分，蕴含着丰富的历史文化内涵，和人们的生活息息相关。龙山镇地处永康市东北部，下辖 39 个行政村，常住人口 3 万多人，我园 99% 的幼儿都是本镇户口。龙山镇的姓氏分布具有典型的地域特点，镇属所在地桥下 3 个村 90% 的居民姓朱，其他村也分别有自己主要的姓氏。更有意思的是，很多村名和姓氏是有直接联系的，如溪边颜人绝大多数姓颜，桥头周人大多姓周，贾宅人大多姓贾等。

　　另外，大班上学期"龙的传人"主题里有关于"我的姓氏"的集体教学活动，我们参考、借鉴其内容，再通过"问号卡"（图 1），深入了解

图 1　问号卡

幼儿的需要和兴趣，这对创生新的主题是很有帮助的。

二、目标设计

（1）了解中国人名字中的姓，知道《百家姓》是我国古代童蒙读物，感受传统姓氏文化的博大精深，为自己是中国人而骄傲。

（2）初步了解姓氏的来历，统计身边的姓，体验姓氏的多样性。

（3）对姓氏的知识感兴趣，知道姓氏通过代代传承，具有一定的区域性，产生热爱家乡的情感。

三、内容架构

我们通过对幼儿进行前期调查，梳理出适合幼儿探究的关键问题（见表1），借此了解幼儿的已有经验和兴趣点。

表1　关于百家姓的调查汇总

关于百家姓，我知道……	关于百家姓，我想知道……
1.中国人的姓通常是名字的第一个字，中国有很多很多姓。 2.我们绝大多数人和爸爸同姓，和爷爷同姓。 3.我知道有些人的名字里包含了两个姓，一个是爸爸的姓，一个是妈妈的姓。 4.《百家姓》是一本书，共收录了504个姓，其中单字姓有444个，复字姓有60个。 5.现在中国姓"李"的人最多。 6.有些姓很奇怪，我没听到过。	1.全国一共有多少个姓？ 2.姓是怎么来的？ 3.为什么我们一般跟爸爸姓？能不能跟妈妈姓？ 4.为什么我们桥下很多人姓朱？ 5.为什么我们村的名字和我的姓有一样的字呢？ 6.幼儿园的孩子和老师一共有几个姓？哪个姓的人最多？ 7.外国人也有姓吗？

我们开展主题审议归纳幼儿的需求和兴趣，大致把活动分为"有哪些姓""姓是怎么来的"和"姓是怎么传承的"三个部分，预设幼儿可能感兴趣的学习活动和区角活动（见表2）。

表2 "百家姓"主题活动审议表

	可能开展的学习活动	区角活动	可以投放的材料
有哪些姓	1.我们班有几个姓？ 2.同姓、不同姓。 3.一共有多少个姓？ 4.书写自己的姓名。 5.欣赏和百家姓有关的歌曲。 6.同姓的名人。	统计姓氏	幼儿名单、纸、笔
		姓氏分类	字卡、小篮子
		创编百家姓童谣	快板、音乐、字卡
		描红、拼凑姓氏	字卡、笔、橡皮泥
姓是怎么来的	1.姓氏的起源。 2.关于姓氏的小故事。 3.调查自己的姓氏。 4.姓氏的来历。	画画姓的故事	画纸、各种笔
		不同字体连连看	字卡、笔
姓是怎么传承的	1.姓氏怎么传？ 2.妈妈的姓氏传给谁？ 3.我的姓氏传给谁？ 4.同村的同姓、不同姓。 5.村名和姓氏的关系。	画画全家福	画纸、各种笔
		同姓对对碰	乒乓球、字卡

根据以上预设，我们设计了以"我身边的姓""姓氏的来历""姓氏的传承"为主线的多途径的探究活动（见图2），并细化了每一个活动的目标（见表3）。

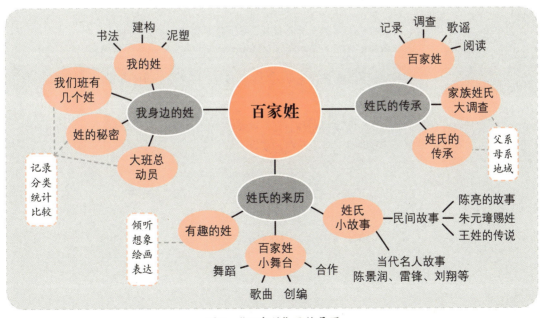

图2 "百家姓"思维导图

表3 主题活动一览表

活动名称	活动目标
姓的秘密	1.知道自己的名字由姓和名两部分组成，感知班级同伴姓氏的异同。 2.初步统计班级里有几个姓。
我们班有几个姓	1.完成统计任务，记录班级里相同姓氏的人数并比较多少。 2.能讲述、分享自己的发现。
我的姓	1.能用小棒、橡皮泥等工具拼凑自己的姓。 2.认读一些姓，了解其结构特点，产生了解汉字的兴趣。
大班总动员	1.知道身边有许多姓，对我国丰富的姓氏文化感兴趣。 2.小组合作统计大班段幼儿的姓氏，提高统计能力。
百家姓	1.知道《百家姓》是古代记录姓氏的作品，为我国源远流长的传统文化感到自豪。 2.认读《百家姓》中的一些字，找找自己的姓排在第几位。 3.学唱《百家姓》童谣。
家族姓氏大调查	1.和父母一起完成调查表，体验亲子互动的乐趣。 2.感受姓氏血脉产生的家族凝聚力。 3.能大胆讲述自己的调查结果。
有趣的姓	1.初步了解姓氏的来历并发挥想象，大胆猜测有关自己姓氏的小故事，并用绘画的形式来表现。 2.产生探究姓氏故事的兴趣。
姓氏小故事	1.尝试探究关于姓氏的小故事，并乐意和同伴分享。 2.了解同姓的名人，为他们感到骄傲，并产生向他们学习的情感。
姓氏的传承	1.知道姓氏的传承除了家族的系统性外，还有一定的区域性。 2.倾听名人故事，感受中华民族姓氏血脉代代相传，人才辈出。
百家姓小舞台	1.愿意表演有关姓氏的儿歌、童谣等，尝试与同伴合作表演。 2.能大胆讲述关于姓氏的小故事。

四、组织实施

（一）实施途径

集体探究、区域探究是幼儿园主要的活动形式，亲子探究带动家长参与孩子的活动，也是幼儿园教育活动的重要组成部分。我们按实施途径把主题活动分为集体探究、区域探究和亲子探究三大块（见图3）。

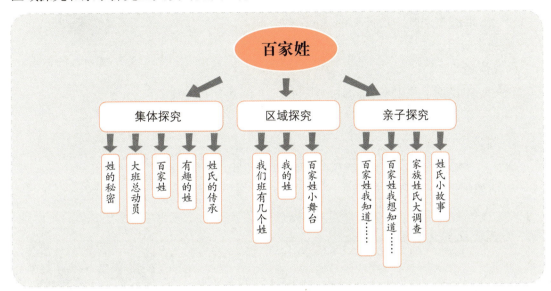

图3　实施途径

（二）具体实施

1. 姓的秘密

目标：

—— 知道自己的名字由姓和名两部分组成，感知班级同伴姓氏的异同。

—— 初步统计班级里有几个姓。

准备：PPT（姓名的个例，供幼儿认知姓和名），班里幼儿的姓氏字卡，大统计表，幼儿用小统计表。

过程：

● 介绍自己的姓名。

● 姓的秘密。

· 找自己的姓。

图4　幼儿的统计结果

—— 我们的名字是由姓和名组成的，姓是第几个字？

—— 教师出示字卡，幼儿找到自己的姓氏字卡贴在黑板上。

· 共同的姓。

—— 我们班一共有几个姓？我们班有 22 个小朋友，怎么会只有 6 个姓呢？

—— 谁和你同姓？请你去问一问，找一找。

● 初步统计。

· 交流经验。

—— 你找到了几个和你同姓的小朋友？（在黑板上记录）

—— 你是用什么方法找的？

· 集体统计。

——（解读统计表）我们班什么姓的人多？什么姓的人少？

● 活动延伸。

—— 除了黑板上的这些，你还知道什么姓？

图5 贴姓氏字卡

2. 姓氏探究总动员

目标：

—— 知道我们身边还有许许多多的姓，对我国丰富的姓氏文化感兴趣。

—— 能小组合作，统计大班段幼儿的姓氏，提高统计能力。

准备：PPT，大统计表，铅笔，大班段幼儿名单一份。

过程：

图6 幼儿记录统计结果

● 回忆、梳理经验。

—— 教师出示一份大班幼儿的名单。幼儿说说自己的统计方法，并做简单的记录。

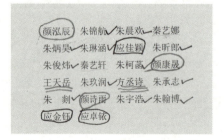

图7 幼儿认为分班统计比较容易

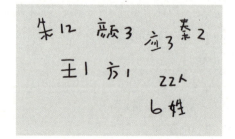

图8 分班统计的结果

—— 小结：把一样的姓进行归类，不同的姓用不同的符号表示。

● 经验提升。

—— 教师把名单分成 5 份。幼儿 4 人一组，分配任务，进行统计。

—— 交流操作过程：你在统计的过程中遇到了什么麻烦？怎么解决？

—— 出示大统计表，汇总分组统计的结果：大统计表上已经有的姓该怎么办？没有的该怎么办？

—— 分析统计结果：大班一共有几个姓？哪个姓的人最多？哪个姓的人最少？

—— 观看 PPT，集体验证统计结果。

3. 有趣的姓

目标：

—— 初步了解姓氏的来历并发挥想象，大胆猜测有关自己姓氏的小故事，并用绘画的形式来表现。

—— 产生探究姓氏故事的兴趣。

准备：有关姓氏来历小故事的 PPT（如名人赐姓、信仰、住所、从事职业等），彩色 A3 画纸，油画棒。

过程：

● 谈话导入。

—— 你知道自己的姓是怎么来的吗？

● 倾听故事，初步了解姓氏的来历。

—— 教师借助 PPT 讲述故事，幼儿倾听理解。

—— 故事里介绍了哪些姓？它们是怎么来的？

—— 你的姓是怎么来的？

● 幼儿作画。

—— 把自己编的姓氏小故事画下来。

—— 幼儿互相讲述自己的姓氏小故事。

● 活动延伸。

—— 把画纸带回家，和爸爸妈妈讲述自己的姓氏小故事。

图 9 吕姓小故事

图 10 朱姓小故事

4. 百家姓

目标：

—— 倾听《百家姓》童谣，按节奏创编童谣。

—— 知道《百家姓》是古代记录姓氏的作品，为我国源远流长的传统文化感到自豪。

—— 知道姓氏有排名，并能找出自己姓氏的排名。

准备：PPT，音频，《百家姓》图片，《百家姓》图书。

过程：

● 童谣《百家姓》。

—— 播放《百家姓》音频。

—— 教师边念诵童谣，边出示姓氏字卡。

—— 出示班里幼儿的姓，进行童谣创编。

● 百家姓。

—— 出示百家姓图片，幼儿找一找自己的姓，并做记号。

—— 你还认识哪些姓？发现什么不一样的姓？（复姓）

—— 小结：《百家姓》里记载着504个姓。这些姓，是我们的祖先一代一代传承下来，一直传到了我们这里。

图11　幼儿自编的童谣

● 姓氏排名。

—— 全中国姓什么的人最多？（播放最新的姓氏排名PPT，供幼儿欣赏）

—— 找自己的姓排在第几位。

● 活动延伸。

—— 书里还有许多关于姓氏的小秘密，你们再去找一找。

5.姓氏的传承

目标：

—— 知道姓氏的传承除了家族的系统性外，还有一定的区域性。

—— 倾听名人故事，感受中华民族姓氏血脉代代相传，人才辈出。

准备：完成《家庭姓氏调查表》和《姓氏调查表》，对自己家族的姓氏有初步的了解；名人姓氏字卡和图片。

过程：

● 姓氏的传承。

—— 幼儿分享自己的《家庭姓氏调查表》，说说家里有几个人，有几个姓，哪个姓的人最多，有几个人。

—— 你的姓是谁传给你的？又是谁传给你的爸爸的呢？

—— 你会把姓传下去吗？传给谁？

—— 小结：大部分人都跟爸爸姓，也有些人跟妈妈姓。

● 姓氏的区域性。

—— 幼儿讲述自己同村小伙伴的姓名。他们的姓名有什么小秘密？

—— 小结：原来我们的姓跟我们住的村子有关，村子里大部分的人都是同姓的。有可能我们的祖宗是同一个呢。

—— 出示事先整理好的幼儿姓名和村名，引导幼儿发现姓氏与村名之间的联系。

● 同姓是亲人。

—— 你们两个都姓朱，你们是同村的吗？为什么你们同姓又不同村呢？

—— 传说，很久很久以前，同姓的人也有可能是一家人呢。

● 了不起的中国人。

—— 出示名人图片，互相分享自己收集的名人故事。

图12　我知道的名人故事

（三）主题环境创设

随着主题活动的推进，各班把研究过程中幼儿的行动痕迹展示在主题墙上，有幼儿的学习问题或讨论结果，也有调查问卷、手工作品。幼儿经常围着主题墙叽叽喳喳地讨论，互相介绍自己的发现，互相学习。家长也可以通过主题墙了解孩子在园的学习内容和学习情况。

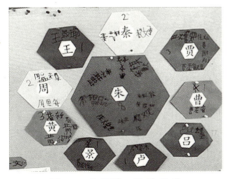

图13　主题墙：统计姓氏

图14　百家姓：我知道的姓氏

图15　主题墙：名人故事会

图16　百家姓：姓氏变变变

（四）家园共育

"百家姓"主题活动得到了家长的大力支持，他们带领孩子积极查阅资料，填写调查表，全程参与孩子的学习。有家长感叹道："以前从来没想过自己的姓是怎么来的，现在跟着孩子一起学习，终于知道了！"还有家长认真对待孩子感兴趣的问题，如在调查家族姓氏时，幼儿对家族姓氏是如何代代传承的产生兴趣，家长就带着孩子翻阅家谱等。

五、亮点分享

"百家姓"活动结束了，我们在设计、实施的过程中发现了很多亮点。

（一）从幼儿中来，回到幼儿中去

"百家姓"这个活动的灵感来自一次和孩子之间很平常的对话，来自孩子感兴趣的事物。教师及时抓住了教育契机，创生了主题活动。

【课程故事】　　　　　记录人：李老师　　　　　时间：2018年11月

有一天，女儿拿回来两样小零食，对我说："这是朱江娃给我的。"我一惊："你太没礼貌了吧，不叫老师，叫名字？"女儿理直气壮地说："我们幼儿园姓朱的老师太多了，你肯定分不清是哪一个，又要问我是哪个朱老师，我说名字你就知道了。"我一愣："你们幼儿园有几个朱老师呢？"女儿说："有5个朱老师，朱江娃、朱一婷……我们班也有很多小朋友姓朱，姓章的只有我一个。""你们班还有什么姓呢？""还有胡、贾、颜。我可以统计一下！"第二天，女儿放学时带回一张像模像样的统计表，上面清楚地记录着班里一共有12个姓氏，姓朱的有8人，姓颜的有4人……

这件事情引起了班里孩子对姓氏的兴趣，他们时不时讨论相关的话题，探索姓氏的奥秘。大班段的老师决定结合"我是中国娃"主题创生"百家姓"的活动。

初步的活动框架是通过"问号卡"收集幼儿感兴趣的问题后，才着手设计的。课程来自幼儿，幼儿决定活动的价值指向——基于儿童的立场。我们以较小的切入点来设计活动方案，更好地体现了主题的问题性和联系性，教师也比较容易操作。

活动中，孩子们从自己的姓名入手，通过找自己的姓氏，发现《百家姓》的趣味，轻松地与传统文化碰撞、对话、生发情感，让复杂的《百家姓》变得简单明了。孩子们第一次找到自己的姓时是欣喜，第一次发现有很多人的姓氏相同时是快乐，第一次统计出班级有多少姓时是满足。从他们在活动中表现出的积极主动，我们感到孩子们收获了很多。对姓氏来历的猜测，更是赋予孩子们想象的空间。他们的想象有一些是符合逻辑的，但更多的是滑稽有趣、令人捧腹大笑的。对于大班的孩子来说，天马行空的想象是一种乐趣、一种自由，也是一种能力。最后孩子们了解了单姓和复姓，了解了全国大约有多少种姓。这一延伸活动让孩子们有了继续讨论的切入点。

（二）层层递进，灵活调整

整个主题活动是由一系列层层递进的活动组成的。当孩子的学习遇到瓶颈时，我们可以随时停下来，等他们真正理解了，学会了，我们再往前行；而当孩子已经掌握或有能力通过自我学习掌握时，我们也可以带领孩子跳一跳，摘到更高的"苹果"。所以我们会通过反思、审议，根据幼儿的学习节奏，灵活调整方案，改变活动进度。

【课程故事】　　　　记录人：李老师　　　　时间：2018年11月

今天，孩子们开展了"大班总动员"的活动。因为统计的是整个大班段100多名幼儿的姓氏，量比较大，幼儿先前统计自己班姓氏的经验已经不够，在操作时遇到了困难。有些幼儿漏圈，没有把所有同姓的孩子找出来；有些幼儿找对了，数的时候又数错了；有些幼儿索性放弃了，说："我不会。"面对这样的情形，我和同段的老师商量后，决定马上调整活动进度，停一停，等一等，让幼儿有机会反思自己的统计过程，发现问题所在，再想办法解决问题。

首先，我问他们："你们遇到了什么困难？"孩子们纷纷说："名字太多了，我眼睛都看花了。""我找和我一样姓贾的名字，可是老是数错。"

我引导他们："有什么解决方法？"孩子们积极动脑，各抒己见。涵涵说："我们班的小朋友已经统计过了，就不要统计了，这样人就少一点了。"小莫说："我觉得还是很多啊，太难了。"丰丰说："我们可以一个班一个班统计。"丰丰的提议赢得了大家的赞同。他们采用了丰丰的方法，先把自己班的名单挑出来，再把剩下的名单按班级分成几份，和好朋友合作统计，一人一份，最后把统计结果合在一起。

问题很好地得到了解决，孩子们真是潜力无限啊！

（三）儿童在前，支持探究

孩子们往往是在已有的知识经验上提升而获得新的经验，他们在自己生活经验的基础上提出疑问。而此时，我们不能急于给答案，不直接传授知识，而是创造机会让幼儿自主探究。幼儿只有自己亲自动手动脑观察、操作、探索，才能对事物有充分的感知和兴趣，才能有所发现。

【区域观察记录】　　　　记录人：应老师　　　　　时间：2018 年 11 月

集体探究"姓的秘密"以后，我们把《姓氏统计表》投放到了科学区，供孩子再次统计。早上，孩子们迫不及待地进入区域"大展身手"。楠楠拿到统计表后，立即开始操作。他采用的是数字记录的方法；妞妞沉思了一会儿，最后采用了图形记录的方法；小麦用了圆点记录的方法。看得出，孩子们都有自己的想法。不一会儿，楠楠兴奋地对小麦说："我统计好了，你呢？"楠楠去看小麦的统计表，马上就发现了问题："我和小麦的不一样。"于是他认真检查自己的记录纸，重新开始统计。妞妞和小麦在完成统计后也自觉地互相验证。

通过统计，孩子们得出了结论：我们班共有 12 个姓，姓朱的小朋友最多，有 6 个，姓吕的有 3 个……孩子们对自己的统计结果特别满意，感叹道："我们班姓朱的小朋友最多，不知道别的班什么姓最多。老师，我们能统计一下整个幼儿园小朋友的姓吗？"看着孩子们兴致勃勃的样子，我不忍拒绝："好的，我们下次统计一下大班段所有孩子的姓。"孩子们欢呼："太好了！"

教师适时的"示弱"给幼儿提供充分的探索机会，解决问题的过程也是幼儿成长的过程。教师要时刻关注孩子的表现与反应，察觉他们的需要，适时给予帮助。本次活动中，处处可以看到教师"儿童在前，支持探究"的教育智慧，也时时看到孩子们活跃的思维和观察、反思、解决问题的能力。

总之，"百家姓"是一个看似枯燥、深奥的主题，但我们将学习的目的巧妙地隐藏在一次次浅显的活动中，支持幼儿自主发现和学习，并为幼儿提供充分自主的环境，促进幼儿和同伴、家长、教师互相探究。我们并不想让孩子像社会学家一样去研究姓氏，也不想让他们去背诵《百家姓》，而是想通过引导孩子们去关注我们周围的事物，让孩子们觉得有意义的东西在生活中随处可见，并学习用美好的心灵去感受，用科学的方法去探究。

（李苗　胡丽珍　陈春柳　陈丽佳　叶芬）

诗游清明

海宁市梅园幼儿园云和园

诗是中华民族传统文化的瑰宝，以丰富的内涵、优美的意境以及深奥的哲理，影响了一代又一代的中国人。清明作为我国非物质文化遗产，既有祭扫新坟的悲酸泪，又有踏青游玩的欢笑声。诗与清明，承载着中华文明的文化基因，也是中华优秀传统文化的代表。

当诗词文化与传统节日文化交融时，华夏文明的魅力，伴随诗游清明，由远而近，撞击着我们的心灵，开启了我园的大班特色主题项目。

一、资源分析

（一）基于诗城文化之底蕴 —— 以诗为载体

家乡海宁，飘忽着徐志摩的一片云彩，荡漾着浪漫的清波。岁月的坚韧与优美，以诗的文化流淌在这个城镇。2005 年 9 月设立的中国（海宁）·徐志摩诗歌节，通过微诗歌大赛、诗歌朗诵会、音乐诗会等形式举办节庆活动，是中国三大诗歌节之一，在业内素具盛誉。中西合璧式的徐志摩故居，展示着诗人短暂而绚丽多彩的一生。"跟着诗词游海宁"活动，让海宁特有的文学气息扑面而来，呈现出无法复制的文化底蕴。基于诗歌之城的文化积淀，我园的"清明"主题以诗为载体，引导幼儿通过寻诗、探诗、悟诗，感受中华诗词的美好与博大精深。

（二）基于清明时节之契机——以清明为切入点

这一主题活动自 3 月 27 日徐志摩诗歌节开启，正值清明时节。为此我们以清明为切入点，在传统诗词文化长河中取一瓢饮，挖掘有关清明的诗词佳句，让幼儿切切实实地走进清明——感知周边艾草、柳树、菊花、青团等清明景物，感受革命烈士陵园和殳山公墓祭扫、踏春放风筝等社会习俗，满足幼儿对自然、生命、死亡的好奇之心。让诗词的传统文化与幼儿可感可观的传统节日文化相融合，在两种文化的互补互推中，对清明诗词中蕴含的景物、事件、情怀，对清明这一传统节日有更全面的认识。

（三）基于幼儿学习的特点——以游为形式

《3—6 岁儿童学习与发展指南》明确指出：幼儿园“以游戏为基本活动”。诚然，游戏是最适合学前儿童的一种活动形式，是孩子们喜欢的活动。但我们认为，幼儿园课程并不是都要以游戏的方式表现出来，而是强调游戏精神，也就是幼儿主动性、独立性和创造性、愉悦性在课程项目中的体现。

以往的教育教学中，与诗有关的活动经常被定位为语言领域的集体教学活动，通过欣赏、理解、记忆、情感体验、迁移经验等形式来学习作品。但是本主题项目打破这一局限，通过“游”——以游中寻诗来感知与发现、游中探诗来探究与体验、游中悟诗来内化与传承。

二、目标设计

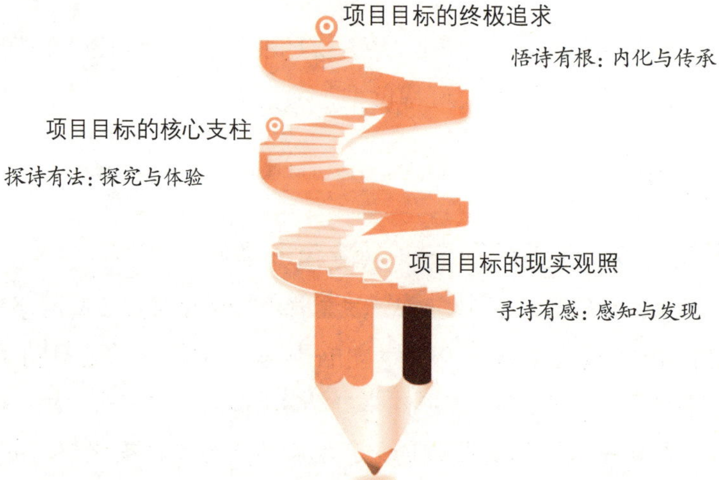

图1　项目目标层级图

（一）项目目标的现实观照：寻诗有感 —— 感知与发现

（1）了解家乡的诗人、诗节，感受海宁浓郁的诗文化。

（2）发现诗的凝练和优美，萌生对诗的喜爱和兴趣。

（二）项目目标的核心支柱：探诗有法 —— 探究与体验

（1）探究清明时节树、雨、花等自然特征与祭扫、踏春、吃青团等传统习俗。

（2）乐于表达与表现，体验与同伴分享、交流、合作及自主探究的快乐。

（三）项目目标的终极追求：悟诗有根 —— 内化与传承

（1）感受清明诗中对故人之思、游春之乐的不同情感。

（2）了解、欣赏和体验诗与清明的文化，感受传统文化的博大精深，萌发"我是中国娃"的骄傲与自豪。

三、内容架构

"诗游清明"主题项目的内容架构以诗为载体，结合周边资源，梳理了"诗之名家""诗中景物""诗间情趣"这三个内容板块，同时在主题中设置一定的留白，让教师依据主题实施中幼儿的兴趣，确定深度学习的内容。

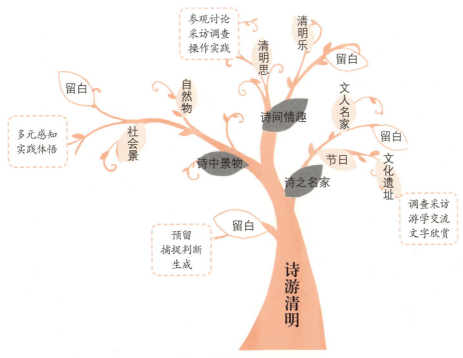

图2　主题内容脉络树状图

（一）诗之名家

这一板块主要挖掘海宁城中诗文化的典型,将它们融入主题项目。

（1）节日:徐志摩诗歌节。

（2）文人名家:对徐志摩、钱君匋、王国维、金庸生平及作品的调查交流。

（3）文化遗址:徐志摩故居、王国维故居等地参观游学。

（4）诗:分别搜集欣赏徐志摩的诗、古代的诗、清明诗。

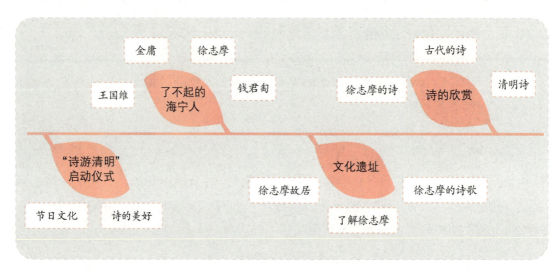

图3 "诗之名家"板块内容脉络

通过社会游学、调查交流、文学欣赏,充分感受海宁的诗意、诗的美好,萌发为家乡、祖国而自豪的情感。

（二）诗中景物

这一板块内容从幼儿调查中产生的疑问出发,挖掘与诗词匹配的资源并有机整合,使幼儿在游学中探究诗之字词含义。

（1）清明小问号:清明诗、画问题。

（2）清明自然物:清明的树、花、草、天气等。

（3）清明社会景:青团、扫墓、放风筝、踏青、打马球等。

通过参观、采访、操作、调查、讨论等一系列活动来获取信息、解决问题,对诗词进行有针对性的深度学习,从而更深入、全面地理解诗的含义,对清明这一节日有更深入的认识与发现。

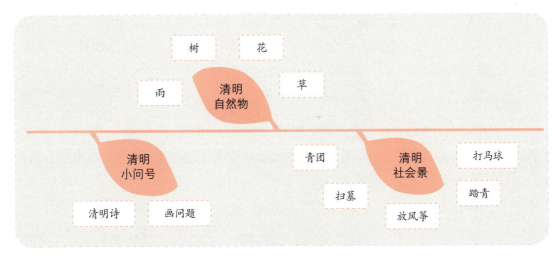

图 4 "诗中景物"板块内容脉络

（三）诗间情趣

这一板块的内容核心是多元感知、实践体悟对清明诗的情感，让激情与理趣相互促进，起到情感导入或者深化的作用。

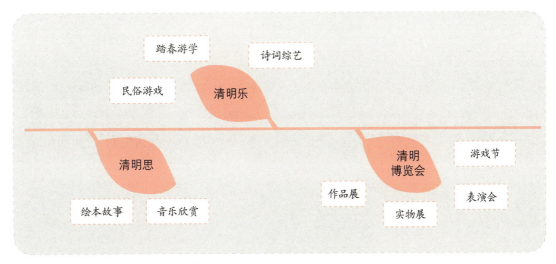

图 5 "诗间情趣"板块内容脉络

（1）清明思：阅读绘本《再见了，花奶奶》《爷爷变成了幽灵》《獾的礼物》，欣赏音乐《莫失莫忘》《雨碎江南》《清明吟》，以文学作品和音乐渗透，感受清明怀念故人的情绪，初步理解生命与死亡的意义，珍惜今天的幸福生活。

（2）清明乐：通过放风筝、荡秋千、打马球等民俗游戏和踏春游学体验乐之情，观看《经典咏流传》《中国诗词大会》等综艺节目，感受诗之乐、诗之情。

（3）清明博览会：由幼儿结合前期经验设计而成的活动，包括作品展、实物展、表演会、游戏节等。

（四）项目留白

作为原创主题项目，在制定项目方案时，给予了一定的内容留白 —— 可以是单个活动，也可以是主题脉络支线。充分给予教师捕捉幼儿兴趣，进一步生成班本或分组式专题的机会，支持基于幼儿需求的深度学习。

表1　预设活动表

	诗之名家	诗中景物	诗间情趣	留白
可能开展的学习活动内容	"诗游清明"启动仪式（游学体验"徐志摩诗歌节"）	清明诗中的小问号（搜集、提问、前书写表征）	再见了，花奶奶（绘本欣赏）	追随幼儿生成
	了不起的海宁人（亲子参观、调查、交流）	班级博物馆：清明意象（搜集、观察、互动、表达）	爷爷变成了幽灵（绘本欣赏）	
	诗人的家（参观故居、采访、倾听）	清明雨（体验、感知、记录）	清明乐（音乐欣赏、表达）	
	偶然（欣赏、理解、表达）	树花清明（寻找、感受、描绘）	踏春喽（游学体验）	
	找名人（百数表）	团子青青（故事欣赏、制作、体验）	打马球（户外活动、体验）	
	赏鉴诗韵（欣赏、感受诗词文化）	柳树的秘密（寻找、观察、比较）	清明博览会（经验运用、实践）	
	留白			
区域活动	海宁名人对对碰	菊花	经典咏流传	
	名人造型	青团	去扫墓	
	仓基河与菜市桥	百变柳条	我是小诗人	
	徐志摩故居	菊花印染	清明拼图	
	小小诗人	按数量包花束	风筝趣	
	寻找名人	我喜欢的诗歌	亭台楼阁	
	留白			

四、组织实施

（一）预设活动实施路径

"诗游清明"主题项目的实施是从诗城文化聚焦到清明诗，又从清明诗的问题拓展到清明景物与习俗的过程。以幼儿诗城文化体验为背景、寻诗疑诗为起点、游中解诗为过程、多元生情为表达、游戏创造为提升，充分探究清明之诗，体验诗中清明，最终达成项目目标。

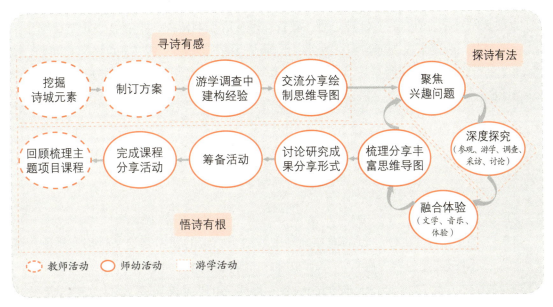

图6 项目实施路径图

1."寻诗有感"实施路径

在"诗之名家"这一内容板块，我们注重挖掘诗城文化中幼儿可观可感的元素，制订方案，和幼儿共同在游学的观察、调查、采访、比较、体验中建构经验，并通过交流分享，将幼儿的经验以思维导图形式呈现在环境中。

2."探诗有法"实施路径

在"诗中景物"这一内容板块，以清明诗的搜集为切入点，聚焦幼儿对诗的疑问，挖掘与其有关的生活元素，将清明诗词与节日风俗具象化，让其可观可探可感，支持幼儿进行深度探究。同时融合文学作品、音乐作品辅助幼儿进一步理解与体验，并且用来自现实探究和文学渲染的经验不断丰富思维导图和环境。需要说明的是，这一路径是可以多次循环的，不断地基于幼儿诗中的问题生成探究与体验。为此，每个班级的兴趣点不同，内容有所不同，循环的次数也应是不同的。

3."悟诗有根"实施路径

在"诗间情趣"这一内容板块，一方面需要结合文学、音乐作品，以艺术的独特魅力，让幼儿感受"清明之情"，并以自己的方式进行表达；另一方面是清明博览会的筹备，这是幼儿在前期经验基础上的运用、表达、实践、创造。教师需要关注的不是清明博览会有多么"精彩"，而是在这个项目成果分享中给予多种支持，激发幼儿对清明、对诗的理解、感受和表达。

（二）留白生成实施路径

儿童有一百种语言，一百种思维。教育，只有适当地留白，才能够让儿童自发生长出成长力量，让孩子成为他自己。为此，教师应当捕捉幼儿在主题中的兴趣和问题，依据幼儿的个体差异和问题特质，动态生成不同内容与形式的活动，支持幼儿的深度学习和体验。

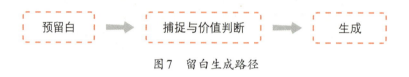

图7　留白生成路径

1.预留白

在"诗游清明"主题项目的内容架构中，给予一定的留白是这一策略实施的保障与基础。预留白主要包含专题留白、活动留白、游戏留白。

专题留白：留白3—5天的时间、内容、形式，由班级教师基于幼儿兴趣动态生成系列性的专题研究，支持幼儿的深度学习。

活动留白：留白一个活动内容，活动形式与时间是相对固定的，但是内容来源却是孩子的，是基于幼儿兴趣生成的单个活动，作为内容板块的补充。

游戏留白：留白游戏的主题与内容、环境与材料、同伴与玩法。教师需要关注的是幼儿在游戏中基于生活经验的创造性表现。

2.捕捉与价值判断

教师捕捉幼儿的兴趣与问题，并基于此进行价值判断。综合考虑兴趣点与主题的相关性、周边资源的支持性、问题特质、幼儿之间的个体差异等，判断是否需要生成、以何种形式生成、生成怎样的内容。

3.生成

基于幼儿兴趣生成专题、活动或游戏，并依据幼儿的兴趣动态调整实施的时间、内容与形式。

五、亮点分享

（一）具象探究策略 —— 给予有效的支持

基于幼儿对清明诗的疑问，打破园内资源的限制，挖掘与幼儿有关的生活元素，将清明诗词与节日风俗具象化，让幼儿在探究与体验中理解诗中清明，萌生共鸣的策略。

比如有的孩子提出，"明朝寒食了，又是一年春"中的"寒食"是10个冰激凌吗？"清明时节雨纷纷，路上行人欲断魂"的"欲断魂"是什么？孩子们用前书写的方式表达自己的理解，提出问题，别有一番童趣。而孩子所表征的问题，也成为本项目实施中内容架构的重要依据。

而后，有的幼儿让父母帮助从网络中查取信息，有的幼儿在家中采访祖辈，有的幼儿去店中询问店家，他们用自己的方法来探究何为"寒食"。在当天的探究过程中，孩子们进行了经验的碰撞与交流 ——

"我奶奶说，寒食那天不能点火，就是吃不烧过的冷的东西。"

"不点火，可以微波炉转一下啊！"

"古代没有微波炉，我电脑上看到过，他们电都没有！"

"寒食也不是冰激凌，古代没有冰箱，冰激凌会化掉的！"

"寒食，是因为有个叫重耳的皇帝，放火烧了山，把以前救他的人烧死了，所以后来那天就不能烧火，就只能吃冷的。"

"我知道，救他的人叫介子推！重耳快饿死的时候，是介子推割了肉给重耳吃，才没让他饿死。"

"天啊，介子推为了好朋友能割肉，太痛了吧！"

"还是我们好，有好多好吃的。"

通过调查和采访，"寒食"的意义、由来，古代与现在的生活状态都在孩子们的交流中淋漓尽致地展现出来。与此同时，孩子们为自己生活在当下产生由衷的幸福感。

图8　清明诗问

图9　寒食记

（二）多元生情策略 —— 理解儿童的学习

通过游学体验、游戏表达、作品渲染等多种形式、多通道感知，激发幼儿对清明诗的情感共鸣，从而对华夏诗词文化萌生崇敬与自豪感。

1. 游学体验法

有目的地结合海宁资源，引领幼儿行走于诗中，切身感受与体验。我们与幼儿一起，到李善兰公园踏青，让幼儿在走走、看看、辨辨、画画中感受诗词中所描写的树、花及场景，充分体验"游子寻春半出城"。当幼儿来到烈士陵园时，不知是否因为四周的环境与氛围，竟然一改先前叽叽喳喳的状态，在现场听了革命先烈的英雄事迹后，表情中都流露出一抹悲壮的哀伤。"这就是'纸灰飞作白蝴蝶，泪血染成红杜鹃'吗？"孩子的一句疑问，让教师为之震撼。此时此刻，孩子游走在诗境间，这种身心的体验，胜过千言万语。

2. 游戏表达法

幼儿之所以喜欢游戏，是因为幼儿的自主性与创造性在游戏中能够得到充分的体现和发挥。在游戏中，最能够呈现幼儿的真实经验与情感表达。

瞧，角色游戏中，"妈妈"抱着"娃娃"哭了起来："清明节了，我们要去拜拜！"于是孩子开始了别样的祭祀游戏：以纸盒为墓碑，用黏土制作青团，用筷子上香，用皱纸包起了菊花；而在另一个角落，一个男孩用心地折着菊花，他要去看看他的白白。"白白，你现在好吗，我很想念你……白白，我带了你最喜欢的胡萝卜和菜叶……白白，我们幼儿园里也来了两只兔子，我再也不欺负它们了，我会好好保护它们的。"清明的文化习俗、清明的哀思怀念，在幼儿的自主游戏中展露无遗，这种经验的运用、迁移与再创造，体现了幼儿对清明真正的理解程度。

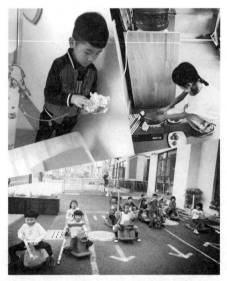

图10　游戏表达

有的孩子对打马球产生了兴趣。可是我们一没曲棍棒，二没马，这可怎么办呢？孩子们的想法千奇百怪，说可以把纸卷起来做纸棒，可以把跳跳球当马，也可以用滑板车当马，还可以用扭扭车当马。各式各样的想法在孩子们脑海中生成。他们玩起了别开生面的"童趣打马球"。我们看到了清明的社会风俗无痕地融入孩子们的游戏，并且他们用创意诠释着自己对清明的认识，体验别样的清明情感。

3. 作品渲染法

生动的作品能让幼儿对诗中的情感感同身受。一天饭后活动，背景音乐《天之痕》钢琴曲轻轻地流淌，教师给孩子讲述着《獾的礼物》，孩子们的眼眶里闪起了泪花。突然一个女孩哭着说："我不要獾死！"另一个女孩很认真地问："会有一天，獾和大家还会见面，还会在一起，对吗？"这一刻，孩子对"欲断魂"的哀思有了情感上的共鸣。文学作品是帮助幼儿感受和领会不可言传的情感的最有效的途径。

再比如在生活中结合《经典咏流传》《中国诗词大会》等综艺节目，从清明诗走向华夏诗词文化，从清明节延伸到更多富

图11　艾草的秘密

有华夏内涵的中国传统节日，带领幼儿由微及广，感受中国文化的博大精深，为"我是中国娃"而自豪。

（三）留白生成策略 —— 发现儿童的力量

项目中的留白，让我们看到了绚烂多姿的成长。瞧，草丛中孩子那探究艾草时的专注，甄别植物间各自的特点；漫天飞絮中孩子那凝视的眼神，探寻棉絮与柳絮的不同；细雨水洼间孩子那雀跃的身影，感受清明时节的细雨纷纷。听，孩子们走出幼儿园，自信地采访农户、中医、社区人员，孩子们回园交流时的头头是道与娓娓道来，"童趣打马球"中的欢声笑语，角色游戏时的喃喃低语。

大一班的孩子们好奇"青团为什么是青色的"，为此我们用留白专题生成了系列探究活动"艾草的秘密"。通过分组项目式探究，有的孩子走进了大自然，对艾草的颜色、形状、气味等特征有了自己的发现；有的孩子走近农户和中医，采访了解了艾草其他的价值；有的孩子将艾草当成染料，以敲打的方式逼出艾草的色素，尝试别具韵味的艾草染布……从孩子们的问题导入，以兴趣为支撑进行了一系列的探究活动，让每个幼儿对艾草有了真实认知。

正因为在"诗游清明"的主题中，我们给予了一定的留白，才能促使幼儿收获无比绚丽、姿态各异的成长。小留白，孕育着幼儿的大发展，给我们带来的是一次次出乎意料的惊喜。

（四）交融互映策略 —— 体悟文化的魅力

诗游清明，将诗词文化与清明节日文化完美交融，两者相辅相成、相得益彰，将中国传统文化的博大精深，蕴藏到这一主题项目中。

清明让诗的文化呈现更聚焦而直观，诗让清明节的探寻更富有文化的底蕴。徜徉过徐志摩故居的悠远历史，调查过海宁名人的了不起之处，聆听过清明江南的流水细雨，感受过子孙上坟的清明哀思……我们惊喜地发现，孩子们对家乡的山水、湖江、人文有了莫名的亲切感。踏春归来时，孩子们竟然吟诵起了："轻轻的我走了，正如我轻轻的来；我轻轻的招手，作别西天的云彩。"在李善兰公园再别康桥，温柔的别离之情是相通的。

以诗为引，以节为题，在游中获得认同与归属感。海宁，在孩子的心中，不再只是一个名字，那是一个有岁月、有历史、有美景、有诗歌的家乡。中国文化，也在诗游清明的过程中，展现出其独有的宁静悠远与博大精深。

（钟元潮　张芳丽　章静艳　夏晓婷）

小人国里的《西游记》

宁波市江北区国际村新悦幼儿园

《西游记》这部大众耳熟能详的优秀文学作品，体现了一个民族的文化传承，也体现了一个时代的印迹。这部著作主要描写了孙悟空、猪八戒、沙僧等人保护唐僧西行取经，沿途遇到八十一难，一路降妖伏魔，化险为夷，最后到达西天、取得真经的故事。

几百年来，《西游记》以其强烈的艺术魅力，吸引着一代又一代人，成为中国人民最喜爱的古典名著之一。

我园以经典文学素材《西游记》为载体，通过传承（历史的传承、知识的传承、文化的传承）和创新（活动形式的创新），激发孩子们的潜能，和孩子一起重温中国古籍之韵。

一、资源分析

古典名著《西游记》以其独特的文学魅力吸引着不同年龄、不同时代的人。细细品味，我们发现：除了经典的故事情节让人回味外，《西游记》中光怪陆离的场景，可以激发孩子们探索的欲望。古人眼中不可能实现的神话片段，以及与现代高科技产品之间的联系等，都是西游特色课程丰富的资源。

幼儿对经典作品《西游记》的好奇和探究欲望，是活动开发的缘起。大班幼儿的理解能力、好奇心和求知欲明显增强，能连贯、清楚地表述自己的意愿；有丰富的想象力，能专注地完成一定的任务；有挑战精神，能遵守自己制定的规则；有一定的创新能力。这些都给我们开展西游特色课程提供了有利条件。

我们尝试挖掘富有神奇色彩的故事内容，运用各种游戏手段，引领幼儿追随西游的脚步，让幼儿感受中国古代文化独特的魅力，引导幼儿感受中华文化的博大精深。

二、目标设计

（1）知道《西游记》是我国古代四大名著之一，对经典文学作品产生探索的兴趣。

（2）了解故事中的人物形象、性格特征以及主要情节，丰富相关经验，对经典文学产生阅读兴趣。

（3）创设多种形式的"玩西游"活动，自主选择合适的游戏内容。

（4）能在教师引导下改编故事情节，能用自己的方式协商解决活动中存在的问题。

三、内容架构

（一）活动内容预设

"玩西游"是一个综合的表现过程。从阅读理解入手到感悟表现，涉及文学、美术、社会等多个领域。我们按照《西游记》的发展顺序和孩子对西游的认知，在"玩西游"的大主题下，递进式开展了三个小主题——"师徒喜相逢""西游王国""梦幻西游"，从第一阶段的西游关键人物登场，到第二阶段西游故事情节的认知，再到第三阶段西游的补充和畅想，让孩子们畅玩西游。

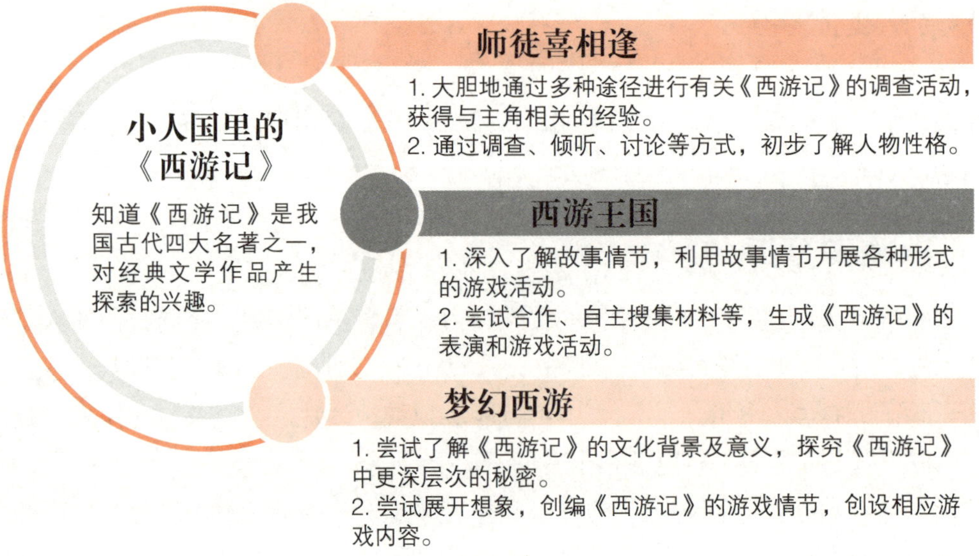

小人国里的《西游记》
知道《西游记》是我国古代四大名著之一，对经典文学作品产生探索的兴趣。

师徒喜相逢
1. 大胆地通过多种途径进行有关《西游记》的调查活动，获得与主角相关的经验。
2. 通过调查、倾听、讨论等方式，初步了解人物性格。

西游王国
1. 深入了解故事情节，利用故事情节开展各种形式的游戏活动。
2. 尝试合作、自主搜集材料等，生成《西游记》的表演和游戏活动。

梦幻西游
1. 尝试了解《西游记》的文化背景及意义，探究《西游记》中更深层次的秘密。
2. 尝试展开想象，创编《西游记》的游戏情节，创设相应游戏内容。

图1　"小人国里的《西游记》"开展主题图

（二）活动开展思维导图

根据主题活动进程，我们把预设和生成相结合，将尊重原著的故事和探寻西游秘密相融合，对《西游记》故事进行完整梳理，并自由创编。

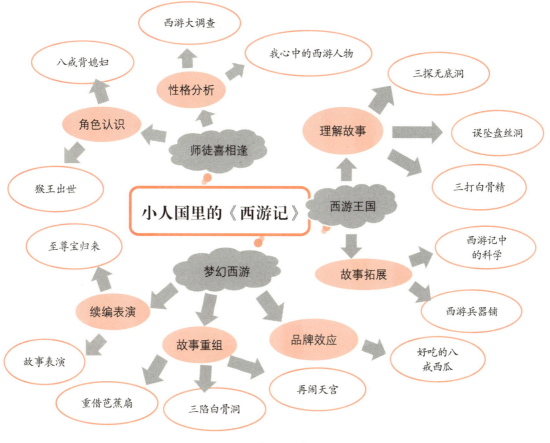

图2 "小人国里的《西游记》"开展思维导图

（三）部分预设活动内容

1.集体活动和小组活动

有目的、有计划地预设主题内容，能让我们的西游主题活动更有序。我们在活动中预设了集体活动和小组活动，让幼儿对零散的经验进行整合。

表1 "玩西游"主题活动一览表

主题展开思路	活动名称	活动目标	侧重领域与涉及领域	活动类别
师徒喜相逢	猴王出世	1.领略经典名著的魅力,萌发阅读经典名著的兴趣。 2.感受石猴形象,体会石猴顽皮的性格特点。	语言	集体活动
	翻越五指山	1.能徒手进行攀爬,保持肢体的平衡。 2.在游戏情境中体验闯关游戏的乐趣。	健康	小组活动
	我心中的西游人物	1.在观察、交流与讨论的过程中,进一步了解《西游记》中人物的特点。 2.能大胆运用连贯的语言和绘画方式表达、表现自己的认识。	语言 艺术	集体活动
	西游大调查	1.大胆地通过多种途径进行有关《西游记》的调查活动,获得相关经验。 2.对《西游记》故事感兴趣,产生进一步探究的愿望。	社会	集体活动
	唐僧师徒的来历	1.根据自己的已有经验,用较清楚、连贯的语言与同伴交流唐僧师徒的来历。 2.注意倾听同伴讲述,大胆发表见解。	语言 社会	集体活动
	孙悟空大闹水晶宫	1.欣赏故事,了解孙悟空智取金箍棒和盔甲的主要情节。 2.注意倾听故事,能大胆地表达自己的见解。	语言	集体活动
	八戒背媳妇	尝试低头弯腰屈膝钻和侧身钻,快速手膝着地爬或者膝盖悬空爬。	健康	小组活动
	勇敢的孙悟空	1.练习跑、跳、翻滚等动作,提高动作协调性。 2.培养不怕困难,勇敢参与体育运动的精神。	健康	集体活动

续表

主题展开思路	活动名称	活动目标	侧重领域与涉及领域	活动类别
西游王国	唐僧骑马咚咚咚	1.理解、学习童谣，感受童谣欢快的节奏特点。 2.在朗诵童谣的过程中，发现童谣句尾与句首的顶真关系。	语言	集体活动
	三探无底洞	1.发展跳、平衡等能力。 2.连续跳或者合作跳，坚持完成整条游戏路线。	健康	小组活动
	白龙马	1.在学会童谣的基础上尝试跟着音乐旋律配唱歌曲。 2.乐意大胆地扮演不同角色，并进行表演体验活动。	语言艺术	集体活动
	猴子学样	1.尝试按音乐的节奏模仿和创编猴子跳舞的动作。 2.感受音乐所表达的欢快情绪，体验玩音乐游戏"猴子学样"的快乐。	艺术	集体活动
	误坠盘丝洞	1.双手向前滚球击瓶，自由选择路线进入爬行挑战区。 2.会瞄准并把球滚到椅脚范围内，从而打到瓶子，能合作创设路线。	健康	小组活动
	三打白骨精	1.尝试三种不同的投掷方法，在活动中体验挑战。 2.单手向前投掷物体，投准目标物。	健康	小组活动
	西游记中的科学	1.通过调查《西游记》故事中的科学现象，产生探索西游奥秘的兴趣。 2.了解现代科学对人类的用处，用一定的方法验证自己的猜想。	科学	集体活动
	西游兵器铺	1.了解《西游记》中兵器的特点，对兵器产生探索兴趣。 2.初步知道一些常用兵器的主要用途，能区分古代兵器和现代兵器并进行分类。	科学	集体活动

主题展开思路	活动名称	活动目标	侧重领域与涉及领域	活动类别
梦幻西游	《西游记》故事表演	1.尝试制作故事表演的相关道具、创设背景。 2.分角色进行合作表演，体验制作和表演的乐趣。	语言 艺术 社会	小组活动
	至尊宝归来	1.自主设计游戏内容。 2.根据设计练习翻滚、跳绳、拍球等技术性动作。	健康	小组活动
	牛魔王娶亲	1.以活动的趣味性和难度递增性创设三种不同的跳跃场景。 2.练习双脚跳、蹲跳和跨跳。	健康	小组活动
	大话西游	1.尝试续编故事，加深对故事的理解。 2.运用绘画的方式表现《西游记》故事情节，能合作进行故事表演。	语言 社会 艺术	集体活动
	好吃的八戒西瓜	1.了解宁波洞桥八戒西瓜的品牌特色，品尝八戒西瓜的美味。 2.尝试设计《西游记》中的品牌标志，并能介绍自己的设计。	社会 语言	集体活动
	重借芭蕉扇	1.通过了解孙悟空《三借芭蕉扇》的故事，知道孙悟空如何取得芭蕉扇，了解孙悟空等人的性格特点。 2.尝试运用不同的方法借东西，知道借东西的基本规则。	社会 语言	集体活动
	三陷白骨洞	1.通过重组故事《三打白骨精》提高自己的防范意识，知道不跟陌生人走。 2.不随便相信陌生人，学习自救的方法以保护自己。	语言 健康	集体活动
	再闹天宫	1.知道并理解孙悟空《大闹天宫》的故事，探讨孙悟空大闹天宫的原因。 2.交流"如果你是孙悟空，会怎么去大闹天宫"，并学习用完整的语言进行表述。 3.重组故事，感受规则的重要性。	语言 社会	集体活动

（四）活动区域布置参考

1. 主题展示区

（1）"西游人物大调查"。

（2）"我想知道的秘密"。

提供材料：幼儿的绘画作品。

价值：了解《西游记》的主要角色，从展示型到问题型，根据幼儿的问题进行深入创设。

2. 阅读区

提供材料：《西游记》连环画、绘本。

价值：自主阅读，并作为制作道具等的资料工具书。

3. 建构区

（1）火焰山。

（2）女儿国。

（3）盘丝洞。

提供材料：各种纸杯、纸砖、木头积木，自制师徒形象。

玩法：和同伴合作一起来玩一玩、搭一搭。

4. 美工区

（1）我喜欢的西游人物。

（2）自制剧本。

（3）自制皮影。

提供材料：幼儿作画工具、剪刀、订书机、过塑后的塑封纸等。

玩法：制作各种西游人物，为游戏提供材料。幼儿根据《西游记》故事情节自制皮影剧本。

图3 "玩西游"阅读区

图4 "玩西游"建构区

图5 "玩西游"美工区作品

5. 表演区

小剧院。

提供材料：幼儿自制的《西游记》皮影人物，皮影操作台，灯光。

玩法：幼儿根据情节进行表演，观众提出建议。

6. 科学区

（1）水晶宫遇险。

提供材料：鱼竿（线、磁铁），鱼池（唐僧、猪八戒、孙悟空、沙和尚、鱼、水草等图片，塑封后夹上回形针）。

玩法：幼儿手持鱼竿，在鱼池中救"唐僧"，用磁铁鱼钩去吸，吸住"唐僧"解救成功。

（2）误入迷魂阵。

提供材料：镜子、自制记录表、《西游记》人物形象。

玩法：根据镜子摆放的角度，利用光线折射，发现镜子折射的有趣现象。

（3）火眼金睛。

提供材料：各种小妖怪及《西游记》人物的小图，放大镜。

玩法：用放大镜在小卡片中找出《西游记》人物，对放大镜产生兴趣。

7. 益智区

（1）乾坤套妖。

提供材料：矿泉水瓶上粘上妖怪图片，小彩圈。

玩法：对准目标投掷，发展手腕的灵活性，锻炼手眼协调能力。

（2）看我七十二变 —— 拼图。

提供材料：将《西游记》场景图剪成9块或12块。

玩法：按照小图将大图拼完整。

（3）火眼金睛。

提供材料：将投掷用的筷子包装成金箍棒的样子，啤酒瓶子。

玩法：隔着仿藤书架，将筷子投入啤酒瓶中。

（4）大闹天宫 —— 智抢椅子。

提供材料：小椅子、孙悟空的图片。

玩法：将小椅子排成圆圈，听到音乐后开始绕圈走。音乐停开始抢椅子，坐到有孙悟空标志椅子的小朋友胜利，比比谁的反应快。

（5）智救唐僧。

提供材料：自制迷宫、自制师徒四人棋子。

玩法：用磁铁吸住"孙悟空"，走过迷宫，救出"唐僧"。

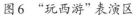

图6 "玩西游"表演区　　　图7 "玩西游"科学区　　　图8 "玩西游"益智区

（五）家长工作

（1）开展亲子阅读活动：每天和孩子阅读《西游记》30分钟，并和孩子分享感悟。

（2）关注主题的发展，配合教育活动与孩子共同准备一些材料，如各种废旧材料，有关《西游记》的图片、资料以及影像资料等。

（3）亲子绘本制作活动：开展自制《西游记》绘本的活动，孩子们和家长一起找最喜欢的故事，然后通过亲子合作的方式，用画笔展现出心目中的《西游记》。

四、组织实施

（一）课程实施模式

经典是可以用来"玩"的。用"玩"的方法，倡导幼儿读西游、做西游、玩西游。我们相信孩子的能力，以"我的舞台，我自己建造"的理念，让他们自己尝试结伴，自由组合，自己分工，明确职责，让每个孩子都能发挥所长。我们将探究课程和特色课程相结合，将光影艺术相结合的创新皮影活动、充满趣味的魔法气球和结合特殊天气的室内体育游戏活动与主题活动相结合，让孩子们在玩经典的同时爱上这部优秀的古典文学作品。

（二）课程实施路径

《西游记》中有许多有趣又奇怪的问题，能让幼儿在阅读过程中产生疑问。在课程实施过程中，我们认识到孩子是一个主动建构和积极参与的主体。在主题活动推进中，他们表达自己的感受、兴趣和需要。通过自主探索，幼儿和教师相互影响、相互交流、相互作用，从计划—准备—实施—提炼，共同完成西游特色课程的实施。

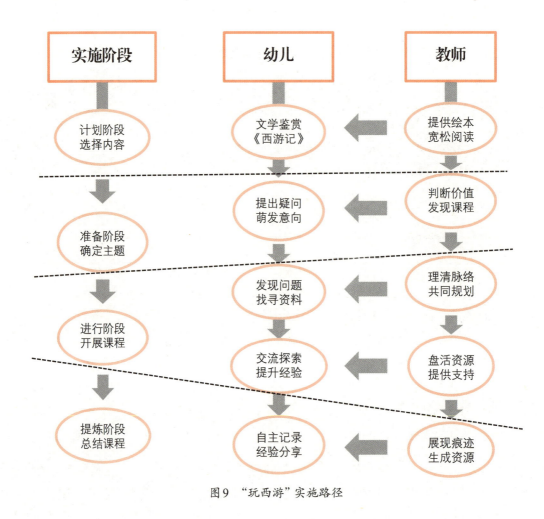

| 实施阶段 | 幼儿 | 教师 |

图9　"玩西游"实施路径

1.独具慧眼 —— 发现留白空间

在幼儿的自主游戏中，我们让幼儿用他们的火眼金睛，找寻教师预留的隐性线索：角色留白和故事情节留白。如在皮影活动"智取紫金铃"中，幼儿在角色架子上只能找到师徒四人、教师自制的国王和观音，而黄沙怪需要孩子们自己动手制作。又如在表演中，我们鼓励幼儿自己创编西游情节。留白或隐藏，可以让幼儿自己去发现、去探索。

2.导之以行 —— 自主搜集资料

自主搜集资料有利于幼儿发挥主动性，激发幼儿的探索欲望。在绘画或表演活动中，孩子们不知道《西游记》中其他人物的造型（如不常见的太白金星、四大天王等），孩子们必须去查找资料。我们开辟了经典阅读区，将各种《西游记》的图书进行阶段性投放，方便孩子们在产生困惑时自己找资料。

3. 因材施艺 —— 找寻替代材料

在《西游记》的表演游戏中，材料是必不可缺的。因此教师提供了多种废旧材料，各种报纸、绳子等都成为孩子游戏的道具。在室内体育的开发中，纸箱、格子网等也发挥着独特的作用，孩子们可以进行钻、爬等游戏活动。孩子们自制的小妖怪也成为游戏的素材，变成了抓妖怪的游戏。我们充分发挥孩子的创造性，让孩子们做活动的主角。

图10 幼儿自制皮影活动

图11 "玩西游"室内体育活动

4. 个性设计 —— 尝试不同挑战

我们尊重孩子的个体差异，允许孩子根据自己的能力选择合适的内容进行游戏。如在室内体育活动"悟空摘仙桃"中，我们会设置不同高度的桃子，让孩子们进行纵跳触物。又如，在活动"八戒背媳妇"中，可以尝试地毯和趾压板的不同路线。在活动中，我们鼓励孩子根据自己的能力进行独立挑战。

（三）课程资源链接

我们链接了家长、高校、社会等各项资源，为孩子们创设了更加完整的"玩西游"的体系，开展了亲子自制《西游记》绘本的活动，鼓励孩子用画笔展现心目中的《西游记》。我们还开展了西游特色运动会，爸爸妈妈和孩子们一起摇身一变，变成了孙悟空、猪八戒、沙和尚，和师父唐僧一起去西天取经，完成各种体能挑战。

图12 "玩西游"亲子运动会

图13 "玩西游"亲子诵读活动

我们开展了园标征集活动，让家长也成为园所文化的设计者和参与者。同时，我们依托教育学院实习基地的优势，发挥学院美术专家的特长，一起创设西游环境。在各类演出活动中，我们也充分展现了《西游记》的魅力，特色演出精彩纷呈。

五、亮点分享

（一）一巧 —— 巧借经典文学素材

《西游记》是我国经典的文学作品，故事中的人物形象具有不同的外形特征、鲜明的个性及行为特征，可以帮助幼儿明辨是非、树立正确的善恶观。作品中富有神奇色彩的故事内容，能吸引幼儿积极主动地去欣赏，从而丰富其想象力，获得愉悦的情绪体验。巧借西游文化，能让孩子们在游戏中爱上阅读，有利于激发幼儿对中国古典文学的兴趣。

（二）二活 —— 活用环境和内容

活用环境指的是灵活运用现有资源。我们充分利用各个区角，方便幼儿发现和制作。同时，我们盘活家长资源，一起参与西游阅读活动。在内容的开发上，我们既有忠于原著的西游情节，如三打白骨精、误坠盘丝洞等，又有充满创意的想象内容，如大话西游。活用环境和内容，使"玩西游"游戏活动更加丰富。

案例：大话西游 —— 至尊宝归来

一、游戏价值

至尊宝归来是《大话西游》中的一个经典片段。此游戏赋予孩子悟空的角色，让孩子真正成为游戏的主人公。我们让孩子分组讨论设计玩的游戏内容，在合作中创设体育内容项目及情境，在有趣的游戏情境中进行多方位动作的练习，不仅激发幼儿的参与兴趣，同时发展基本动作。

二、游戏准备

垫子、桌子、绳子、皮球、椅子等，游戏背景及音乐。

三、游戏玩法

将幼儿分成若干组。按照幼儿的意愿，每个小组讨论出一个玩法，然后将这些玩法自由组合。

图14　室内体育游戏设置参考图

四、游戏指导

（1）为了体现活动的趣味性和难度的递增，本活动组织孩子自己分工合作创设游戏内容，并阶段性地更换游戏内容及材料，让幼儿在活动中具有主体性。

（2）根据幼儿的创设，本次活动的重难点是翻滚、跳绳及拍球等技术性动作。在活动中，我们创设了不同的关卡，让孩子锻炼不同的动作。

（三）三转变 —— 展现课程新理念

1.模式的转变 —— 从单纯阅读到多元游戏

围绕《西游记》这一经典文学作品开展活动，大多是从阅读入手，从文学角度出发，让孩子感受西游。我们开展的主题活动，从语言、健康、艺术等多方面进行渗透，让孩子们通过各种形式，萌发对中国古典文学的兴趣和爱好。

2.理念的转变 —— 从高控教学到自主探索

我们开发的主题活动，倡导幼儿的自主学习和探索。如皮影活动中我们投放成品的《西游记》人物 —— 唐僧、孙悟空等，让孩子们玩皮影，发现制作皮影所需的材料和几个关键部位，让孩子们通过自己拆—拼—装，自主探索皮影构造。

3.指导的转变 —— 从整齐划一到尊重个性

我们相信孩子的能力，让他们自己尝试结伴，自由组合，自由分工，让每个孩子都能发挥所长。比如我们提出了"六人行"小组模式，以6人为一个团队，以小组为单位创编剧本、制作道具、表演剧情，让每个幼儿都能被关注和关心。再如体育游戏中，我们根据孩子们的能力差异和体能差异，设置不同的难度，让孩子们根据自己的能力进行游戏。

案例：八戒背媳妇

一、游戏价值

猪八戒是《西游记》中一个讨人喜欢的角色。他既有神的本领，又有贪吃贪睡的特点。"八戒背媳妇"是我们设计的一个西游主题室内体育游戏，让幼儿扮演猪八戒，从云栈洞（拱形门）出发，钻爬过垫子、山洞（大纸箱）、崎岖小路（趾压板），到达高老庄抱得媳妇，旨在促进幼儿钻爬动作的发展。

二、游戏准备

拱形门、垫子、大纸箱、大娃娃、《猪八戒背媳妇》背景音乐、高老庄场景PPT。

三、游戏玩法

幼儿钻过拱形门（云栈洞），手膝着地爬过垫子（平坦的小路），钻爬过大纸箱（山洞），爬（小班走）过趾压板（崎岖小路），到达终点（高老庄），抱一下大娃娃（媳妇）。示意图如下：

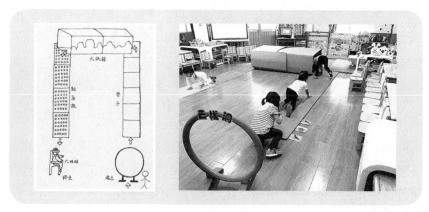

图15　室内体育游戏设置参考图

四、游戏指导

本次活动的重点是锻炼幼儿的钻爬技能，针对不同能力的孩子有不同的要求，如"钻"的动作有低头弯腰径直钻、低头弯腰屈膝钻和侧身钻；如"爬"的动作有手脚着地快速爬、手膝着地爬或者膝盖悬空爬，也可以用自己的方式爬。

在中国的历史长河中有无数璀璨耀眼的文化瑰宝。我们选取了《西游记》这一古典名著作为主题活动的载体。从读西游到玩西游，让幼儿畅游文学，品味名著！

（张晓宇　葛健英　周科未　周杨洋　沈瑜）

我是小蔡伦

杭州市富阳区灵桥镇中心幼儿园

本园所在的灵桥镇历史悠久，文化底蕴深厚，是"中国书画之乡"。而我园"博悟"课程强调传承"灵桥文化"，希望让"灵桥的过去"活起来，让"灵桥的风采"能说话，使儿童在对传统文化的学习中，与时空对话，感悟家乡灵桥的人文特色，感受祖国文化的魅力，增强文化自信，更有灵性地生长。多年来，我园依托家乡"纸"资源，深入挖掘其教育价值，不断探寻新知，从而走向真实的学习，生成了"我是小蔡伦"大班传统文化系列实践活动。

一、资源分析

本园所在的灵桥镇是"中国书画之乡"，还是手工元书纸的生产基地。一直以来，本镇被誉为"活着的造纸博物馆"，因此特别适合在这里开展有关"纸"的系列活动。纸在孩子们的生活中随处可见，在我们幼儿园里更是无处不在。户外活动有纸箱、纸板、纸棍；区域活动有纸条、纸片、报纸；幼儿园的书架、晨检的操作台、大厅里的旋转木马、大型动物插塑等都是用生态纸板制作而成；走廊上、大厅里到处可以看见孩子们的纸作品……这也是我园选择此资源作为课程资源的重要原因。

另外，幼儿园周边有很多造纸厂，很多孩子的家长都在造纸厂上班，家里有古法造纸的设备，社区资源及家长资源都比较丰富，都愿意支持和配合幼儿园工作，这为"我是小蔡伦"大班传统文化实践活动实施提供了有力的保障。

二、目标设计

（1）倾听关于古代先人发明纸的故事，对纸的起源、文化及传统的造纸技艺产生浓厚的兴趣。

（2）通过体验与操作，发现纸的秘密，探究纸的特性和用途，从而萌发对家乡、对祖国的热爱之情。

三、内容架构

在进行"我是小蔡伦"大班传统文化实践活动前期审议时，我们基于幼儿的视角（纸从哪里来、纸有什么用、纸的秘密）将活动的内容框架分成纸的来源、纸的制作、纸的功能三个方面，并运用头脑风暴的方式，对身边的"纸"资源进行了罗列（详见表1）。

表1　身边的"纸"资源

内容框架	身边的"纸"资源
纸的来源	蔡伦造纸故事
纸的制作	元书纸的制作、现代造纸技艺
纸的功能	纸的种类：宣纸、卡纸、牛皮纸、瓦楞纸、蜡光纸、餐巾纸
	纸的用途：画画、手工、游戏材料、装饰环境、生活用纸
	纸的特性：吸水、承重、易破、可塑

在上述基础上，我们追随幼儿的好奇心，开展了"小蔡伦说纸故事""小蔡伦造纸探事""小蔡伦玩纸趣事"三大板块的活动。

纸材料具有品种丰富、方便可取、经济实惠、环保安全、运用性强、多维度、多功能、一物多玩的特点。通过活动，使幼儿萌发对家乡纸文化的热爱之情，尊重家乡非物质文化遗产的传承，获得全面发展。

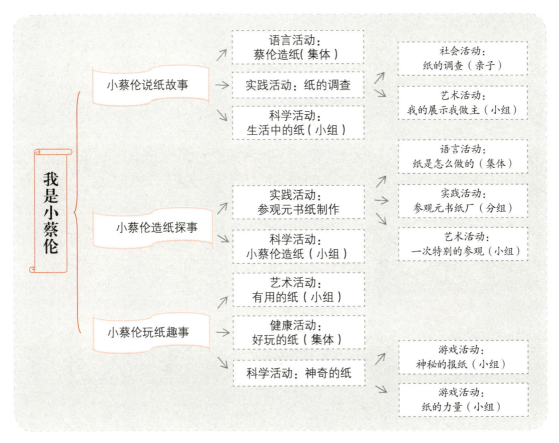

图1 "我是小蔡伦"实施内容框架图

四、组织实施

（一）实施说明

活动以"我是小蔡伦"为主题脉络展开，围绕小蔡伦与纸的相关话题，整合幼儿多个发展领域的经验，利用多种实施途径，形成有利于幼儿发展的活动。沿着纸的来源、纸的制作、纸的功能的脉络依次展开。在实施的过程中以主题式教学活动、项目式活动、游戏活动、家园共育等途径进行，聚焦幼儿活动的方式，把握好个别活动、小组活动和集体活动的功能与价值，把幼儿的所感、所做、所思作为一个不可分割的整体。

（二）实施路径

要想让孩子轻松快乐、高效率地学习，必须尊重孩子学习的特点和规律。幼儿的学习是由兴趣和情绪主导的，多样化的学习方式能够满足幼儿的兴趣，符合幼儿学习的特点。在活动中，我们采取了多种学习方式（见表2）：从参与对象上看，有集体的，有小组的，还有亲子的；从形式上，有走出幼儿园的实践参观活动、调查活动；从领域上，有涉及科学、艺术、语言、健康、社会等多领域的活动，满足幼儿全面发展的需求。

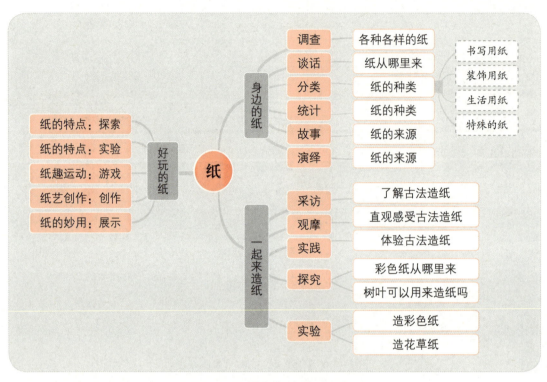

图2　多样化学习思维导图

表2　多样化的学习方式记录表

活动名称		参与对象	活动形式	涉及领域
身边的纸	蔡伦造纸	集体	故事、演绎	语言、科学、艺术
	纸的调查	亲子	调查、谈话	语言、科学、社会
	各种各样的纸	小组	统计、分类	科学、艺术
好玩的纸	神奇的纸	小组	游戏、探索、展示	科学、语言
	好玩的纸	小组	游戏、探索、创作	科学、语言、健康
	纸桥大力士	小组	实验、探索	科学、语言

续表

	活动名称	参与对象	活动形式	涉及领域
一起来造纸	参观元书纸制作	小组	采访、观摩	语言、社会
	造纸初体验	小组、亲子	实践	健康、科学、社会
	彩色纸从哪里来	小组	探究、实验	科学、艺术
	美丽的花草纸	小组	探究、实验	科学、艺术

在幼儿园一日活动各环节中的应用，具体在主题集体教学、游戏活动、实践活动、日常活动等实施开展。根据幼儿的年龄特点和需求，利用幼儿园场地优势，开辟纸作坊、纸墨坊、纸乐坊等多个特色区块并提供丰富多样的材料与空间，让幼儿在游戏中探索新的发现，获得新的体验和经验，同时对原有一日生活中的游戏时间进行优化，充分保证幼儿纸艺活动的时间。具体实施路径见表3，让幼儿以"我是小蔡伦"而自豪。

表3 "我是小蔡伦"课程实施安排表

		内容		活动形式	时间安排
我是小蔡伦	以纸启慧	探纸	纸循环	环境、游戏、社会实践	日常活动
			纸建构	游戏	每天1次，每次45分钟
			纸制造	项目活动	每学期开展2个项目活动
		话纸	纸故事	教学、谈话	开启活动
			纸演绎	游戏	自主性游戏
	以纸健体	纸趣运动		教学、游戏、亲子	每天1次，每次45分钟 亲子纸趣运动会，每学年一次
		纸趣游戏		教学、游戏	
	以纸创美	纸作坊		环境、游戏、项目活动	每2周1次，每次45分钟 每学期开展2个项目活动
		纸墨坊		环境、教学	每周1次，每次45分钟 水墨作品展1次
		纸乐坊		教学、游戏、亲子活动	每2周1次，每次45分钟 亲子环保秀，每学期1次

续表

		内容	活动形式	时间安排
我是小蔡伦	游戏	纸游一刻钟	短小精湛的"零星纸游"	来园、课间、饭后、起床、离园
		纸游自助餐	自主性纸艺活动	每周1至2次自主性纸艺活动时间
		纸游星期五	半日活动	每周五的上午是主题纸艺活动时间
		纸游联动日	纸游联动	每月1次在年段组开展的"纸游联动日"

（三）环境创设

《幼儿园教育指导纲要（试行）》（以下简称《纲要》）指出"环境是重要的教育资源，应通过环境的创设和利用，有效地促进幼儿的发展"。为此，在小蔡伦造纸坊创设中，教师和幼儿一起行动起来，创设了以元书纸为核心的游戏环境。同时，按造纸工序环节，我们将活动区划分为碾料区、操纸区、牵纸区、晒纸区、修剪区五大区块（见表4）。

图3　小蔡伦操纸

图4　小蔡伦晒纸

表4 小蔡伦造纸坊空间布局计划表

区块名称	提供材料	工序说明	探究目标
碾料区	石臼、纸浆筒、木槌、刷子、竹勺等	撕纸—碾料	通过做做、玩玩、看看、想想，让幼儿在充分与材料接触时，感受操作的愉悦、发现的愉悦，并通过比较、观察、分享，进一步培养幼儿对元书纸的制作、特性、功能、现象等的探究交流和分享能力。
操纸区	槽耙、帘床、竹帘、浆槽、压榨机等	捣浆—操纸—压纸	
牵纸区	鹅榔头、纸筒、牵纸架	牵一牵、数一数	
晒纸区	晒纸架、竹条等	摸一摸、晒一晒	
修剪区	剪刀、记录本、三角尺、木架子等	量一量、剪一剪、记一记	

（四）渗透多联互动

在活动中，教师、幼儿、家长共同参与，共同分享快乐，体现"资幼"间互动、师幼间互动、家园间互动。

1."资幼"间互动

在活动中，充分运用各种资源，使幼儿的学习空间从幼儿园拓展到社会，如幼儿开展实践活动"参观元书纸制作"，在幼儿园接触到各种纸，由此产生"纸从哪里来"的话题，从而逐步展开，从幼儿园的学习延伸到周边资源的学习，体现资源与幼儿的有效互动。

2.师幼间互动

幼儿在活动中不断有新的兴趣和发现。教师关注幼儿的需求，是幼儿活动中的支持者、合作者和指导者，与幼儿在不断互动中互生互长。在指导幼儿的过程中，教师使用一些启发式的语言，给幼儿一个自己思考、自己解决问题的机会。这样才有助于幼儿自主学习能力的提高。

表5 活动不同阶段的关键提问

活动前的预想与讨论	活动中的关键提问	活动后的整理、分析与归纳
游戏活动中你会发现什么？为什么会这么想？（依据）	你接下来要做什么？（认识工序）	这些东西可以怎么称呼？你是怎么记住这些名称的？（归纳与分类）
需要哪些物品和工具？怎样才能将元书纸做得更光滑？	你在哪儿找到的？它原来可能在哪里？	为什么这样分？你是怎么想的？这次活动你有什么新发现？

3. 家园间互动

活动中充分挖掘家长资源，鼓励与引导家长以各种形式参与幼儿园的教育实践活动，赢得家长的教育支持和教育资源的多元化。如家长助教活动，邀请孩子的爷爷到幼儿园纸坊专用活动室指导幼儿做纸；亲子活动"纸的调查"，引导幼儿采访家长来获得纸的相关经验。

五、亮点分享

（一）故事追溯纸来源，小蔡伦演绎纸故事

带着疑问"纸从哪里来"，我们开启了"蔡伦造纸""纸的调查""生活中的纸"等系列活动。例如在"蔡伦造纸"中，教师以问题开始，激起幼儿的兴趣，提出了一系列问题（纸是从哪里来的、纸有什么用、生活中有哪些纸等）。教师从这些信息中捕捉到幼儿对纸的好奇心，于是和他们一起研究，生成了以下活动：

案例：小蔡伦演绎纸故事

● 活动一：纸的调查。

表6　纸的调查

调查内容	
1."你采访的是谁？" 2."他在造纸厂做什么工作？" 3."他们的造纸厂产什么纸？" 4.记录：有趣的工作，纸的样品。	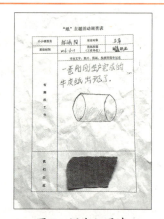 图5　调查记录表

通过短信告知家长，让孩子带着问题进行调查。和家长一起完成调查表，孩子们与家长积极参与活动，对自己的调查结果进行统计，之后就有了"生活中的纸"活动。

● 活动二：生活中的纸。

随着活动的深入，通过"生活中的纸"活动，引导幼儿探索发现纸的特性和质地、纸的不同。

表7 生活中的纸

"生活中的纸"：了解生活中的纸制品，并知道它们的用途。	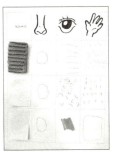 图6 调查表汇总

● 活动三：我来演绎纸故事。

有了前期的调查、访谈，了解了蔡伦造纸的故事，孩子们通过统计对纸的种类、生活中纸的特性都有了一定的了解，于是他们就想来演一演纸的故事。

表8 我来演绎纸故事

"我来演绎纸故事"：尝试小组讨论自主设计服装、道具，将了解的纸故事，大胆地进行演绎。	 图7 幼儿自己创作	 图8 纸故事演绎

本阶段的活动从问题导入，结合孩子身边的资源，层层递进，一个问题接着一个问题，逐渐打开了纸的故事系列。

（二）实地探访造纸坊，小蔡伦造纸探事

《纲要》中强调要充分利用好社区资源，组织幼儿走出幼儿园，走向广阔的天地、丰富的社会，让幼儿去看、去听、去触摸，让幼儿感受与园内教育截然不同的快乐和收获。活动中我们充分利用当地的社会资源开展参观学习活动，进行了实践活动"参观元书纸制作"（见图9），由谈话活动"纸是怎么做的"导入，之后组织实践参观，回园后让每个孩子将自己所看、所想、所听的画下来，与大家一起分享"一次特别的参观"。

案例：小蔡伦造纸探事

● 活动一：参观元书纸制作。

1. 活动准备：提前踩点，了解幼儿前期与纸相关的知识经验。

2. 活动地点：灵桥镇蔡家。

3. 活动过程：

（1）参观造纸，你想知道什么？怎么记录？引导幼儿用自己的方法记录，并带好需要的材料。

（2）带领幼儿参观造纸。

· 分别参观碎纸、捣浆、操纸、压纸、牵纸、撕纸、晒纸等的过程。

· 自由采访做纸、牵纸、晒纸的人员。

· 参观成品纸，幼儿看一看、摸一摸、数一数。

图9　参观元书纸制作　　　　　　图10　幼儿操纸

● 活动二：操纸微故事。

操纸是孩子在探索中比较感兴趣的活动，主要有捣浆、捞纸、放纸、压纸四个步骤。然而孩子们虽然清楚这四个环节，但实际操作起来并没有那么简单。他们在实践活动中不断探索。

表9　幼儿操作表现情况

幼儿基本情况	幼儿操纸时表现出来的状态
幼儿1：东东（对探索游戏没有兴趣，不愿意主动参与，缺乏好奇心，哪怕发现现象也不愿意主动交流）	东东拿起槽耙在浆槽里随意地捣了十几下，放好槽耙，两手把帘床放入浆槽里，捞上来的纸张明显太厚，而且下半部分破了，东东连叹两声气，又去做捣浆动作，将帘床随手丢在旁边。他连续不停地捣浆，共持续了5分钟，看看旁边的孩子在玩碾料游戏，东东转身离开，拿起木槌玩起来。
幼儿2：辉辉（乐于探究，对做纸活动兴趣很浓，清楚了解环节，懂得观察与思考）	辉辉在操纸区先卷起袖子，拿起槽耙，在浆槽里搅拌了三下，放好槽耙顺手拿起帘床在浆槽里成45度角将纸浆捞起，竖直放入木架里，再将帘床拎起，进行第二张造纸活动。

（三）多元趣味玩纸乐，小蔡伦玩纸趣事

开展多元趣味玩纸，根据幼儿的年龄特点和需求，利用幼儿园场地优势，开辟纸作坊、纸墨坊、纸乐坊等多个特色区块并提供丰富多样的材料与空间，在探索、制作了元书纸之后，又开展了"纸桥大力士"等活动。在游戏活动中利用各种纸材料进行折纸、撕纸、纸建构活动，探索纸的力量、纸的神奇等，让幼儿感受纸多变的玩法，发展自主探究的能力，让幼儿在游戏中探索新的发现，获得新的体验和经验。

案例：小蔡伦玩纸趣事

● 活动一：造纸初体验。

孩子们除了在专门的造纸坊体验造纸外，还和小伙伴一起在教室撕纸做纸浆、搅拌纸浆、平铺压制沥水定型，终于造出了"纸"。

孩子们发现这些纸有的薄，有的厚，有的还破了。在一次次的探索实践中，发现了做纸的小秘密，原来做纸的时候，胶水不能太多也不能太少，搅拌纸浆要均匀，不然做出的纸就会有些厚、有些薄，水也要适量，水太多了，纸就容易破……

图11　幼儿造纸

● 活动二：毕业纪念画。

毕业班的孩子，每人做一张纸，并在自己做的纸上，把对好朋友的祝福画下来，送给他，这将是一幅独一无二的、珍贵的毕业纪念画。

图12　幼儿在自己做的纸上绘画

图13　毕业纪念画

● 活动三：纸桥大力士。

别看薄薄的一张纸，有时候也会变成"大力士"，能撑住重的东西。经过尝试，孩子们发现不同的形状、不同的摆放方式，一张纸片能承受的力度是不一样的。

图14　"纸桥大力士"材料

图15　幼儿探究纸的承重

一切以孩子为主体，我们将继续不懈地努力和探索，继续追随孩子的脚步，开启一个又一个"小蔡伦"的活动。

（陆英　程莉莉　丁健　蒋瑶群　徐群芬）

小伞扇 大中国

杭州市人民政府机关幼儿园

在当前教育越来越重视民族文化传承的背景下，我园一直在思考：如何将民族文化中复杂、抽象的事物转化为幼儿可接受的生动、简单的形象，使幼儿在主动探索中感知民族文化的博大精深，在具体操作中体会中国传统文化的趣味和魅力，从而于润物细无声中建立幼儿的民族归属感与自豪感。博物馆是文化的载体，是文化的展现场所，更是幼儿学习的活教材。近年来，我园依托博物馆这一社区资源，深入挖掘其幼儿教育价值，生成了我园的博物馆课程。

一、资源分析

伞扇在幼儿生活中比较常见。幼儿进入博物馆后对古代的伞和扇很感兴趣，这为我们选择"小伞扇 大中国"这一主题开展中华传统文化教育提供了可能性。杭州有中国伞博物馆和中国扇博物馆。博物馆馆藏物品丰富有趣味，可看性、可探索性强。博物馆既弘扬中华传统文化，又有浓郁的杭州文化特色，因此，特别适合杭州幼儿开展传统文化教育活动。这也是我园选择这两个博物馆作为课程资源的重要原因。

另外，我园与伞博物馆和扇博物馆建立了良好的关系，工作人员乐意支持我园实施相关项目活动。我园有丰富的家长资源，其中一些家长对中华传统文化有深入的研究，并愿意参与幼儿园活动。这些无疑都有利于伞扇博物馆项目活动的实施。

二、目标设计

（1）运用观察、比较等方法发现伞扇博物馆中的秘密，对中国伞扇悠久的历史、博大精深的文化以及智慧的伞扇工艺等感兴趣。

（2）用创意的方式表达对中国伞扇历史的热爱和古代劳动人民智慧及祖国传统文化的认同，进而萌生对祖国和家乡的热爱之情。

三、内容架构

（一）项目活动内容预设

在伞扇博物馆项目活动的前期审议中，我们基于幼儿的视角（怎么来的、怎么做的、怎么传承的）将项目活动的内容框架分成历史、工艺、文化三个方面，对伞扇博物馆中蕴含的中国元素进行了罗列（详见表1）。

表1　伞扇博物馆蕴含的中国元素分析

内容架构	蕴含的中国元素
伞扇的历史（怎么来的）	伞：斗笠、亭、华盖、伞车、油纸伞、油布伞、西湖绸伞、民族伞、折伞
	扇：仪仗用扇、羽扇、竹扇、纨扇、折扇
伞扇的工艺（怎么做的）	图案设计：国画（工笔、写意）（花鸟、人物、山水）、书法，如：梅、兰、竹、菊、龙凤纹样、祥云图案等
	制作工艺：拓印、扎染、中国织绣（刺绣等）、丝绸
伞扇的文化（怎么传承的）	礼仪
	伞扇舞
	传说故事《白蛇传》《鲁班造伞》《八仙过海》《三借芭蕉扇》《羽毛扇》

在上述基础上，我园根据幼儿的兴趣与需要预设了可能开展的学习活动内容和区域活动（详见表2）。值得注意的是，实际活动会根据项目活动开展进程中幼儿的需要和兴趣进行灵活调整。

表2　伞扇博物馆可能开展的学习活动和区域活动

	伞（扇）的历史	伞（扇）的工艺	伞（扇）的文化
可能开展的学习活动内容	伞（扇）的起源	伞（扇）的制作工艺	杭州西湖绸伞的秘密
	记录、分享伞（扇）的演变	好玩的扎染	好看的杭州天堂伞
	不一样的伞（扇）材质	有趣的拓印	走近杭州王星记
	有趣的伞（扇）外形	刺绣	好玩的油纸伞
	古代伞（扇）的写真	寻找伞（扇）面上的中国元素——图腾	欣赏：博物馆中的雨巷
	情境表演伞（扇）的演变	有趣的国画	故事：三借芭蕉扇
	研究文字"伞"的结构	欣赏伞（扇）面书法	故事：白蛇传
		我是小小设计师	童谣：外婆的蒲扇
		我是制伞（扇）小工匠	江南伞舞
			欣赏功夫扇
			扇舞表演：大中国
区域活动	伞（扇）找不同	钉扇骨	建构：博物馆
	数伞（扇）骨	制作伞骨架	制作油纸伞
	折扇连连看	染伞（扇）面	绘画：我设计的博物馆
	扇子面拼图	设计扇面（国画、线描、水彩）	表演：白娘子的故事
	团扇扇面扇骨连连看	拓印伞（扇）面	扇子舞
		刺绣伞（扇）面	三打白骨精
		扇子加工厂	三借芭蕉扇
		学写毛笔字	创编伞（扇）故事

（二）项目活动开展思维导图

根据上述内容，我园预设的项目活动网络图如下：

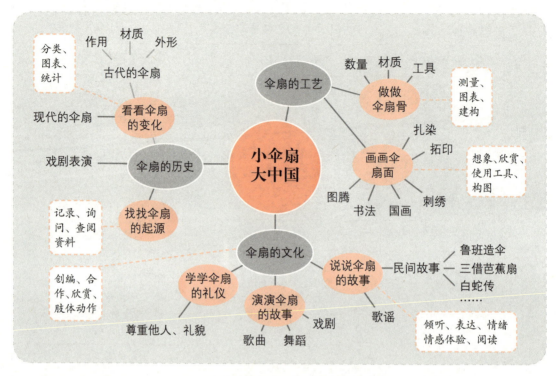

图1　伞扇博物馆项目活动预设网络图

我园伞扇博物馆项目活动的开展是以年级组为单位的。各班根据幼儿的兴趣，拓展推进活动，最终呈现的项目活动开展脉络图各不相同。

下图是在探究伞历史的过程中，大六班幼儿的项目——"皇帝的仗扇"的实际活动脉络图：

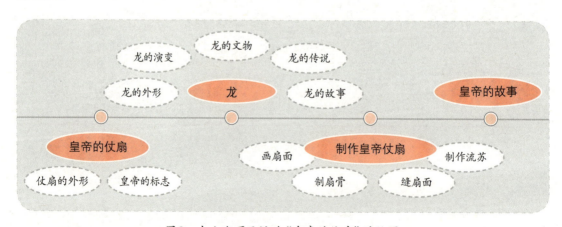

图2　大六班项目活动"皇帝的仗扇"脉络图

下图是在探究伞文化的过程中，大五班幼儿的项目 ——"西湖绸伞"的实际活动脉络图：

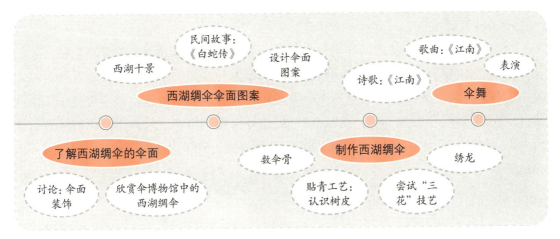

图3 大五班项目活动"西湖绸伞"脉络图

下图是在探究伞文化的过程中，大四班幼儿的项目 ——"油纸伞"的实际活动脉络图：

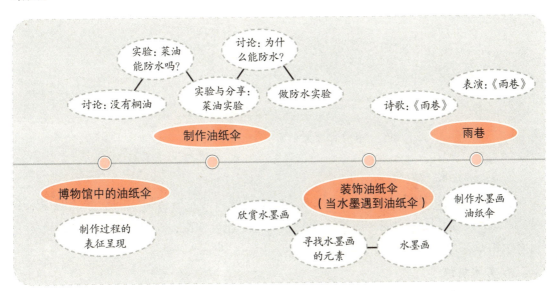

图4 大四班项目活动"油纸伞"脉络图

四、组织实施

（一）实施说明

1.实施模式

伞扇博物馆项目活动的实施场所分为馆内和馆外。具体而言，幼儿在教师、家长及博物馆工作人员的支持下，以适宜的方式在馆内开展相关学习活动。幼儿在与馆内设施设备、展品、人或事件等进行充分互动后，带着经验与问题，以小组分享、团队研讨、区域活动、家庭活动等方式继续开展馆外探究学习。之后，再根据需要进行馆内学习。如此，馆内与馆外学习密切结合，循环研究，最终达成课程目标，促进幼儿多元成长。

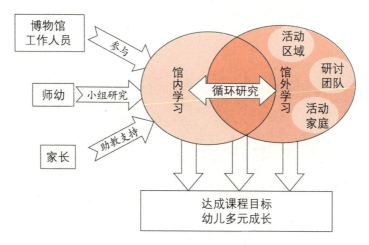

图 5　"小伞扇　大中国"博物馆之旅实施模式

2.实施时间

在伞扇博物馆项目活动中，幼儿进入博物馆的目的是进行持续的浸润式的探究学习。因此，我园开展每两周一次进入博物馆现场，连续 4 次，以激发幼儿开展深度探究的博物馆学习之旅。

3.实施班级

大班组同时进行伞扇博物馆项目活动，各班根据幼儿的兴趣，选择一个（伞或扇）主题进行项目活动探究。

（二）实施路径图

经过几轮行动研究，我们逐渐形成了博物馆项目活动的实践模式，梳理提炼出了博物馆主题项目活动实施路径，详见图6。

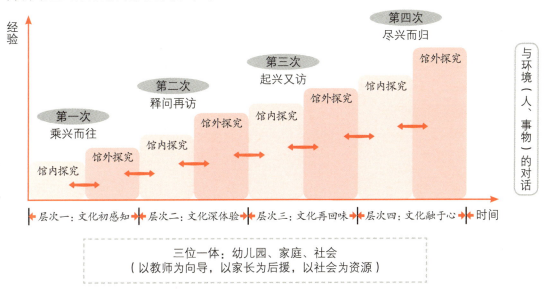

图6 "小伞扇 大中国"博物馆之旅实施路径图

1. 文化初感知：乘兴而往

（1）馆内探究：自由探索，漫感文化。

第一次参观主要以自由探索为主，与图片、模型、视频、雕塑、展品以及馆内工作人员互动，在轻松自由的氛围中记录发现、疑惑以及感兴趣的内容。

（2）馆外探究：团体分享，聚焦兴趣。

组织幼儿进行团体分享，帮助幼儿梳理兴趣点，明确每个幼儿下一步要探究的内容。根据探究兴趣，将幼儿分成不同小组，并制订第二次馆内探究计划。

2. 文化深体验：释问再访

（1）馆内探究：小组研究，文化探秘。

各组明确探究任务，然后有针对性地进行文化探秘。例如，有小组想知道古代的服装上有哪些图案和花纹，他们就去丝路馆做记录。

（2）馆外探究：梳理经验，分享提问。

回园后小组交流，分享记录本上留下的探索足迹，并生成新的课程生长点。

3. 文化再回味：起兴又访

（1）馆内探究：未解之谜，继而究之。

随着探究的深入、幼儿园环境的渲染，幼儿还有一些未解的文化之谜，为此根据幼儿的兴趣情况，重新调整制订小组计划再次出发，开启第三次博物馆之旅，继续探究。

（2）馆外探究：总结归纳，形成概念。

组织幼儿理清博物馆探究过程、方法、内容，并运用主题墙和教室作品陈列等呈现探究成果、明确相关概念。

4. 文化融于心：尽兴而归

（1）馆内探究：扫清疑惑，深度对话。

本次进博物馆有两个目的：一是扫清幼儿存留的需要去博物馆实地解决的问题，二是让经历深入探秘博物馆文化之后的幼儿重返博物馆，再次与展品进行深度对话。

（2）馆外探究：集思广益，大胆表现。

教师与幼儿共同讨论方案，同为分享会做准备。幼儿要根据对文化的理解，用不同的艺术形式创造、表征。届时邀请各界人士参加。

（三）环境支持

我园从"幼儿园、年级组和班"三个层面提供环境支持。在幼儿园层面，创设与博物馆主题相关的开放式公共区域和展示室，以激发幼儿持续探究的兴趣。图7呈现的是幼儿园层面的有关博物馆的环境。

在年级组层面，创生相应的综合角色游戏区，并根据项目活动的进程对材料的投放和教师指导进行调整。图8是扮演游戏"皇帝的仗扇"。

在班级层面，创设个性化的班级环境。例如，各班都有展示课程发展脉络、幼儿研究进程的主题墙饰（包括主题网络墙、主题网络图展示）；也有与课程内容相契合的自主性活动区域；还有机动灵活的展示板。教师根据需要将课程进展中幼儿的学习问题或讨论结果对家长或班级内外进行动态展示。这既是幼儿一个阶段性所学经验的总结，能帮助他们聚焦学习探究的热点，并随时进行间接经验的学习，也便于更多人了解幼儿对事物认知的发展轨迹。

图7　园区儿童博物馆之旅

图8　年级组扮演游戏"皇帝的仗扇"

图9　班级伞扇博物馆项目主题墙

（四）家园合作

在伞扇博物馆项目活动开展的前期与中期，我园挑选了部分与本项目相关的专家型家长志愿者作为助教，全程跟进幼儿的馆内学习，参与和支持幼儿的馆外学习。在馆外学习的家庭活动部分，我们也请家长支持幼儿针对自己感兴趣的问题进行持续深入探究，如研究油纸伞时，幼儿对油纸的制作感兴趣，家长可带着孩子做油水分离的实验。

五、亮点分享

（一）问题导向的活动设计 —— 课程观的转变

在该项目活动实施的过程中，教师的课程观、教育观发生了转变：项目活动不是静态的、一成不变的，而是动态的、灵活的。教师应从预设的主题脉络转向以幼儿的问题为导向的主题脉络。在充满不确定性的项目实施中，教师应围绕幼儿的兴趣和已有知识经验，与幼儿一起思考，鼓励幼儿通过直接感知、亲身体验与实践操作来解决问题，共同建构新的知识经验。例如，前期教师没有预设针对皇帝的仗扇开展活动，但在馆内学习中，幼儿对此产生了兴趣，提出了一系列问题（如皇帝的仗扇为什么要这么大、皇帝喜欢什么颜色等），教师从这些信息中捕捉到幼儿对古老伞扇的历史文化的好奇心，于是与他们一起互动研究，共同生成了以下活动。

案例一：扇的历史 ——"皇帝的仗扇研究"（大六班）

● 活动一："皇帝的仗扇" —— 这是皇帝的扇子？！

帅帅：你们看，这个是皇帝。

师：你是从哪里知道他是皇帝的？

帅帅：他穿的衣服是皇袍，我在电视里看到过，皇帝就是穿这样的衣服的。

鼎鼎：他后面那个长长的是什么东西？像芭蕉扇一样？

果果：是扇子，皇帝用的扇子就是这么大的。

宣毅：真的好大啊，这么大的扇子有什么用呢？皇帝为什么要用这么大的扇子呢？

图10　幼儿在博物馆观察"皇帝的仗扇"

师：宣毅这个问题提得很好，那么我们怎么才能找到答案呢？

● 活动二："仗扇的外形"——皇帝用的仗扇为什么这么大？

回来后，我们组织孩子们讨论"皇帝用的扇子为什么大"。

唐严：皇帝长得很胖的，他很怕热，所以喜欢用大的扇子。扇子大，扇的风特别大，皇帝就特别舒服。

鼎鼎：那为什么别人不做那么大的扇子呢？

瑶瑶：我知道答案，我回去上网搜过，是因为皇帝有钱，可以买很多的材料，老百姓没钱，买不起做扇子的材料。

旦易：是的，皇帝因为很强大，他要表现他是世界上最厉害的人，所以东西都要很大很大，这样别人一看就怕了。

大家都很喜欢皇帝的仗扇，一致决定我们也要做一把大大的皇帝仗扇。

师：可是怎么样才能让人一看就知道我们做的是皇帝的扇子呢？要用什么图案、什么颜色才能表现皇帝呢？

孩子们纷纷提出意见。这些意见到底对不对呢？教师决定让孩子下次去博物馆验证。

● 活动三："皇帝的标志图案"——皇帝用的图案有哪些？

再次去博物馆，我们专门成立了一个皇帝扇的微分队，并邀请家长志愿者协助带队进行研究。

鼎鼎：皇帝身上的衣服叫龙袍，我看到墙上画的是有点咖啡色的。上面还有黑色、黄色。图案有云朵，这些云朵像迷宫一样弯来弯去的，还有些看不清楚的符号。

帅帅：我看到一把皇帝用的扇子上面有龙和蛇一样的东西。

从博物馆回来后，扇历史小组的孩子们对皇帝身上的图案仍然有不清楚的地方，教师及时找了皇帝龙袍的图片。经过观察，孩子们知道原来金色是皇帝最喜欢的色彩，黑色、大地色、红色、白色也常用，龙、云、鳞片、螺旋形图案最常见。他们将这些研究结果记录下来的同时,对龙又产生了兴趣。

图11 家长志愿者带领微分队馆内探究

图12 扇历史小组幼儿绘制皇帝龙袍

(二)"发现生活"的活动实施理念 —— 核心经验的落实

"发现生活"是我园园本课程的实施理念。中华民族文化的继承和弘扬贯穿于儿童的感知实践过程中,"爱祖国"不是一句空洞的口号,我们在活动中让孩子零距离接触古代文物、杭州特产(油纸伞、西湖绸伞),去探究、去认同。借此,他们真实感受到古代劳动人民的智慧,萌发对中华传统文化的认同感。在具体的行动中,孩子们的持续专注学习品质、合作研究能力、创新实践能力等核心素养得以进一步落实。

案例二:"皇帝仗扇的制作" —— 仗扇是这样做出来的

孩子们去博物馆研究了皇帝仗扇的图案与制作方式后,回来很快在布上画好了代表皇帝的图案,用画好的布做仗扇的扇面。可是仗扇的扇骨这么大用什么做呢?孩子们一时没了主意。

这事就搁置了下来。

直到有一天,帅帅从爷爷家里拿来了2根很长的竹竿,他觉得可以用来做扇柄。那么布要怎么做才能成扇面呢?

孩子们再次走进博物馆,特意去研究了扇面的布怎么固定在扇骨上以及扇骨骨架的制作方法。

回来后孩子们就请帅帅爷爷帮忙把铁丝网绑在竹竿上。一个仗扇骨架就做好了。几个会缝线的孩子主动承担了扇面的缝制任务,很快把布缝在了铁丝网上。

图13 小组合作完成皇帝的仗扇

皇帝的仗扇大致完成了，可是边上露出的铁丝网太难看了，大家一起找出金色的电光纸，裁好粘在两边，这下金光闪闪，孩子们对这两面仗扇很是满意。

案例三："探寻古人制作油纸伞的秘密"（大四班）

● 活动一："古代的油纸伞" —— 聚焦古人的智慧。

第二次去伞博物馆，一开始孩子们的兴趣在视觉上有更大冲击力的马车伞、八角伞、龙凤伞等上面，在惊叹古人制作工艺精湛的时候，有两个小朋友提出的话题把所有"伞的种类"小组成员的兴趣引向了古代人的智慧。

刘正：伞博物馆一进来就有荷叶和撑伞的小朋友，肯定是告诉我们伞是从荷叶变过来的。

王承予：我家有一把油纸伞，打开来很臭的，我妈妈说那就是桐油的味道。

"古代的人好聪明哦！""古代的人们一开始用荷叶当伞，后来荷叶不好收就发明了可以收的伞。""荷叶倒过来还可以当帽子。""桐油真的是臭的吗？""桐油是梧桐树的油吗？"……

当孩子们的兴趣加强时，我们开始与他们一起讨论、梳理，以确定孩子当前对油纸伞的认知程度，同时也将他们的问题收集起来。

● 活动二："油纸伞的制作" —— 古人制伞智慧的启发。

孩子们拿来投放在美术区的纸伞，对我说想要把这把纸伞做成油纸伞。于是我们开展了一场讨论，最后孩子们决定用菜油来制作一把油纸伞。

孩子们似乎已经等不及了，下午就有人催我去食堂拿菜油。于是我们的实验就开始了。孩子们分成两组，非常小心地将菜油刷在纸伞上，没有放过任何一个角落。终于，在第5天包包发现伞面有点干了。

天天在科学区找来滴管和量杯说："来，让我来试试，看看能不能防水。"我建议天天先在没有刷油的纸上试一试，瞬间纸上留下了深深的水印。当天天要将水滴向菜油纸伞时，孩子们都屏住了呼吸，当看到从天天的滴管里滴下的水滴很快从伞面滑落且没有留下印痕时，孩子们欢呼了起来："菜油真的能防水，我们成功了。"

但在"伞的种类"小组成员向集体介绍制作过程和结果后，有小朋友提出疑问 —— 油为什么能防水？

于是我建议大家再做一个实验 —— 将水倒入有油的容器里。孩子们惊喜地发现菜油能防水的原因：油和水不会融合在一起；油的表面没有一滴水；油在上面，水会流下去。

图14 幼儿探究油纸伞的秘密

通过探寻古人制作油纸伞的秘密，孩子们进一步了解了油纸伞的制作，最后孩子们制成了属于自己的油纸伞。

（三）在互动中建构 —— 循环教育圈的建立

在伞扇博物馆项目活动中，我们采取的是"馆内＋馆外"的循环探究模式。家长参与幼儿园的教育实践，教育实践场所从幼儿园转移到博物馆，教育实践的成果由博物馆与社会共享等，形成了一个"没有围墙的学校"。在这种循环教育圈的作用下，幼儿不断与工作人员、展品、游客、家长、教师进行各种形式的互动，共同建构新的知识经验。

案例四："油纸伞的制作过程" —— 和博物馆工作人员互动

第三次去博物馆时，孩子们看不明白油纸伞的制作过程，于是向博物馆工作人员求助。博物馆工作人员耐心地向孩子们讲解了油纸伞的制作过程，展现了相关材料，孩子们纷纷拿出纸和笔记录，以前书写的表征形式呈现。

曹无疾小朋友说："古代，因为纸伞容易破，所以人们会在纸上涂上桐油。首先，人们去桐树取桐果制作成桐油，涂满伞面。等油干了，一把漂亮又防雨的油纸伞就完成了。有了这把油纸伞，下再大的雨都不怕。"

图15 幼儿向博物馆工作人员询问油纸伞制作过程并记录

案例五:"龙的文物"——和专家型家长志愿者互动

孩子们在研究了龙的外形、龙的演变后,产生了这样的疑问:真的有龙吗?恰巧班里有专门研究文物的家长。我们邀请他来园给孩子们答疑解惑。他带来了几件关于龙的文物的资料。孩子们通过对文物的观察和研究,听了专家爸爸的讲解,知道了龙的来历与演变的故事。

总之,"小伞扇 大中国"已成为我园园本课程的重要组成部分,利用好博物馆这个"活教材",让幼儿真正地在博物馆里学习,从小就知道要传承历史,要重视文化,对文物、对美术作品、对历史文献、对古典建筑有一种敬畏感和尊敬感,真正做到了将素质教育落到实处。

图16 幼儿听专家爸爸介绍龙的来历

（冯伟群 徐慧 高珊红 李静 董菲菲）

中国功夫

德清县机关幼儿园

开展对"大中国"的主题审议时，我们发现：主题活动内容虽丰富、全面，但每个活动都点到即止，没有追随幼儿的兴趣深入探索。因此，我们将本主题最后一个板块"了不起的祖国"（见表1）留白，采用菜单式的自主学习形式。各班幼儿根据自己的兴趣和需求，自主选择学习内容，最后开展年级组联动活动。

"了不起的祖国"中有一块备选内容是"了不起的国粹"，包括中国功夫、京剧等。在本班幼儿前期经验调查过程中，我们发现他们对中国功夫产生了浓厚的兴趣。他们有中国功夫的相关生活经验，但并没有实际操作过，且对中国功夫的认识存在不少误解，如"跆拳道也是中国功夫""功夫就是为了打坏人"等。于是，本班围绕"中国功夫"展开了一系列活动。

表1 "我的祖国"主题脉络调整情况

原主题脉络	现主题脉络	预设开展时间	分析
欢腾的国庆节	欢腾的国庆节	9.23—9.30（一周）	第一板块保留。在国庆前一周了解我们的祖国，了解国庆节的意义，为新中国成立70周年纪念日的到来做准备。
了不起的中国人	腾飞的祖国	10.8—10.11（一周）	在前期调查中，发现本届大班幼儿对军事、科技很感兴趣，也有一定的经验基础。本园的家长资源中，警察类职业的人不在少数。我们利用本次新中国成立70周年纪念日将举行庆祝大会和盛大的阅兵式这个契机，顺应幼儿的兴趣与时事热点，设计了此板块，即审定课程中的子主题"我是三军总司令"。
多彩的民族文化	了不起的祖国（班本）备选子主题：了不起的国粹了不起的发明了不起的兄弟姐妹了不起的中国美食了不起的传统艺术	10.14—10.25（两周）	将"了不起的中国人"与"多彩的民族文化"中的活动归类、合并，采用菜单式的自主学习。各班幼儿根据自己的兴趣和需求，自主选择学习内容，以年级组联动的方式展开。

一、资源分析

德清县，取名自"人有德行，如水至清"。为浙江省湖州市辖县，位于长江三角洲杭嘉湖平原西部。境内有风景名胜莫干山、下渚湖、新市古镇等。德清人在物质生活越来越丰富的同时，在休闲养生、习武健身等方面也更加重视了。每天早上和晚上，在德清大大小小几个广场中，总会有一支支太极、木兰拳队伍准时出现。德清县太极协会在近几届国际武术节等赛事中均取得了不俗的成绩，让德清的武术精神声名远播。孩子们耳濡目染，自然对功夫有了基本的了解。除此之外，在信息化时代下，网络上关于功夫的音频、视频、图片资源等特别丰富，利用起来十分方便，为主题的实施提供了重要的资源保障。

二、目标设计

结合本班幼儿的实际情况以及主题意义，我们制定了以下三点目标：

（1）知道功夫是中国人发明的，了解中国功夫的种类及作用。（认知目标）

（2）模仿、学会几种中国功夫的基本动作，尝试创编功夫动作。（能力目标）

（3）感受中国功夫的了不起，为中国功夫自豪，为自己是一个中国人而自豪。（情感目标）

三、内容架构

在本班进行"中国功夫"的前期审议时，我们基于幼儿的认知经验，按照幼儿的学习路径，将"中国功夫"的内容框架分成识武、习武、编武、比武和献武五个方面，对每个板块中的预设活动进行了罗列（见表2）。当然，在实际开展过程中，我们根据幼儿的兴趣和需要进行了相应的调整。

表2 "中国功夫"主题脉络与预设活动

主题脉络	识武	习武	编武	比武	献武
学习活动	中国功夫的起源	欣赏常见的中国功夫	欣赏音乐《中国功夫》	我们来比武	年级组联动（分享主题成果）
	中国功夫的种类	学学基本的功夫动作	我来编功夫动作		
	中国功夫的作用	学学简单的拳法（五步拳、太极拳等）	设计"武功秘籍"		
	我认识的功夫明星	学习基本的功夫礼仪	水墨画：《功夫熊猫》		
	我看过的功夫电影				
	我听过的功夫歌曲				
	我身边的功夫高手				
区域活动	1.功夫展览馆（看、听、说）。 2.武馆练习区：练武。 3.武馆创作区：设计、制作"武功秘籍"；创编功夫故事。 4.兵器库：设计、制作和加工兵器。 5.功夫服装坊：设计、制作和装扮功夫服饰、道具。 6.擂台：切磋武艺。				

四、组织实施

（一）实施路径

1. 识武 —— 了解功夫的种类及作用

中国功夫是怎么来的？中国功夫有哪些？为什么这么多人喜欢中国功夫？跆拳道是中国功夫吗？学中国功夫是为了打坏人吗？通过谈话、调查表等方式，我们了解到幼儿对于功夫渴望了解的内容非常多。教师和幼儿共同搜集一系列素材，如功夫电影、功夫歌曲、功夫明星、功夫种类等，并通过集体、小组等形式进行分享、交流。

2. 习武 —— 练习几种功夫的基本动作

在这一阶段，幼儿欣赏并亲身尝试了两套简单并且对比明显的拳法——五步拳和太极拳。通过教师集中教授、家长助教指导、分组看图谱练习、自由练习等形式，幼儿大展拳脚，体验了五步拳的刚劲有力和太极拳的轻柔连绵，从而感受中国功夫的独特魅力。我们还新开辟"武馆"，幼儿身着练功服，参照动作图谱或功夫视频片段练习功夫。

3. 编武 —— 尝试创编简单的功夫动作

识武阶段，我们发现幼儿的兴趣点大多集中在《功夫熊猫》和《功夫梦》这两部动作电影以及《中国功夫》这首功夫歌曲上。习武阶段，幼儿已明显不满足于按照图谱学功夫，而是即兴创编新的功夫动作，自发地和同伴分享交流。于是，编武阶段，我们围绕上述三个素材，通过音乐活动"中国功夫"，美术活动"功夫熊猫"和"武馆"中创编功夫动作、制作"武功秘籍"等游戏内容，来支持幼儿尝试创编简单的功夫动作。

4. 比武 —— 切磋武艺，来场功夫的较量

看过电影《功夫梦》后，幼儿对擂台比武产生了浓厚兴趣。男生与女生之间还下战书，一定要切磋一次。幼儿通过几天的学习、练习、创编等，也积累了一定的功夫技能。他们渴望有一个展示自己本领的平台。于是，我们通过健康活动"武林大会"，新开辟区域"比武擂台"和"兵器库"中的设计、制作、改造兵器等游戏内容，满足幼儿切磋武艺、互相较量的需求。

5. 献武 —— 年级联动，欢迎进入功夫世界

"了不起的祖国"板块中，各班以菜单式子主题的方式进行。这种形式的优势在于各班幼儿对其中一个中国元素有了深入的了解和探究。存在的弊端是在"大中国"主题中，缺少了解其他中国元素的机会。于是，我们开展年级组联动活动（见表3）。活动中，每个班可以向其他班幼儿开放自己的主题成果，请大家欣赏、体验等，同时也可以去参与其他班的主题成果展。活动当天，相当一部分幼儿走进了我们的功夫世界，欣赏了我们的功夫表演、"武功秘籍"等，体验了我们原创的兵器、装扮道具等，跟着"师

傅"学习了原创武功等。

表3　年级组联动式

班班联动	师师联动	幼幼联动
具体说明： 各班根据本班特点和兴趣，选择不同的小主题开展活动。各班对自己感兴趣的点深入了解后，可邀请其他班幼儿参与其中，融合有效资源。 我们的计划： （1）抽两个上午进行班级联动活动。以"小舞台"的形式，准备自己班级的特色，如选择"了不起的国粹"之"中国功夫"的班级可以展示自己创编的中国功夫。 （2）参观班级，从环境创设、主题实施路径等了解该班开展小主题的情况，萌发对祖国其他方面的兴趣，选择其中最感兴趣的点回班进行讨论、深入了解。	具体说明： 教师对联动活动中发现的问题、观察到的现象进行整理记录，在年级组会议中进行反馈，大家再一起进行商议，给出合理的建议。 我们的计划： 活动前，教师商讨活动方案；在第一次联动活动后，针对各班在活动中遇到的困惑或发现的问题进行研讨、整改，优化下一步可以实施的活动方案。	具体说明： 为幼儿之间开展对祖国其他传统文化的了解架起桥梁。 我们的计划： （1）如大一班幼儿对其他班"民族特色服饰"感兴趣，大一班幼儿可提出自己的疑惑，比如：为什么这个民族的男生也穿裙子？提出疑问的幼儿得到答案后，可向本班幼儿进行反馈。在参观班级时，同样可以提出问题，互相交流。 （2）被询问的幼儿如遇自己回答不了的问题或者有其他班的幼儿对该传统文化有不同见解，便可现场进行记录。回班后，再次开展相应活动，深入了解。 （3）不同班级的幼儿小组对同一个兴趣点的合作与交流（跨班成立兴趣小组）。

（二）环境创设

环境创设包括墙面布置和区域环境布置。

1.墙面布置

在"我是中国娃"主题下分出一个板块，用图片的方式呈现"功夫的种类""我认识的功夫明星"和"学功夫的人"，用孩子们的作品呈现"中国功夫动作创编"。"武功秘籍"板块（图1）呈现的是孩子们的部分创编作品。幼儿通过丰富的表征与表达，完善了课程，收获了快乐，对功夫的喜爱和自豪感在实践中得到了很大的提升。

2.区域环境布置

在"武馆"练习区的一侧墙面，张贴了各式图谱，有功夫的基本动作、各式拳法刀法棍法等，供幼儿参照练习。"武馆"创作区（图2）中，幼儿做小书、记录动作、制作"武功秘籍"等。

图1 "武功秘籍"板块

图2 "武馆"创作区

五、亮点分享

（一）师幼共同搜集素材，有效素材为主题目标服务

在主题开展前期，我们以幼儿搜集到的一些影视素材为主，鼓励他们欣赏并分享、交流自己的感受。这让幼儿充分感知中国功夫，唤起幼儿的真实感受，丰富幼儿相关的经验。其间，会以教师搜集的素材作为补充。值得注意的是，幼儿搜集的素材体现了他们现有的经验，而教师搜集的素材则要高于幼儿，为主题目标服务。对主题核心内涵的挖掘、对当前幼儿已有经验和需要的分析，是教师搜集有效素材的前提。

案例一：有效素材之北京奥运会太极表演视频

浏览幼儿搜集到的素材后，我们发现，功夫明星的精彩武打片段、功夫歌曲和各种门派的代表性功夫图片占大多数。在分享活动中，通过观看幼儿最熟悉的功夫明星的武打视频，幼儿初步了解了中国功夫的风格；通过欣赏各式各样的功夫表演图片并模仿（图3），幼儿了解了中国功夫的种类及各类别的特点。主题认知目标能通过幼儿搜集的素材实现，那情感目标呢？如何让情感与认知紧密相融，帮助幼儿感

图3 功夫表演

受中国功夫的了不起，为中国功夫自豪，为自己是一个中国人自豪？于是，教师选择了北京奥运会太极表演视频、外国人学习中国功夫照片等素材，通过提出"为什么会在北京奥运会这么重要的场合表演太极""为什么这么多外国人专程赶到中国来学习功夫"等问题，引发幼儿的思考与讨论，使得幼儿的自豪之情自然萌发。

案例二：有效素材之电影《功夫梦》片段

功夫电影有很多，深受幼儿的喜爱。其中，《战狼》尤其受欢迎。但《战狼》未必是最适合本主题的影视素材。经过对各类功夫电影的分析、比较，教师选择了电影《功夫梦》。观看完影片片段，幼儿激动地表达自己的想法与感受：

城城：我也想像这个外国男孩一样学中国功夫。

仔仔：学功夫是为了让自己强大起来，保护自己。

妞妞：学了功夫就可以不被别人欺负。

豆豆：学功夫还可以保护别人呢！

小新：电影里那几个人学了功夫就去欺负别人，这样是不对的。

……

看来，幼儿从电影中了解到了功夫的作用，感受到了功夫精神。此外，影片中丰富的功夫种类，如蛇拳、螳螂拳等，还有激烈的擂台比武等新鲜元素也给了幼儿新的启发。比如桃桃在看完功夫电影《功夫梦》后创编了一个剧本（图4）。故事主角是她和一个男孩。他们在擂台上比武，比赛三局两胜。她详细地画出了比赛时的场景、每次比赛的结果以及计分表。再比如壮壮，和同伴在模仿影片情节进行擂台比武时，为了方便记录比武得分，他设计了计分表（图5）。这些都是他们在电影中获得的认知经验的创意再现。

图4 创编剧本 　　　　　　　　　　　图5 设计计分表

案例三：有效素材之电影《功夫熊猫》片段

在进行"大中国"主题前期，幼儿已有用水墨形式画竹子的经验。幼儿在观看《功夫熊猫》电影片段时，对可爱的功夫熊猫又表现出很大的兴趣（图6）。考虑到功夫、熊猫、水墨画都是中国的经典元素，我们将三者融合，让幼儿在进行艺术表现的过程中，感受中国传统之美、国粹之美。（图7）

图6　观看《功夫熊猫》电影

图7　幼儿在进行艺术表现

（二）幼儿积极探究与创造，完全沉浸于功夫世界

在"中国功夫"子主题中，我们一直在观察幼儿的状态。令人欣喜的是，他们非常激动，每个活动的参与度都特别高。就连那些平时比较内向、腼腆的孩子，也变得非常主动。

案例一：丰富的区域活动

区域活动是本主题实施的一个非常重要的途径。我们充分利用本班教室内外空间大的优势，开辟了"武馆""比武擂台""兵器库"等区域，鼓励幼儿个人或结伴在功夫世界中大展身手。

● 武馆（练习区）。

投放材料：练功服、动作图谱等。

游戏内容：参照动作图谱或自己设计的"武功秘籍"学习、练习功夫（图8）。

● 武馆（创作区）。

投放材料：纸笔、剪刀、装订工具、双面胶、工字钉等。

游戏内容：创编功夫动作、制作"武功秘籍"等。

● 比武擂台。

投放材料：练功服、纱布等服装和各式兵器等。

游戏内容：切磋武艺。

● 加工坊。

投放材料：各式低结构材料，如扭扭棒、棍子等；工具，如剪刀、泡沫胶等。

游戏内容：设计制作、改造兵器，如剑、鞭等。

● 功夫写真馆。

投放材料：相机、练功服、纱布等装备和各式兵器等。

游戏内容：用相机留下精彩的掠影（图9）。

图8　学习、练习功夫

图9　功夫掠影

案例二：神奇的手翻书

有幼儿在制作"武功秘籍"时提出"以前的动画就是这么做出来的"，引发大家对"绘制动画"的探究（图10）。看似和"中国功夫"没什么关联，但在好奇心的驱使下，幼儿自发收集相关资料，还真的带来了手翻书。幼儿对该现象十分感兴趣，又充满了疑惑。教师便生成科学活动"神奇的手翻书"，让幼儿在观察原始动画制作过程以及实践操作中，初步感知视觉暂留原理。活动后，幼儿不仅对制作"武功秘籍"保持浓厚的兴趣，还扩散到制作其他内容的手翻书。

图10　幼儿探究

图11　比试

（三）教师创设展示平台，使幼儿获得积极情绪体验

案例一：激烈的武林大会

体育游戏"武林大会"是幼儿生成的活动，即功夫擂台赛。前期，在"武馆"中，幼儿会两两结队或一群人切磋武艺（图11），由此还衍生出比武的规则、计分方式等许多引发热烈讨论的点。活动中，比武双方代表自己的队伍在擂台上真正地对打。他们从刚开始的害羞、胆怯到后来的认真、拼劲十足，把自己在这一阶段学到的或自创的功夫招式都运用了起来。

案例二：创编内容直接作为早操和表演内容

音乐活动"中国功夫"来源于课程资源。我们在此子主题开展前期，就一直播放《中国功夫》这首歌曲。没过多久，幼儿已会跟唱，并情不自禁地跟随音乐做功夫动作。通过识武、习武阶段的学习增加了对功夫的认知经验后，幼儿根据该歌曲创编动作的动力与信心越发高涨。活动中，教师先简单示范创编和记录的方法，再请幼儿分组领取歌词进行创编并记录，最后进行分组展示（图12）、集体练习以及部分修改。

最终，经过多次练习，该素材作为幼儿共同创编的作品成为新早操，且在本园迎新亲子长跑活动启动仪式中进行表演（图13），使幼儿获得了极大的成就感。此外，本班幼儿还用同样的方法设计、创编了功夫表演《霍元甲》，在毕业典礼上进行展示，掀起了晚会的高潮。

图12　幼儿跟随音乐做功夫动作　　　　　图13　新早操表演

案例三：年级组联动，展示主题成果

年级组联动开展前，各班对环境布置、材料准备、人员安排等进行了讨论。在本班进行人员安排的讨论时，幼儿的表现令我们惊讶。本以为他们会更倾向于抓住机会去别的班级体验除功夫以外的中国元素，没想到大部分幼儿都选择留下来。

开心：我要留下来，我功夫这么厉害，可以表演给他们看。

喆喆：是的，我和开心编了一套猴拳，我们可以一起表演。

城城：还可以教小朋友功夫，如果要学，就先拜我为师。

曹曹：关于功夫，我啥都知道，小朋友有问题可以问我，我会告诉他们。

轩轩：我想留下来看功夫电影。

昕儿：我们可以把装扮的东西带去，小朋友想要戴的话，我可以帮助他们。

……

选择留下来的幼儿人数太多，但并不需要这么多人手，怎么办呢？幼儿想出了几个办法，比如选值日生、选平时表现好的小朋友、老师直接选等。最后，我们通过功夫知识问答、功夫表演等比出最厉害的6个小朋友作为功夫大师留下来。活动中，这几个功夫大师可是忙坏了。又是表演功夫，又是教小朋友功夫，还得为小观众点播功夫电影，整理小朋友制作兵器的材料等。

图14 比出最厉害的6个小朋友

通过本次年级组联动，我们发现对于那些出去体验、探究的幼儿来说，能利用这个契机，去了解中国的多元文化，满足自己的探究欲望。而对于留守在班内的"工作人员"来说，除了成就感、自豪感和对主题内容有一个巩固外，在别的小朋友提问时，可能会发现自己对本主题还有许多不了解的地方，从而进一步深入探索。

（四）家长见证幼儿的成长，从质疑转为支持与认可

"中国功夫"开展前期，看到孩子在班里比画招式，有时会不小心打到对方或被对方打中，不少家长提出了自己的担忧。他们担心这样的活动会助长孩子尤其是男孩子

图15 制作成初页和微信公众号图文

的攻击性行为。因为班里男孩子从中班下学期开始就特别喜欢打打闹闹，有时会掌握不好分寸。这样的担忧我们非常理解，但我们还是选择试着放手、信任孩子。

好在进行了一系列活动后，我们发现孩子能感受到功夫精神，经常会学着说"点到即止""切磋武艺""功夫是为了保护自己、强身健体"这样的话。攻击性行为不但没增加，反而还降低了不少。也没有一个家长反映孩子被打等消极的情况。

此外，在主题开展过程中，我们及时搜集幼儿的活动照片与表征作品，制作成初页和微信公众号图文（图15），向家长展示幼儿的表现与活动的具体开展情况，获得了家长的一致好评与支持。

图 16　朋友圈刷屏

"中国功夫"子主题进行的那周，我们的朋友圈被家长关于孩子在家学功夫的照片和教师拍的照片刷屏了（图 16）。不少家长还主动搜集功夫素材、提供功夫服饰、寻找与功夫相关的社会资源。看得出来，家长们的态度已从质疑转变为认可和支持，因为孩子们积极投入的状态、孩子们的成长，家长们都看在眼里！

（楼丹艳）

古城越韵

杭州市富阳区新登镇第一幼儿园

一直以来，我园都开展以"越剧"为主题的相关活动，但是活动形式较为有限和传统。面对当下传承中华民族优秀传统文化的热潮，结合幼儿园已有的越剧教育实践经验以及在实践过程中遇到的问题，我们一直在思考：如何以多元形式代替传统的越剧教学，让幼儿成为主动学习者，在活动中积极体验，在体验中萌发感悟，在感悟中进而了解家乡的越剧文化，培养越剧素养和审美情趣，提高越乡人文素养，加深对家乡的感受和认识？

一、资源分析

（一）以丰厚的地方文化底蕴为基础

在浙江，有越剧"嵊州第一，富阳第二"之说，我园位于有"千年古镇"之称的富阳区新登镇。新登镇是我国著名越剧表演艺术家徐玉兰的故乡，并在 2017 年初被浙江省文化厅命名为"浙江省民间文化艺术（越剧）之乡"。在这片土地上，越剧为广大老百姓喜闻乐见，目前有多个民间越剧团，活跃在各个越剧舞台上。我园所处的社区，有着不可多得的地方传统文化优势，有利于开展越剧特色活动。

（二）以越剧社团活动开展经验为基础

跟随表演艺术家徐玉兰的脚步，幼儿园曾创设越剧社团，并聘请有戏曲功底的教师教学，孩子们的越剧活动已有了一定的基础，多次到园外参加越剧表演。但是同时存在参与越剧社团的孩子人数有限、传统的教授形式消解孩子的兴趣与主动性的问题。已有的越剧教育实践经验，让我们更多去思考如何将越剧教育活动优化，让越剧在幼儿园内以多元活动形式全面普及，使孩子成为主导者、主动学习者，帮助幼儿在活动中体验，在体验中感悟，在感悟中了解家乡的越剧文化，培养幼儿的越剧素养和审美情趣，提高越乡人文素养。

二、目标设计

"古城越韵"特色系列活动以"传承越剧优秀传统文化，增强家乡、民族的归属感与自豪感"为核心目标，并围绕以下目标进行：

（1）参与多元体验，感受与欣赏越剧的艺术风格和特点，对越剧感兴趣。

（2）能够大胆表现自己，创意表达对越剧的热爱和祖国传统文化的认同，萌生对祖国和家乡的热爱之情。

系列活动中各具体活动根据幼儿发展的特征与水平，从幼儿发展的心理结构维度认知、情感、行为（能力）三个方面出发再制定具体目标。

三、内容架构

"古城越韵"特色活动遵循幼儿"在活动中体验、在体验中感悟、在感悟中提升"的思路，通过主题教学／生成项目活动、大型活动、自主游戏活动三个实施通道进行。

表1 活动实施通道

活动名称	活动结构	活动内容	具体内容		组织与实施	记录与评价
古城越韵	主题教学／生成项目活动	主题教学活动	越之事	越剧名人、越剧名段	环境创设、主题活动、项目活动、游戏活动、家长助教、家园合作、社区合作	过程性照片、音视频，幼儿作品，教师观察记录，幼儿、家长、教师评价
			越之形	越剧服装、道具、角色、动作、神情等		
			越之声	越剧声腔		
			越之新	越剧新创意		
		生成项目活动	……			
	大型活动	特殊	越剧亲子服装秀、越艺文化节			
		常规	越剧社团、越剧采风团			
	自主游戏活动	联动游戏	古城影院、越剧T台造型秀、越剧连连看超市……			
		走廊游戏	戏迷角、越剧小小收藏馆			

四、组织实施

（一）营造多元越剧氛围，感受越剧之美

遵循幼儿身心发展及认知特点，注重孩子的互动性、参与性，巧妙地利用园舍各空间位置，与幼儿一起在门厅、走廊、过道进行创设，让环境充满越剧的文化氛围，激活幼儿的鲜活体验，使他们在潜移默化中得到美的熏陶。

在自主游戏活动之"走廊游戏"中，我们和孩子们一起在走廊角落设置了"戏迷角"，放置了越剧衣物、帽饰、

图1　孩子们在"戏迷角"

孩子们能够试穿、试戴、试着表演，过过戏迷瘾；家长收集并提供了越剧服装、道具、乐器、海报、照片等，在走廊建立小小收藏馆，对收集的物品都制作图文介绍小卡片，孩子们常常聚在那里摸摸、看看。

（二）组织多元主题活动，丰富越剧专业认知

在主题教学生成项目活动中，我们将系统的主题教学活动与动态的生成项目活动相结合，让孩子成为活动的主导者、主动学习者，帮助幼儿丰富越剧认知。

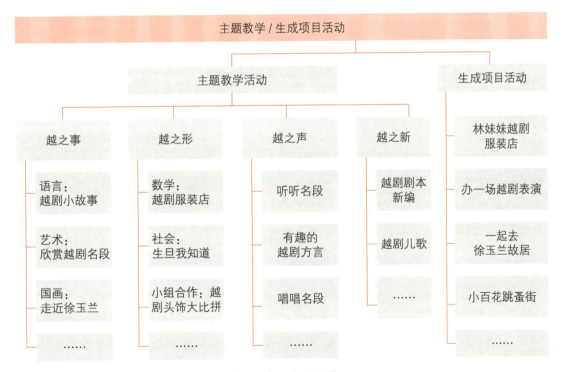

图2　多元主题活动

主题教学活动有"越之事"（越剧名人、名段）、"越之形"（越剧服装、道具、角色、动作、神情等）、"越之声"（越剧声腔）、"越之新"（越剧新创意）四块内容。教师依据大班幼儿的年龄发展特征与水平，科学合理地将越剧渗透于五大领域之中，进行适合大班年龄段的教学活动，丰富幼儿对越剧的认知。

除了主题教学活动，同时也开展以越剧为主线的生成项目活动。生成项目活动来源于幼儿的

图3　主题教学活动"走近徐玉兰"

生活、兴趣及需求，多以小组活动形式开展，教师根据幼儿年龄特点、发展需要，关注即时发生的事件，捕捉契机，生成新的内容，让活动更加丰富，组织形式更为灵活。其活动实施是一个动态的过程，随幼儿有关越剧学习与发展的线索逐步展开，师幼共同学习、建构，在各种情境中不断生成和调整。

（三）开设丰富的游戏活动，发展自由越剧想象

让幼儿在玩乐中感知越剧，寓教于乐，以最纯真、最自然的方式表现自我、抒发情绪，发挥想象力。

在大型活动之"特殊活动"中，有"越剧亲子服装秀"和"越艺文化节"。"越艺文化节"以"游园活动"形式进行，有"越剧方言学一学""经典名段唱一唱""越剧服装画一画""越剧角色辨一辨""关于越剧我想说"等活动。每个幼儿拿着"小百花图鉴"到每一处完成游戏并获得印章，集齐印章获取礼品。活动将越剧融入趣味游戏中，让孩子在玩乐中学习、体验、感受。

幼儿园每周五都有进行联动混龄游戏的传统。我们在原有游戏点的基础上，和孩子一起以采访、调查形式征询大家的意愿，最后在其中的三个游戏点，增设了与越剧相关的活动或材料：在越剧超市中投入了与越剧相关的服装、道具、明信片等，供孩子挑选购买；在越剧T台造型秀中，增加了越剧名段角色相应的服装、头饰，供孩子穿戴；在古城影院增加了越剧名段的场次，供孩子们欣赏。

（四）整合社区家园资源，体验原味越剧情怀

幼儿园的教育空间、资源是有限的，突破了时间、空间和群体的局限，充分挖掘社区资源让活动得以优化开展。社区里有技能的人以及幼儿园家长群都是丰富的人力资源，例如爱唱越剧的奶奶、会拉二胡的爷爷、爱讲故事的爸爸、会制作手工的妈妈，都成为了幼儿园越剧活动的主角，家长助教、家园合作处处可见，既能丰富幼儿园活动，使幼儿体验越剧情怀，为孩子们带来惊喜和快乐，又能增进幼儿对自我、对社会的

认识，满足他们的情感需求，提升对家乡的归属感。

图4 越剧团老师助教　　　图5 参加社会越剧活动

在大型活动下的"常规活动"中，我们采用请进来、走出去的方法，充分利用社区、家庭资源。越剧社团"请进来"—— 运用周边社区丰富的人力资源，请有戏曲功底的老师进行指导；越剧采风团"走出去"—— 运用社区的环境资源和文化资源，带领幼儿到文化馆、戏曲亭等地方进行采风和表演，参加社会越剧活动，如参加浙江省文化馆、区政府主办的"家在富春江上 —— 越剧宗师徐玉兰系列纪念活动""龙门百花大会 —— 新登东安戏台"等活动。丰富幼儿园活动内容，扩展幼儿的眼界，丰富其社会认知，支持他们感受、体验本地原味越剧。

五、亮点分享

以大二班"办一场越剧表演"项目活动为例。

（一）察言引趣 —— 观念转变

在活动开展的过程中，教师观念更新转变：教师的视角更多地聚集在孩子身上，倾听孩子的心声，揣摩孩子的需要，推动孩子的探索。教师及时把握幼儿生活中碰到的问题，力图在尽可能理解孩子需要的基础上，以幼儿兴趣为主导，遵循顺其趣、引其趣、延其趣的策略，支持推动他们的学习，并以协助者、参与者的身份与孩子共同建构活动，使活动的实施具有弹性和开放性，呈现动态过程。

案例一："办一场越剧表演" —— 抓住生成契机

在古城影院观看完越剧表演后，大家议论纷纷：

睿睿：为什么电视里都是大人在唱，没有小孩子唱的？

冉冉：有的！我在电视上看到过小朋友唱戏，唱得很好的。

栋栋：小朋友也会唱的。（拉来欣欣）欣欣，你不是会唱两句的吗？

欣欣：对啊！如果我也能穿这么好看的衣服到台上去唱越剧的话，那就太开心了！

为什么我们不能上台表演越剧呢？

师：当然可以呀！可如果要办一场越剧表演需要准备什么呢？

案例二："岗位竞聘" —— 助推活动进行

在对准备工作进行讨论后，孩子们确定了越剧表演需要的物品及负责的岗位，如舞台负责人、服装道具负责人、化妆师、宣传员等。可谁来担任什么岗位呢？孩子们争论不休，都想出力，组内讨论几度陷入僵局。教师见状，问："这些岗位谁都可以担任吗？"这一问，孩子们纷纷表示不同岗位有不同要求，活动进入新的讨论中……

图6　岗位竞聘　　　　　　图7　岗位竞聘表

（二）拾级而上 —— 螺旋探索

项目活动有一个显著的特点，就是问题探究贯穿其中。以幼儿的问题为契机，不断引申出新的活动内容。在活动中，我们可以看到孩子们的探究以"螺旋式"进行，在发现问题、解决问题、再发现问题、再解决问题的递进过程中，通过调查、探究、讨论、分享、表达、协商等途径进行，而这些途径就像穿的针、引的线，它们贯穿项目的始终，引发认知冲突，帮助孩子获得新的提升。

案例一："定曲目" —— 问题驱动

各个岗位的人员定下来了，大家准备开工。可是服装道具负责组和音乐负责组的孩子们遇到了问题 —— 我们选什么曲目？没有曲目怎么选衣服和音乐呀？

大家坐下来讨论，孩子们提出回家先去了解各个越剧名段，然后回来确定。第二天，孩子们以小组形式进行了推荐，最后将范围缩小到四个名段《天上掉下个林妹妹》《五女拜寿》《白蛇传》和《十八相送》。可是问题又来了，有孩子提出："光我们喜欢也不行，要观众喜欢！观众喜欢什么呢？"

那观众喜欢什么呢？面对这个问题，大家再次坐下来讨论。

小小：要做个调查，问问大家喜欢什么。

鹏鹏：幼儿园那么多人怎么调查？

轩轩：早上上学的时候到门口等着大家来上学，一个一个问过去。

孩子们：这个好！顺便问问大人们喜欢什么。

于是在教师的帮助下，孩子们做了一块简单的展板，放到幼儿园门厅，趁着早晨入园时间，进行了"你喜欢哪个越剧名段呢"的投票活动。最后，宣传组的孩子们进行了统计，徐玉兰经典名段《天上掉下个林妹妹》以 74 票高票当选。

图8　孩子们推选的四大曲目

图9　曲目调查

案例二："招聘会宣传" —— 螺旋行进

确定好曲目之后，孩子们迫不及待地要招演员啦！可是，问题来了 —— 演员怎么招呢？

孩子们纷纷提出自己的想法："我们可以像游戏节招聘一样，搞一个招聘会！""我们也可以去其他班里招会唱《天上掉下个林妹妹》的小朋友。"……说完，孩子们分成两队出发了。很快，他们都遇到了新的问题：招聘会这边基本无人光顾；去班里招演员的孩子们跑了两个班级就直呼"累"。

于是孩子们围在一起讨论，他们发现"没人来是因为没有告诉大家我们这里有个招聘会""太累是因为我们要每个小朋友都问一遍"。那怎么办呢？"我们可以像老师一样在门口公告栏贴通知呀！"有孩子提议。"可是我们不会写很多字！""没关系，我们可以画画！大家一定可以看懂！""画什么呢？""要告诉他们时间还有地方，他们好来找我们。"……讨论非常热烈，一结束宣传组的孩子们就开始行动啦，按大家的要求制作好海报并且到个别班里进行了宣传，最后将海报张贴在幼儿园公告栏，约定下周一午睡结束在中七班门口操场进行招聘。

图10　招聘会宣传　　　　图11　招聘会宣传

（三）强强联手 —— 多方合作

项目活动在很大程度上依赖于孩子已有的经验，而帮助孩子们涉足更广更深的知识领域，使他们积累更多更深的经验，则是项目活动获得成功的前提。家长、专业人士的参与，使与活动相关的资料、信息和资源变得更加丰富，这些都极大地提高了孩子们探索活动的深度和广度。在这个项目活动中，家长与孩子一同参与到活动中来，共同调查、制作，推进活动深入开展，如：和孩子一同调查越剧相关知识，和孩子一同构想越剧表演如何进行……他们能及时了解幼儿活动的进程，感受幼儿的喜悦与挫败，给予宽慰和引导。

案例一："准备布置" —— 与不同人群互动

曲目确定了，演员有了，各个岗位上的工作人员都开始忙碌起来。舞台负责组的孩子对幼儿园能利用的所有舞台进行了实地考察，和园长妈妈沟通，进行舞台租借；服装道具组的孩子在爸爸妈妈的帮助下通过网络调查了解了林黛玉和贾宝玉的服装特点，向越剧服装保管员阿姨咨询服装选择的要点，并挑选了适合的服装、头饰，留下了借条；导演组的孩子一有空就请老师帮忙找来演员小朋友唱一唱，演一演；化妆组的孩子从家里拿来了儿童用化妆品；摄像师去各班老师处借来了相机；音乐负责人请做婚庆的叔叔帮忙剪辑了音乐；担心出现因为大家不知道有《天上掉下个林妹妹》的越剧表演而没人来看的情况，宣传组的孩子制作了邀请卡片，并到各个班去分发……各岗位负责人都纷纷完成了工作。

图12 咨询越剧服装保管员阿姨

图13 向园长妈妈租借舞台

案例二："越剧表演" —— 与专业人士合作

周五那天，演员、化妆组和服装道具组的孩子们早早地就在T台开始准备。有一位爷爷是当地越剧团的表演者，闻声而来，主动承担乐曲伴奏的任务。孩子们对伴奏里的音乐和乐器演奏出来的音乐的不同产生了极大的兴趣。"这是什么乐器？""这个乐器是我们中国的吗？""这个乐器发出的声音和电视里很多越剧的音乐一样。"……在与这位爷爷沟通的过程中，孩子们了解了很多关于越剧伴奏乐器的知识。

一切准备就绪，越剧表演马上就要开始了。很多孩子拿着邀请卡片来到T台秀舞台就座。在主持人的欢迎辞中，这场表演拉开帷幕，越剧小演员们上台跟着音乐进行表演，其间三位摄像师从不同角度对表演进行了记录……

图14 越剧团爷爷来帮忙

图15 越剧表演开始啦

（四）你说我说 —— 分享式回顾日志，提供同伴分享平台

项目活动的目的不是留有痕迹或流于形式，只有与分享紧密结合，才能发挥项目活动的最大作用。幼儿活动的目的和角度常常与成人不同，要"以童心看世界"，多多站在幼儿的角度看问题，多鼓励、肯定、接纳幼儿不同的意见、不同的方式和发现。在这个项目活动的最后，孩子们有许多话想说，教师鼓励孩子用图文的形式记录下来，彼此分享。

案例："我想说"

孩子们对于此次活动感触颇多，在"我想说"中，大家用图文的形式记录了下来：

欣欣：你知道吗？我很自豪，我们家乡有一位越剧大家徐玉兰。

妮妮：我以前不会唱《天上掉下个林妹妹》，但是现在会了，还知道了很多越剧"故事"。

天天：我以前上台总是跳来跳去，这次招演员知道了演员上台是有要求的。

小可：很开心，大家围在一起讨论做一件事情特别开心！

图16 关于越剧"我想说"

甜甜：有一个小遗憾，如果我们能把自己的表演办到幼儿园外面去就好了。

……

这次项目活动让孩子们收获满满，教师和家长们也收获颇丰。孩子们提议要常常办越剧表演，那"办一场越剧表演"能否从一个生成的项目活动，转变成幼儿园的常规活动呢？也许，这次活动的结束，就意味着另一种新活动的开始。

（余凯丽　陈国妹　李红波）

第二篇

节日节气

红红火火中国年

嘉兴市海盐县万禄幼儿园

　　利用传统节日帮助儿童感知中国文化的多样性与差异性是幼儿园社会性教育的重要内容。春节是中华民族最有代表性的传统节日，蕴含着丰富的传统文化内涵，是中国最隆重、最热闹、最喜庆、最甜蜜的节日。怎样让中国春节这个传统节日被儿童熟知，让儿童充分感受中国传统节日文化习俗？怎样让儿童亲历、让儿童快乐体验中国春节的热闹喜庆，使儿童萌发热爱中华传统文化的情感呢？我们依托传统文化节日资源，挖掘节日教育价值，开展"红红火火中国年"节日特色教育活动，帮助孩子感知、理解春节习俗，了解现实的过年形式，激发儿童对过年的向往。

一、资源分析

　　海盐地处杭州湾畔，有悠久的历史文化，有浓郁的民间习俗。海盐人过年，要开展打年糕、大拜年、送灶神、迎财神、逛庙会、扫旧尘、写春联、贴"福"字、挂灯笼等习俗活动，这些习俗为儿童了解中华民族传统节日提供了可能。海盐人过年的美食很多，有酒酿蛋米酒、麦芽糖麻团、梅花海棠糕、爆米花年糕、糖画糖葫芦等。这些美食可以让儿童参与制作，体验性、操作性强，能弘扬传统文化，又有浓郁的海盐特色，适合儿童开展传统节日活动，可以丰富儿童对中国春节的相关经验，激发儿童热爱传统文化的情感。

　　此外，海盐当地春节期间会举办旅游节、新春庙会、童玩游戏，各个乡镇会开展富有特色的民俗庆祝活动。这些都带给孩子中国年浓郁氛围的视觉冲击和直接体验，彰显了海盐特有的地域文化和民俗节日气息，是一笔宝贵的课程资源。因此，利用海盐过年传统的习俗、丰富的美食等教育资源，设计特色教育活动是切实可行的。

二、目标设计

基于对资源的分析，依据儿童"以直接经验为基础，在游戏和生活中学习"的特点，以及社会领域"注重体验性"的要求，立足儿童视角，重视儿童的亲身参与，突出儿童的主体性，我们从文化认知、技能获得和情感萌发三方面确立特色活动的教育目标。

（1）在调查访问、同伴交流中，了解海盐人过中国春节的习俗，对中国春节的习俗、美食、特色感兴趣。

（2）在环境共创、参与体验中，获得过年扫灰尘、送灶神、贴春联等习俗经验，学会打年糕、做年团、包饺子等美食制作技能。

（3）在自我表征、新年圆梦中，表达对春节的向往和期待，感受春节的快乐，萌发对中国传统节日的认同感和对家乡海盐的热爱之情。

三、内容架构

（一）活动内容预设

基于对以上资源的分析、目标的制定，以及落实《3—6岁儿童学习与发展指南》中所提到的"直接感知、实际操作、亲身体验"的理念，本次特色教育活动从"新年里的新鲜事""舌尖上的新年""新年里的愿望"三个维度架构活动内容。

表1 "红红火火中国年"主题活动

主题板块	预设学习活动	相关区域活动
新年里的新鲜事 （新年干什么）	调查：新年到了做什么 分享：新年里的新鲜事 绘本：《春节》 美术：画"福"字、送"福"字 体验：办年货 实践：大扫除 实践：团团圆圆红火锅	阅读：《春节》 画"福"字、写对联 设计年货购置单 火锅行动计划书 年货一条街设计 写"春"字 设计火锅宴邀请函

续表

主题板块	预设学习活动	相关区域活动
舌尖上的新年 （新年吃什么）	调查：过年美食有哪些 分享：年夜饭吃什么 制作：年夜饭 制作：口彩饺 制作：米酒怎么来 实践：逛庙会 游园：年货一条街	设计年夜饭 制作团子、饺子 酿制米酒 为海盐美食设计广告 印版糕 置办各类年货
新年里的愿望 （新年新愿望）	交流：新年的愿望 实践：红包奇缘 语言：海盐话大拜年 社会：压岁钱怎么用 艺术：新年带着幸福来 绘本：《团圆》	绘画：新年愿望 设计红包交友名片 海盐方言拜年 阅读：《团圆》 制作红包

　　我园根据幼儿的兴趣与需要，设计了三个板块的内容，预设了可能开展的学习活动和区域活动，更多的是结合儿童生活的实践活动，特别是基于儿童需要开展的系列经典传统年味实践体验活动，诸如"团团圆圆红火锅""开开心心年货一条街""海盐方言大拜年""红包奇缘交朋友"等，让儿童在亲子参与、亲历体验中获得感知。

（二）活动思维导图

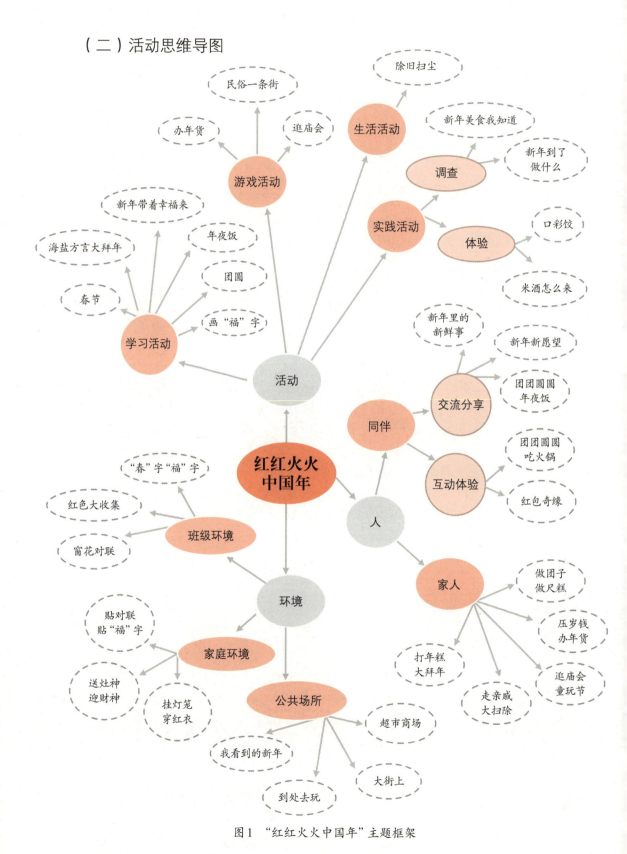

图1 "红红火火中国年"主题框架

四、组织实施

（一）实施模式

"红红火火中国年"特色教育活动中，幼儿在教师、家长、社区的支持下，以参与、体验、实践的方式开展相关活动。幼儿带着经验与问题，通过调查访问、小组分享、实践体验、区域活动、亲子共玩等开展对春节的探究。整个特色教育活动注重唤醒、注重体验、注重表达，聚焦"儿童"，遵循"活动是幼儿在兴趣驱动下体验参与、丰富经验"的理念，让儿童亲身经历、亲自感受、亲身体验，整个实施路径是儿童亲身经历的行走过程。让儿童行走在中国年的传统节日中，让儿童带着自己的眼睛、自己的耳朵、自己的头脑，去调查、去走访、去探寻，从而获得有关中国年的感知与体验。

（二）实施时间

本特色教育活动以特色主题课程的方式进行，由3个小主题串联而成，通过集体教学、实践体验、年味探寻、调查走访等方式卷入式实施。活动从寒假放假前2周开启，至寒假假期结束后1周完成，贯穿整个寒假。

（三）实施原则

1.以兴趣引导儿童的学习 —— 注重唤醒

兴趣是最好的老师，经验是儿童主动学习的基础。建构主义倡导教育要从儿童原有的知识经验中"生长"新的经验。因此我们的特色教育路径就是追随儿童兴趣，唤醒其原有经验，通过调查、走访了解海盐人过年的习俗，分享信息资源，在共同收集、访问调查、分享交流中，梳理海盐人民过中国年的相关经验，了解海盐人是怎么过春节的。如吃团圆饭，抛出话题，让孩子探索团圆饭要吃些什么，团圆饭中的菜色有什么寓意；设计一份团圆饭计划单，你会设计什么，幼儿园里吃团圆饭，我们要吃什么，怎么分工；等等。让孩子从兴趣入手，唤醒儿童原有的经验，让儿童带着问题去探寻，在兴趣指引下自主学习与建构，习得关于新年的认知。

2.将儿童放在课程的中央 —— 注重体验

让儿童站在课程的中央，这是课程改革的原点和归宿。特色教育活动坚持以儿童为本的理念，把儿童放在课程的中央，依据儿童年龄特点整合资源，以社会教育最主要的体验形式展开，通过"实践、体验、模拟"等形式，让儿童感受传统文化。如组织开展包饺子、做团圆饭、打年糕、置办年货等体验活动，使儿童感受过年习俗；通过剪窗花、贴对联、画祝福、送祝福、挂灯笼等游戏活动创设环境；通过红包奇缘、新年圆梦、新年穿新衣、除旧岁扫灰尘等活动，使儿童感受成长。同时，开展春节逛庙会的大型体验活动，为儿童搭建支架，让孩子品尝过年的美食、参与过年的习俗等。儿童在亲历活动现场、亲自参与体验、亲身实践感受中，获得了更多的认知与体验，激发了儿童对过年的向往。

3. 把经验链接儿童的生活 —— 注重表达

特色教育活动立足儿童，回归儿童，注重儿童的表达。让儿童分享自己的所见所闻，交流自己的调查发现，运用各种表征引导幼儿将自己的感想体会用独特的方式表达出来。关注游戏中新经验的融入，使儿童的真实生活和游戏有效对接，促进儿童主动发展。积极为儿童创设条件，引导儿童在游戏中嫁接生活经验，让游戏促进儿童的认知和社会行为的迁移，在新经验中实现成长。如依据过年收红包的习俗，组织"红包奇缘"活动。孩子会根据经验，在红包中放开心果，寓意开开心心；放旺仔牛奶糖，表示新年旺旺；放算珠，祝福朋友计算好等。链接"拜年"习俗经验，开展"海盐方言大拜年"活动，孩子用海盐的方言，向家人、朋友等表达祝福和美好祝愿，传达浓浓情意。

五、亮点分享

（一）基于现实生活的课程设计

生活即教育，社会即学校。我们的节日文化课程行走在儿童的生活里，让儿童在现实生活中感知、探索、体验。一系列课程设计就是为儿童的生活服务，扫灰尘、办年货、讨口彩、拜大年，制作各类美食点心，举办年货一条街，让孩子在真实的社会生活中了解家乡海盐的过年习俗。通过现实生活让儿童感受到过年的浓厚氛围，萌发了对中国传统春节的热爱，增强了儿童的民族自豪感，进一步激发了幼儿热爱祖国、热爱家乡的情感。

（二）基于任务驱动的项目实施

我们的特色教育活动摆脱了传统社会性节日教育的说教模式，采用了任务驱动的方式，让儿童通过社会调查、家庭采访、搜索资料、寻找老海盐人等方式行进在特色教育活动中。如对过年习俗的了解，对过年美食的探寻等，都让儿童走在前面，通过任务驱动、同伴分享、梳理提炼帮助儿童进一步感知传统节日文化。

"春"字的故事

贴"福"字是春节必不可少的习俗。春节快到了，孩子们穿起红衣，闲聊新年怎么过。玥玥说："我家已经挂上红灯笼了。可是我们教室里还没有红色的感觉啊！"马上有小朋友提议："我们来给教室装扮吧。"可是用什么装饰呢？有的说用气球，有的说用小花，有的说用光碟，但没有人提到关于过年习俗的装扮。于是，我们给孩子们布置任务，回家去问问，海盐人过年怎么装扮。第二天，孩子们收集了很多信息："要挂红色中国结！要在门上贴对联！要在窗上贴窗花！要贴"福"字！"孩子们找来了好多信息，最终确定要在班里贴"福"字和画"春"字。

图2 挂灯笼

图3 画"春"字

画"春"字的时候，遇到了小困难。"老师，我不会写。""没有关系喽，不会写，我们可以照着画，老师，你可以帮助我吗？"孩子拿来了一张纸，让教师帮忙，模仿画"春"。小逸画着画着，发现自己画的圈太大了，字画得太小了。七七见了跑来说："小逸，你画得也太小了，你在旁边再画一个吧。这样就变成两个'春'了。"小逸瞬间开心了起来，描了两个"春"字，画面感也是很不错的。同伴之间的经验是会传递的，这样的交流很有意义。

新年画"春"，教师没有介绍任何经验和方法，孩子们自主设计、自行绘画、自主解决问题。这个过程就是儿童主动探寻的过程，也是儿童行走的过程。"春"字绘画结束后，孩子们对于新年装扮特别感兴趣，回到家里画起了"福"字，让新年装扮活动延续下去。

图4 贴"福"字、迎新年

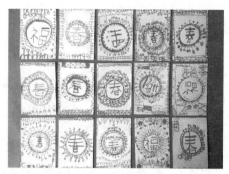
图5 孩子们画的"春"字、"福"字

图6 在家写"福"字

（三）基于儿童体验的实践探索

儿童的社会性主要在日常生活和游戏中通过观察和模仿潜移默化地发展起来。因此，我们的特色教育活动不是简单的说教，更多的是在节日习俗、节日美食等板块中，设计相关游戏和实践活动，让儿童充分体验，感受浓浓的年味。

团团圆圆年夜饭

在幼儿园一起吃年夜饭对于孩子来说是一件惊喜、新鲜的事情。教师组织孩子们讨论，孩子们纷纷表达自己的经验："老师，我家吃年夜饭有蛋饺的。""我家有油豆腐。""我家有肉肉的。"……孩子们根据自己吃年夜饭的经历讲述着。根据讨论规划，孩子们确定了年夜饭菜单：红烧肉、蛋饺、油豆腐、大鸡腿、红烧鸭肉、鸡血、芹菜以及各种零食、水果拼盘。

吃年夜饭的日子到了，孩子们带来了自己亲手制作的菜，向同伴介绍着。呵呵端起蛋饺说："吃一个蛋饺，吃一个金元宝，财源滚滚。"远远拿了红烧肉和大鸡腿，高兴地说："奶奶说吃了红烧肉，红红火火过新年。"星星带来鸡血："爸爸说，吃年夜饭，一定要吃鸡血，鸡血是红色的，代表新的一年红红火火。"带鱼来的豆豆说："吃年夜饭，一定要吃鱼的，表示年年有余。"要吃饭了，远远迫不及待地要给自己桌上的小朋友每人一个大鸡腿。这时候瑶妹说："再等等，一定要等到所有人齐了才可以动筷子的。"其他孩子真的好像理解了，都忍住没有动，等着最后一个孩子坐下来。（传统依旧在某一些孩子身上保留着）在吃年夜饭的过程中，孩子们不约而同地举起了手里的饮料杯。瑶妹说："过年啦，我们吃年夜饭一定要干杯，团团圆圆。"孩子们笑着开展了这样接地气的年夜饭仪式。

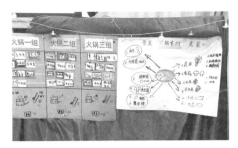

图7 团圆饭自主分工 　　　　　图8 年夜饭会场布置

图9 年夜饭开吃 　　　图10 美味火锅 　　　图11 干杯

　　吃年夜饭体验活动中，孩子们在准备的过程中不仅了解了年夜饭的菜肴，更明白了年夜饭的"美好寓意"，在与同伴的相互交流中了解了吃团圆饭的举杯仪式以及等人齐了再吃的习俗，感受着浓浓的春节氛围。这不是教师灌输的，而是儿童自己习得的。这个过程就是儿童主动探究、主动体验、获得新知的过程。

年货一条街

　　过新年要买什么年货？海盐人过年需要买的年货有哪些？如果我们要办年货一条街，那么这些年货从哪里来？通过分享、交流、讨论，孩子们确定了要制作的年货，有尺糕、团子、汤团、春卷、饺子、糖葫芦、爆米花、鸡蛋糕等。大家认领任务，分班实施，设计摊位，标注价格，喊出口号，热热闹闹办起年货来了。在这个过程中，孩子们感受了过年置办年货的热闹氛围，体验了买卖的快乐，对于中国新年又有了新的理解。

图12 年货一条街 　　　图13 汤团卖场 　　　图14 饺子卖场

（四）基于多元互动的行动推进

在"红红火火中国年"的特色活动中，教师、家长、社区都卷入其中，纷纷参与到实践活动中来。如带领孩子参观海盐的年货美食街，到乡镇感受民俗庆典，参加海盐南北湖的新年庙会等，丰富孩子对中国新年的认知，进一步了解家乡习俗，身临其境感受年味。同时，积极参与幼儿园"红包奇缘"活动，促进儿童与同伴、与家庭、与社会的交往。

红包奇缘送祝福

过年送红包、送祝福是中华民族的传统。借鉴这个习俗，我们开展了红包奇缘交朋友的活动，祝福孩子长大一岁，由此发生了充满温情的故事。

"你好，我是万禄幼儿园大二班的徐可欣，很高兴认识你。""你好！姐姐，我叫——。""从你的卡片上我知道了你家的地址，下次我可以约你一起玩吗？""好的，欢迎可欣姐姐来我家玩。""你喜欢什么玩具？"可欣问——。"我喜欢玩拼图，也喜欢画画。""那我们下次一起拼拼图，我可以把我家里的拼图拿来。""好的，谢谢你，姐姐！"……两个孩子虽是第一次聊天，可是非常大胆、自信。

在"海盐方言大拜年"活动中，当教师问孩子想给谁拜年时，可欣提到了自己的红包朋友，她说："我要给小班的——妹妹拜年，祝她新年快乐。"这时，其他的小朋友也纷纷记起了自己的红包朋友，于是孩子们走出教室，向自己的红包朋友"用方言拜年"。

一个新年红包，架起了两个人的感情。孩子们从红包结缘，到萌发友谊之花，这是中国年带给孩子的幸福，也是红包带给孩子的快乐体验。

图15　我抽到的红包

图16　和红包朋友连线

图17　找到朋友

图18　好朋友亲一下

图19　红包朋友见面会

　　整个特色教育活动追寻孩子的兴趣，突出儿童本位，让孩子在走访、调查、访问中感知，了解海盐人过年的习俗、习惯，通过剪窗花、写"福"字、贴对联加深对中国春节的认识。同时，使儿童置身于实践体验中，除旧岁扫灰尘、打年糕、包饺子、吃团圆饭、逛庙会、民俗一条街等活动激发幼儿对过年的期待与向往。孩子在新年愿望、讨口彩说吉祥话、方言拜年、红包奇缘中感知过年的仪式，享受成长的快乐。

（胡惠娟　陈佳）

娃娃心　端午情

温州大学附属实验幼儿园

"咦，这是什么声音？他们在喊口号吗？""对了，端午节到了，要划龙舟了！""端午节为什么要划龙舟？""端午节还可以做什么？"……

端午佳节将至，粽叶清香飘扬，锣鼓响彻耳畔，节日的浓郁氛围和孩子们的好奇心，促使他们对这个传统节日的到来充满了期待。这不！他们已经自发、兴奋、热烈地讨论起来了呢！他们心里不仅装着"十万个为什么"，有的甚至利用室内道具，模拟起了"划龙舟"的游戏，可见孩子们对端午节的一切都充满了浓浓的兴趣和强烈的求知欲。

大班的幼儿活泼好动，好提问题，具体形象思维已经开始发展，在动作发展、规则意识、理解能力、表达能力、游戏水平等方面都有了显著提高。因此，基于幼儿的兴趣和发展水平，我们以"娃娃心　端午情"为主题开展相关系列活动，帮助幼儿体验端午佳节的魅力。一场乘"龙舟"探索之旅就这样开始了！

一、资源分析

端午节是我国四大佳节之一，节俗内容丰富，是我国宝贵的文化遗产，而孩子们是祖国的未来，是民俗文化的传承者，增强他们做中国人的自豪感，这也是作为中国人必须拥有的一份信念，让中华腾龙飞翔在每个幼儿的心中。为了更好地帮助实施活动，满足幼儿的兴趣和需要，我们充分利用各类资源。

人文资源：温州水乡味浓，南国塘河赛龙，彩旗随风飘动，鼓声阵阵隆隆。仲夏的河流，总会情不自禁地唱响一个民族的传统，一条条龙舟，一个个勇士，一支支木桨，划出一种热闹非凡的场面。

家长及社区资源：通过与家长、社区的互动，不断丰富幼儿的经验基础，更新活动所需的材料。比如制作和填写有关调查表，带领幼儿去社区亲身体验观看划龙舟，收集有关端午节的图片、视频、游戏、绘本等资源进行分享，借助家长开放日等活动，加深幼儿对端午节的了解，达到情的激发、智的启迪、美的熏陶。

幼儿园物质资源：结合园区良好的硬件设施，有着开展龙舟相关活动的泳池硬件设施；具有良好的多媒体资源，可实现电视投屏、PPT 放映等；为幼儿的发现、游戏和探索提供充分的支持，培养幼儿的民族自信心。

二、目标设计

（1）知道端午节是我国的传统节日，形成初步的民族自豪感。

（2）了解缝香囊、包粽子、赛龙舟等端午节习俗。

（3）在品尝、制作端午美食，参与赛龙舟等系列活动中，感受端午节的文化，萌发热爱家乡、热爱祖国的情感。

三、内容架构

（一）主题网络

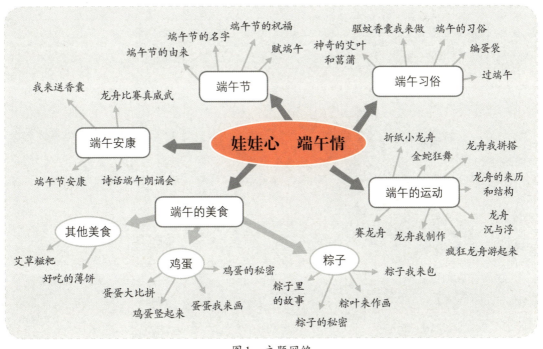

图1 主题网络

（二）主题线索

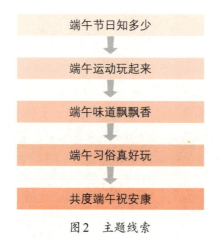

端午节日知多少

↓

端午运动玩起来

↓

端午味道飘飘香

↓

端午习俗真好玩

↓

共度端午祝安康

图2　主题线索

四、组织实施

（一）设计教学地图

表1　主题教学设计

阶段	活动名称	核心能力	活动形式	教学资源 （家长、社区、教材）
端午节日知多少	活动1：端午节的由来	观察、语言表达	集体活动、讨论	课件、电视投屏
	活动2：端午节的名字	语言表达、交流	集体活动、交流	课件、电视投屏
	活动3：端午节的祝福	语言表达	集体活动、交流	课件、电视投屏
	活动4：赋端午	语言表达	集体活动、交流	课件、电视投屏、表演诗歌轻音乐
端午习俗真好玩	活动1：端午的习俗	讨论、收集、交流	集体活动、讨论交流	课件、电视投屏、端午各种习俗的图片（家长提供）
	活动2：神奇的艾叶和菖蒲	收集、交流	集体活动、讨论交流	课件、电视投屏
	活动3：驱蚊香囊我来做	收集、创作分享	集体活动、小组操作	课件、电视投屏、制作香囊的材料（家长提供）

阶段	活动名称	核心能力	活动形式	教学资源（家长、社区、教材）
端午习俗真好玩	活动4：编蛋袋	欣赏交流、创作表现	集体活动、小组操作	课件、电视投屏
	活动5：过端午	欣赏交流、表现	集体欣赏、讨论、表现	音乐《过端午》
端午运动玩起来	活动1：折纸小龙舟	创作、操作	集体讨论、小组操作	课件、电视投屏、彩纸、吸管、打印好的龙舟头尾素材、蓝色卡纸
	活动2：金蛇狂舞	欣赏交流、创作表现	集体活动、分组表现	课件、电视投屏
	活动3：龙舟我拼搭	操作、创造	小组交流	课件、电视投屏、低结构材料
	活动4：龙舟的来历和结构	收集、表述	集体活动、讨论交流	课件、电视投屏、龙舟模型
	活动5：龙舟沉与浮	观察、收集、交流、操作、主动探索	集体活动、小组讨论、交流	幼儿和家长共同收集各类沉与浮的材料、记录表
	活动6：龙舟我制作	收集、交流、主动探索、表述、创造	集体讨论、小组操作	课件、电视投屏、师幼家长共同收集自制龙舟的材料
	活动7：疯狂龙舟游起来	主动探索、操作分享	小组操作	幼儿园水池、已经制作完成的龙舟
	活动8：赛龙舟	主动尝试、挑战、主动探索	集体活动操作、表现	课件、电视投屏
端午味道飘飘香	活动1：粽子里的故事	语言表达、观察	集体观看、讨论	课件、电视投屏
	活动2：粽子的秘密	观察、语言表达	集体观看、讨论	课件、电视投屏、粽子（家长提供）
	活动3：粽叶来作画	收集、语言表达、操作交流	交流、制作	课件、电视投屏、粽叶（家长提供）、水彩笔、白色纸
	活动4：谁的粽叶长	收集、语言表达、观察	小组讨论、交流	课件、电视投屏、粽叶（家长提供）

阶段	活动名称	核心能力	活动形式	教学资源（家长、社区、教材）
端午味道飘飘香	活动5：粽子我来包	观察、操作	小组操作、交流	课件、电视投屏、制作粽子的材料（家长提供）
	活动6：鸡蛋的秘密	观察、交流、表述	集体活动、小组讨论	课件、电视投屏、鸡蛋（家长提供）、水、水桶、盐
	活动7：蛋蛋我来画	观察、操作、交流	集体讨论、小组操作	课件、电视投屏、各种蛋（家长提供）、水彩笔
	活动8：蛋袋的来源	观察、语言表达、小组操作	集体观看、讨论交流、操作	课件、电视投屏、编蛋袋的材料（家长提供）
	活动9：鸡蛋竖起来	观察、对比分析	集体观察、小组操作	鸡蛋若干（家长提供）
	活动10：蛋蛋大比拼	观察、对比、操作分享	集体观察、个别操作	各种蛋若干（家长提供）
	活动11：好吃的薄饼	观察、操作	集体观看、操作交流、品尝	课件、电视投屏、制作薄饼的材料（幼儿园提供）
	活动12：艾草糍粑	观察、操作	集体观看、操作交流、品尝	课件、电视投屏、制作艾草糍粑
共度端午祝安康	我来送香囊	收集、交流	集体活动、小组实践	香囊（家长提供），联系好接收香囊的地点、人物（家长和教师共同联络）
	龙舟比赛真威武	观看、交流	在家长的陪同下欣赏	龙舟竞赛的时间、地点等信息（家长收集）
	诗画端午朗诵会	观看、交流、语言表达	集体观看、操作交流、品尝、表演展示	朗诵会的时间、地点等信息（家长收集），幼儿排练好的节目
	端午节安康	操作、交流、分享	小组操作、表演展示、分享交流	活动概况PPT，活动音乐，编蛋袋、包粽子、缝香囊的活动材料（家长提供），幼儿集章卡

（二）制订主题活动周安排记录表

表2　主题活动周安排

"娃娃心　端午情"主题活动周安排（×月×日—×月×日）				
晨间活动	内容：龙舟划划划（户外游戏）、龙舟游起来（玩水）、粽子投投投（投掷）、搬运粽子大作战（骑行、平衡、钻爬） 目标： 1.在户外活动中进一步了解端午的一些活动。 2.提高手、脚、眼协调能力，提高身体素质。 3.主动积极参加活动，体验游戏的乐趣。 要求： 1.能自主选择运动器材，并能与同伴合作游戏。 2.及时补充水分，尝试主动调整运动量，适时休息。				
	周一	周二	周三	周四	周五
第一周	语言：端午节的由来	社会：端午节的名字	科学：龙舟我拼搭	社会：端午的习俗	社会：龙舟的来历和结构
第二周	科学：龙舟沉与浮	社会：端午节的祝福	科学：神奇的艾叶和菖蒲	健康：疯狂龙舟游起来	科学：龙舟我制作
第三周	语言：粽子里的故事	科学：粽子的秘密	健康：赛龙舟	综合：我来送香囊	科学：鸡蛋的秘密
第四周	综合：端午节安康	健康营养：好吃的薄饼	综合：诗画端午朗诵会	科学：鸡蛋竖起来	艺术：蛋蛋我来画
游戏活动	体育游戏：艾草挂高高	打击乐：龙舟游啊游	体育游戏：粽子接力赛	音乐游戏：金蛇狂舞	益智游戏：谁的粽叶长
区域安排	美工区：粽叶来作画，提供粽叶、水彩笔；纸做龙舟，提供彩纸、冰棍棒；蛋袋我来做，提供彩绳。				
	表演区：我来当鼓手，提供鼓；颂端午，提供话赛龙舟。提供激昂的音乐、长棍（当作船桨）、纸箱。				
	建构区：龙舟拼搭真好玩，提供低结构材料；端午比赛进行时，提供积木、吸管、矿泉水瓶、脸盆等，每周不断地投放新材料，提出新的要求。				
	科学区：鸡蛋沉与浮，提供鸡蛋、水桶、记录表、盐；物体沉与浮，提供各类轻重不同的材料、记录表、水桶；艾叶菖蒲我研究，提供艾叶和香囊、记录纸、画笔。				
	阅读区：端午我了解，提供端午相关的绘本、《赋端午》的诗歌图标、汉字转盘。				

续表

下午	谈话活动：我家过的端午节	语言：赋端午	艺术欣赏：编蛋袋	健康营养：粽子我来包	艺术：折纸小龙舟
	健康营养：艾草糍粑	艺术：驱蚊香囊我来做	谈话活动：赛龙舟真好玩	艺术：过端午	社会欣赏：龙舟比赛真威武

（三）家长及社区资源利用

（1）和孩子一起收集有关端午节风俗的图片、资料，向孩子讲述端午节的风俗。

（2）带孩子购买艾草和菖蒲、粽子、香袋、咸鸭蛋等过节物品。

（3）和孩子一起观看有关节日庆祝活动的报道。

（4）和孩子一起收集可用于制作龙舟的废旧材料，探究能使龙舟沉浮的实验材料。

（5）参加班级的"娃娃心　端午情"家长开放日活动。

（四）活动总结和回顾

活动结束后，收集幼儿和家长对活动的回顾和总结、反思与收获。

五、亮点分享

（一）充分利用幼儿园、家庭、社区资源，三方面互动良性循环，促进活动深入开展

该活动在幼儿园、班级、幼儿、教师和家长之间形成了良好的互动模式，家园互助合作，收集材料和信息等，加强反馈和沟通，建立起积极交流的桥梁，让幼儿的学习更有整体性。

图3　家园互动

图4　亲子活动集体大合照

图 5　亲子活动掠影

图 6　龙舟我发现

（二）结合 STEAM 的教育理念开展活动

提高幼儿的思维能力、动手操作能力和创造力。在"端午运动玩起来"系列课程中，幼儿对 STEAM 项目工程有了相对深刻的实践经验，萌发探究创造的欲望，初步学习以科学理性的方式看待问题、思考问题。

学习过程中，幼儿具有良好的学习品质，不怕困难，积极乐观，乐于表达和创造，敢于探究和尝试，在失败中总结经验，及时改进，继续探究，不放弃。班级的幼儿与幼儿之间，小组组员之间，小组与小组之间，形成了良好的互助学习方式，把表象的平面图变成立体的自制龙舟，通过实验，感知"浮"的必要条件和原理，符合幼儿的认知水平和思维方式与特点。

图7　粽叶创想

图8　龙舟模型我制作

案例一：龙舟我制作

（1）出示教师、幼儿和家长共同收集的可用于制作龙舟的材料。

提问：你们想用什么材料制作船的身体？哪些材料可以用来做龙舟的船头？龙的尾巴应该怎么制作？船桨应该用什么材料？

（2）了解设计草图的基本步骤，出示绘制草图所需要的材料。

图9　龙舟我设计

提问：小朋友的想法真丰富，可是我怕忘记了，应该怎么把好的想法记下来呢？

引导幼儿合理分工：在讨论的过程中，每组可以请一名幼儿来画，一名幼儿负责观察总结、最后发言、分享想法，一名幼儿负责用相机拍照，剩下的幼儿一起讨论。

（3）幼儿分组创作。

【片段分析】给予幼儿一个明确的工程操作流程，实践前进行设计可以让幼儿更有依据和目的性。让幼儿自己讨论、创作和设计，最大限度地给予幼儿自主权。

案例二：浮与沉

（1）导入活动：猜一猜，幼儿猜测物品能否沉浮。指导幼儿在表格中记录猜测结果。

（2）了解实验表格的记录活动。

提问：你知道这是什么标志吗？

（3）操作活动，幼儿进行实际操作。指导幼儿记录二次实验结果。

提问：请你来试一试，依次在水中放入这些物品，看一看这些物品中到底哪些可以浮在水面，哪些会沉入水底。

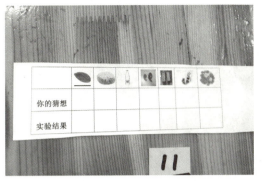

图14 《浮与沉》实验记录表

4. 出示《浮与沉》实验记录表，选择适合帮助龙舟浮上来的材料进行实验。

提问：小朋友，你觉得这么多材料，哪一种能更好地帮助我们让龙舟平稳地浮在水面上？

5. 总结矿泉水瓶浮在水面的现象，总结矿泉水瓶的物理属性。

提问：经过实验，我们发现各组的实验结果是怎样的？你有什么发现？矿泉水瓶能更好地浮在水面，因为矿泉水瓶本身比较轻。

【片段分析】在此环节中，教师以提问的方式，让孩子进行交流和思考。在先前的实验中，幼儿有了关于沉浮实验更加准确的知识，足以让他们解决现实中遇到的问题。孩子自主选择和思考并且操作，在反复的操作中选取最佳的材料进行探索。教师引导幼儿用科学的观察方法，对比不同的实验方法，进行归纳总结。在这个过程中，幼儿通过不断发现和实践逐步得出结论。

案例三：龙舟我拼搭

1. 出示幼儿设计图和制作材料，幼儿了解制作方法。

2. 将矿泉水瓶固定在龙舟下方，注意矿泉水瓶的数量和固定位置的平衡。

3. 幼儿合并龙舟变成大龙舟。引导幼儿观察纸箱的大小，进行排序和组合。

图13 龙舟"浮与沉"我实验

【片段分析】幼儿充分参与该活动从材料收集到制作的全部过程，共同讨论和解决操作时遇到的问题，充分满足了实际操作、亲身体验的需要。迫不及待地想要坐到"疯狂龙舟"中进行游戏，真的是为之疯狂了！在活动中幼儿能通过欣赏、讨论，探索出龙舟的拼装方式，这个过程是对幼儿能力的提升；在装饰龙舟的过程中，幼儿了解装饰龙舟方法的多样，分工合作，体验合作的乐趣。这个过程提升了幼儿的自豪感，增强了他们的自信心，也有助于幼儿汲取同伴的创作经验，提高

图11　龙舟我装饰

图12　龙舟下水前的准备

他们对已有技能的运用能力，提高动手操作能力和团队合作意识。最终龙舟合体后，幼儿的成就感油然而生，萌发对端午传统活动的热爱之情。

（三）在生成活动中建立师生学习共同体，幼儿对传统节日文化的热爱之情显著增强

《幼儿园教育指导纲要（试行）》明确指出，教师应"善于发现幼儿感兴趣的事物、游戏和偶发事件中所隐含的教育价值，把握时机，积极引导"。幼儿的一日生活隐藏丰富的教育价值，教师需要敏锐的观察力，把有价值的内容挖掘出来，捕捉幼儿的"生长点"，将其整合到自己的教育内容中来，及时调整教学计划和目标，使其富有弹性。比如在制作龙舟时，原来幼儿只想做陆地上的"龙舟"。有幼儿提出，怎么能让龙舟在水里浮起来？于是，我们就抓住这个教育契机将活动深入进行，引导幼儿探索沉浮原理等。充分调动了幼儿参与活动的积极性、主动性和创造性，让幼儿在丰富多彩的实践活动中获得动手能力和社会交往能力的提升。

案例：合作运龙舟

幼儿合作搬运自制龙舟，放入水中漂浮，观察龙舟的稳定性和漂浮情况，结果发现龙舟成功漂浮了一定距离。幼儿还用矿泉水瓶等材料充当船桨。小朋友们欢呼雀跃起来，体验了成功的快乐。

图13　龙舟下水真好玩

（郑洁　许晴晴）

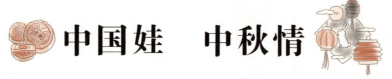

中国娃　中秋情

湖州市南浔实验幼儿园

说到中秋节，你会想到什么呢？会想到感恩、想到团圆、想到和谐，那么如何将中秋节的内涵传递给幼儿？在主题开展过程中，我们结合幼儿已有的经验，利用环境中的教育因素，引导幼儿通过深入了解中秋节民俗文化，体验中国娃的自豪感，将中秋节过得有声有色、有滋有味，增强节日的吸引力、感染力，加深孩子们对祖国传统文化的认识。于是，中班幼儿的中秋之旅就这样开始了。

一、资源分析

中秋节是我国的重要传统节日，是幼儿所熟悉、感兴趣的。我园的园本课程"幸福中国节"也为我们开展"中国娃　中秋情"这一主题提供了契机。围绕中秋节的教育题材有很多：历史故事、民间传说、诗歌……涉及中秋节的物质资源也不少：月饼、桂花、月亮……另外，家长资源也非常丰富：亲子调查、家长助教、亲子活动……家长对中秋节的文化内涵有深入了解，也为主题的顺利开展提供了有力的保障。

二、目标设计

儿童的发展是一个整体，要主张领域之间、目标之间的相互渗透和整合，促进幼儿身心全面协调发展。同时，为了让幼儿在快乐的学习活动中体验和感受民族文化的优良传统，我们将中秋节活动目标定为如图1所示：

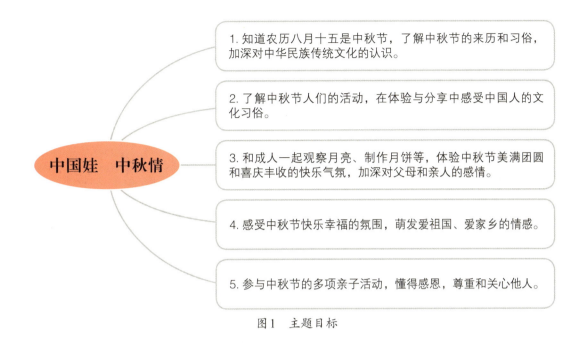

图1 主题目标

目标定位从认知、表达、情感三个维度设计，孩子在丰富的活动中，逐步建立对中秋节的认知，通过亲身体验、创造表达、真情表现，使节日情深深扎根于孩子的内心。

三、内容架构

中秋活动符合幼儿的生活经验，具有很大的教育价值。以中秋节为主题设计和组织丰富多彩的活动，要让幼儿了解中秋节的相关文化，感受花好月圆和合家团圆的美好氛围。因此我们分三个方面进行中秋主题活动：中秋节的来历、中秋节的味道、中秋节的活动。

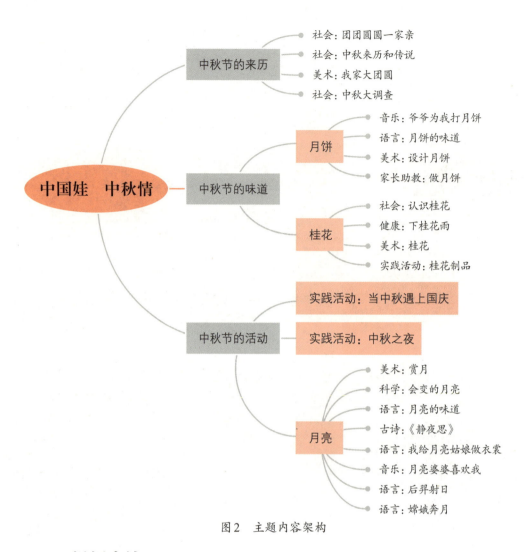

图2　主题内容架构

四、组织实施

我们主要从以下四方面来阐述中秋主题活动的实施：

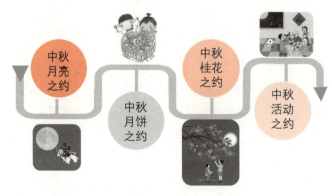

图3　主题实施

（一）中秋月亮之约

对中秋的盼望，或许是从月亮的味道开始的吧！夜晚，高高挂在天上的月亮在成人的眼里是遥不可及的，更不要说会想到去品尝一下月亮的味道了。那么月亮是什么味道的呢？这是一个多么富有想象力的问题呀！带着好奇，带着对月亮的疑问，我们开启了月亮的探索之旅！

1.月亮会说话

为了让幼儿了解中秋节，我们开展了中秋小调查——寻找关于中秋和月亮的传说、古诗、绘本……

图4　中秋小调查

2.月亮变魔术

中秋节的月亮真的又大又圆吗？月亮里真的住着嫦娥吗？月亮到底是怎么变化的呢？一系列问题引出了一个又一个活动。幼儿对自然的变化规律感到非常好奇，都想去探索为什么。听了《月亮姑娘做衣裳》，咦，月亮的衣服怎么会有时大、有时小？好奇的种子在孩子们心中生根发芽。于是，科学活动"月亮的变化"随之产生。通过直观、生动的视频让幼儿了解上弦月、下弦月、满月、新月等，初步懂得原来月亮不是一成不变的，也不是突然变化的，而是一点一点慢慢变化的，满月的时候月亮是最圆的。活动最后，我们给每个幼儿发了一张《月亮的脸偷偷地在变化》的记录表，让幼儿每天晚上和爸爸妈妈一起观察、记录月亮的变化，初步培养幼儿的观察记录能力，让幼儿进一步验证了月亮的变化过程。

3.月亮的寓意

围绕月亮，我们还开展了关于古诗《静夜思》、传说《嫦娥奔月》《后羿射日》、绘本《月亮的味道》、故事《月亮姑娘做衣裳》等的语言活动。对月亮人性化的描写，让幼儿感受到中华民族是多么富有想象力和浪漫情怀的民族。中秋时节，恰逢金秋收获之际，这是大地、月亮的恩赐，也是人们辛勤劳作的结果。通过了解中秋节的传说故事，体验和感受中秋佳节月圆人团圆的美好意境，并学习对亲人和朋友表达自己的思念和祝福。结合班级的水粉教学，我们还设计了美术活动"月亮的故事"，让幼儿在美术活动中进一步感受月亮的宁静和美好。

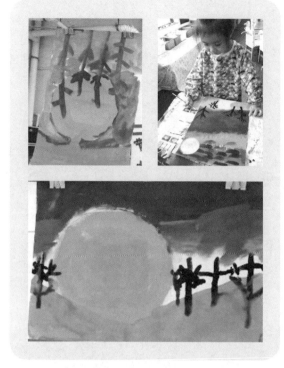

图5　月亮有故事

（二）中秋月饼之约

花好月圆之夜，温馨的骨肉情，团聚、团圆是中秋习俗的中心意义，中秋节的团圆是很有意义的，凡是能在这一天回家的人，都要想办法回家的。中国人有很强的家族伦理观念，重视亲族情谊与血亲联系，形成了和平、和谐、和睦团圆的民俗心理。圆圆的月饼象征了"团圆"，是中秋文化的重要载体。

我们主要围绕月饼的由来、月饼的种类、月饼的营养、吃月饼的意义、唱月饼歌、画月饼、做月饼等内容，帮助幼儿了解中秋节的月饼文化。

1.月饼的种类

月饼种类繁多。通过调查，我们选取了生活中常见的广式月饼、苏式月饼和冰皮月饼，引导幼儿进行观察，比较它们的相同点和不同点，并邀请幼儿说说自己带来的月饼属于哪个品种，进行分类。

孩子们对月饼的兴趣越来越浓厚，于是教师在区域中提供丰富的材料，鼓励幼儿进一步体验中秋节的月饼文化。孩子们边制作边讨论："我的月饼是

图6　各种各样的月饼

巧克力味的，皮特别薄。""我的是冰皮月饼，滑滑的。""我的是椰蓉的，特别香。"……

图7 月饼设计师

2. 月饼的味道

广式月饼皮薄、松软、馅足，月饼表面大多会有一些对称的图案；苏式月饼香酥、松脆、层酥相叠，口感甜咸适口；冰皮月饼是最近几年才开始流行的，口感爽滑，富有弹性，主要以精美的外观取胜。对于幼儿来说，品尝月饼是最开心的。在品尝前，我们先请幼儿了解不同月饼的营养价值以及吃月饼的意义，让幼儿感受中秋节一家人开开心心地赏月、吃月饼是多么幸福、快乐的事。

3. 月饼的制作

吃完了月饼，孩子们又开始思考：这么好吃的月饼是怎么做出来的呢？我们便邀请家长来园进行家长助教活动，教孩子们做月饼，让孩子们拥有一次难忘的体验。"月饼烤熟啦！"孩子们品尝着自己亲手制作的月饼，骄傲地说："真甜呀，真香呀。"浓浓的亲情溢满整个教室。我们告诉孩子们月饼还有另外一个身份，叫"点心"，可作为感恩礼物传递情感。中华民族一直崇尚勤俭节约，"点心、点心"，它不求奢华，重在心意。

参与是一种快乐，合作是一种幸福。活动中，孩子们不仅发展了动手能力，体验到了做月饼的不容易，培养了互帮互助、主动分享的意识，同时也切身感受到了中国传统文化的魅力。我们还把歌曲《爷爷教我打月饼》进行改编，孩子们唱得不亦乐乎。做月饼，吃月饼，使孩子们对月饼的兴趣越来越浓厚，于是我们在区域中为他们提供了丰富的材料，引导幼儿通过美术活动"可爱的月饼"、泥工"各种各样的月饼"等，进一步体验中秋节的月饼文化。

图8　制作月饼　　　　图9　月饼出炉喽　　　　图10　品尝月饼

（三）中秋桂花之约

　　桂花是中国十大传统名花之一，花开时清香绝尘、浓香远溢。特别是中秋时节，桂树上花朵盛放，清香扑鼻，令人神清气爽。桂花飘香的季节，也是一年收获的季节，金黄的颜色代表着丰收的喜悦，因此，桂花的花语是丰收，寓意着吉祥和收获，是美好的象征。一股淡淡的香气扑鼻而来，伴随着阵阵甜香，"桂花雨"洒落下来，落到小朋友的头上、脸上、手上，小朋友开心极了！"老师，这个桂花是黄色的。""花瓣好小啊。""桂花香闻着真舒服。""妈妈说桂花香远远地闻更香。"围绕着桂花的讨论展开了，不同的同伴经验互相交织，孩子们在观察、交流中互相学习。通过看一看、闻一闻、摸一摸，孩子们以"桂花"为小主题开展了丰富多彩的系列活动。

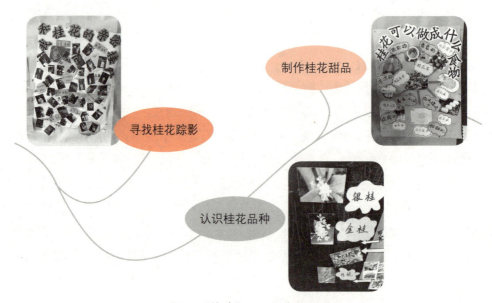

图11　"桂花"小主题系列活动

1. 寻找桂花踪影

"好香的味道！"孩子们闻香寻找着桂花树，一朵朵怒放的桂花引起了他们一阵阵的欢呼。大家来到一棵桂花树下，小心翼翼地捡起飘落在地上的小花，细心观察，生怕把它捏坏了；有的则踮起脚尖、伸长小手触摸着一株株小花。"桂花虽然小，可是也有花瓣和花蕊，真的好漂亮呢。""老师，我等会儿要用画笔把桂花画出来！"家长们也利用休息时间带孩子来到小区、公园、路边寻找桂花的踪影，让孩子和桂花来个亲密接触。

2. 认识桂花品种

正当孩子们开心地欣赏桂花的时候，一阵秋风吹来，一朵朵金黄的小花轻盈地跳落到孩子们身上，他们惊奇地发现："哇，我们的桂花颜色是不一样的。"孩子们欢呼雀跃，四处寻找不同颜色的桂花树。"原来桂花有好多品种：黄色的是金桂，淡黄色的是银桂，橙色的是丹桂……"一个个可爱的小身影穿梭在桂花树丛中。

3. 制作桂花甜品

"食物里加些桂花可好吃了！"有孩子提议道。"桂花还可以放在很多点心里呢！"孩子们马上行动起来，带上了小碗、小杯子、小纸盘等收集桂花的工具。我们将飘落的桂花轻轻捡起，经过筛选和清理后晒干，稍加腌制后将它们撒入糖水中，便成了一道美味的甜品 —— 桂花糖水。还有的孩子将桂花撒在面粉上，甜甜的桂花糕就制作完成啦！孩子们吃得不亦乐乎，因为这里面有我们亲手采摘的桂花的味道！

图 12　桂花糕

图 13　桂花圆子

图 14　桂花糖水

"在生活中追随教育，在教育中体验生活。"孩子们通过了解传统节日的来历与习俗，获得了健康生活的启蒙，更加爱生活、懂生活、会生活。通过主题的延伸开展，我们利用身边的资源将教育自然地融入孩子们的生活，让他们在生活中学习，在生活中发展，拥有一个更美好的童年。

（四）中秋活动之约

为了更加深刻地感受节日的氛围，增加对中秋节及月饼的美好寓意的理解，丰富民俗知识，幼儿还一起参与了幼儿园"当中秋遇上国庆""中秋之夜"等活动。

1. 当中秋遇上国庆

在欢庆活动中，孩子们制作了形态各异的灯笼，和教师一起学做冰皮月饼、桂花小圆子，有的孩子表演了民族舞和皮影戏，还有的孩子亲自体验水墨画制作，动手做脸谱和小面人等。我们在构建传统节日的认识中，也抓住孩子们的兴趣点开展纵深研究，重视孩子们的体验探究，让孩子们做活动的领导者，充分体现了活动游戏化。

图15　冰皮月饼　　　图16　民族舞　　　图17　皮影戏　　　图18　小面人

2. 乐享中秋之夜

夜幕降临，校园里亮起了彩灯，中国娃们在听关于中秋的故事、吃月饼、猜灯谜、赏明月等一系列精彩的活动中，进一步了解了中秋节的意义和传统风俗习惯。每个家长和孩子手牵手一起猜灯谜，爸爸妈妈们耐心地读谜题给孩子听，启发孩子答题。不少家长还一边带着孩子赏月一边讲述关于十五月亮的故事。园中处处洋溢着温馨、喜悦的氛围。大家还以自助餐的形式品尝了爸爸妈妈制作的美食，感受团团圆圆、相亲相爱的气氛，更体会到幼儿园是我的家。中国娃们在家长和教师的陪伴下，度过了一个美好难忘的中秋之夜。

图19　自助餐　　　　　图20　赏花灯　　　　　图21　猜灯谜

五、亮点分享

（一）中秋之剧

瑞士画家麦克·格雷涅茨笔下的绘本故事《月亮的味道》充满童趣。在这则故事中，那一轮皎洁的明月被幻化成了令人垂涎欲滴的"食物"。在孩子们的眼里，它像极了一片香喷喷的薯片，还像极了一个诱人的冰激凌球。而故事中的小动物们，为了能吃到那美味的月亮可谓不惜一切代价。在"够"月亮的过程中，小动物们"叠罗汉"的执着和合作精神令人感动，"坚韧不拔""坚持到底""团结合作"的品质对孩子们来说具有积极的教育意义。

活动开展中，教师从主题目标出发，结合幼儿的年龄特点及兴趣，设计多层次、多形式的活动。幼儿在故事欣赏、语言讲述中，更好地了解故事角色的特点；同时在音乐游戏中，将音乐与月亮的味道结合，感受了中秋的魅力。

图22 "月亮的味道"活动开展过程

在系列活动实施过程中，不仅孩子们关于月亮的知识得到了丰富，微戏剧《月亮的味道》也因此诞生啦！幼儿扮演各种各样的动物，在森林聚会，望着圆圆的月亮，开始了他们抓月亮的旅程，到底能不能抓住呢？我们将微戏剧分为了4幕：会变的月亮、森林大聚会、月亮捉迷藏、月亮的味道。让孩子们在学中玩，学得轻松；在玩中学，玩得有意义。

会变的月亮 森林大聚会 月亮捉迷藏 月亮的味道

图23　微戏剧《月亮的味道》

（二）中秋之册

记录是成长的见证，教师以"中秋之册"这一主题记录册的形式展现主题开展的过程，引领幼儿走进有趣、鲜活的传统故事之旅。教师对幼儿活动的足迹进行梳理，回顾主题开展的过程，在整理与回顾中，围绕"月亮的味道"，自制了各具特色的主题推进手册。

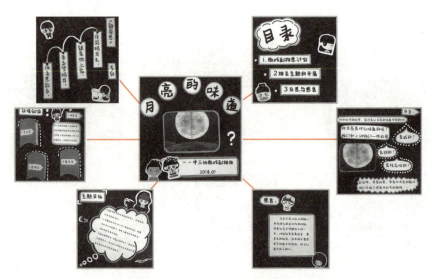

图24　"中秋之册"主题记录册

主题推进手册记录了孩子们的学习与发展，展现了教师的设想与实践，呈现了主题开展的点点滴滴。在中秋主题活动中，教师沿用了传统节日的内容及情感价值，又增添了富有幼儿特色的元素，在寓教于乐中，将传统文化呈现在幼儿面前，让幼儿在主题教学中亦玩亦学，美不胜收！

（三）中秋收获

快乐中秋主题活动中，我们收获多多，孩子和家长也收获多多。

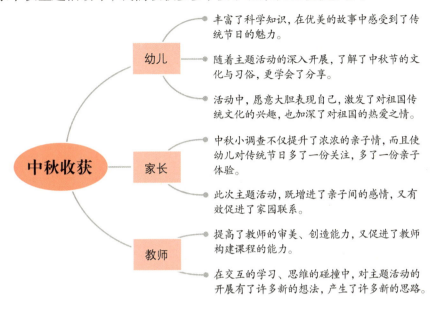

图25　主题中的收获

"中国娃　中秋情"主题活动中，每个孩子都充分参与、体验，认真寻找、搜集资料，在操作中探索，在分享中体验。活动既增进了亲子感情，又有效促进了家园联系，同时也提升了教师构建课程的能力。孩子们不仅了解了中秋节的文化与习俗，感受了中秋的喜庆和甜蜜，而且学会了与人分享和交往的快乐，更加深了他们对祖国的热爱之情。

（李桂怡）

当孩子遇上腊八

德清县千秋幼儿园

近年来，我园以"追随儿童的学习、发现儿童的力量"为核心理念，以幼儿为中心，以节日文化为教育契机，开展各类节日主题教育活动。教师把幼儿的发展放在首位，深挖节日文化内涵，传承家乡传统文化，给予幼儿体验与表达的机会，从而让幼儿在节日教育中感受愉悦，体悟"爱祖国、爱家乡"的情感。

一、资源分析

1. 园所特点"好做"节日文化

我园坐落在孟郊祠附近，浸润在深厚的感恩文化中。同时，园所处在社区中，周边邻里乡亲开展的各类节日活动，如春节舞狮舞龙灯、端午节邻里包粽子、重阳节敲腰鼓、腊八节施粥等，均能成为幼儿教育的隐性资源。所以，我园有独特的天然条件开展节日教育活动。

2. 园所力量可"做好"节日文化

我园是一所新园，办园理念为"真陪伴、致美好"。教师充分利用节日教育的契机，陪伴儿童成长，使儿童感悟生活的美好。此外，在办园理念的引领下，幼儿园教职工作为一支新生力量，在开展节日文化活动时以幼儿为主体，以传承家乡优秀文化传统为主旨，逐渐形成新园所的园本特色。

二、目标设计

（1）节日活动目标：形成腊八节日活动的初步框架，在教育目标、内容等方面形成初步教育体系。

（2）儿童成长目标：依据《3—6岁儿童学习与发展指南》中的儿童发展目标，重构家乡节日，通过感知、体验、操作等参与式活动，与生活紧密相连，培养幼儿积极向上的情绪情感和勇敢、善良、勤劳等品质。

（3）园所发展目标：依托家乡独特的节日文化资源，梳理节日资源，重构家乡节日，定位园所发展特色项目，实施园所特色发展路径，促进幼儿园特色发展、品牌提升。

三、内容架构

并不是所有的传统节日都适合幼儿开展活动。我们选取富有德清当地特色的节日，根据幼儿的年龄特点、兴趣、需要、情感、想法及行为，选择适合的内容、形式，并和幼儿共同探讨，以贴近幼儿生活、幼儿乐于接受与喜爱为宗旨筛选节日主题。

（一）筛选节日主题

在对节日的调查中，我们发现节日文化中有较多如祈福等社会性活动。基于幼儿对现实世界的探索，我们留取众多易感知、重体验、有鲜明特色的节日活动，如节日活动中常见的代表物、流传至今且人人知晓的乡风习俗等，以此促进幼儿对节日的认知，以及幼儿的社会性发展。

经过梳理，清明、端午、中秋、腊八四大节日，因其紧密围绕季节转换并具有典型乡土气息，成为幼儿园开展的核心节日主题。

表1　节日主题内容

时间 （农历）	节日	主要领域	起源	节气	德清当地节日中的核心元素	
					物	习俗
二三月	清明节	健康、社会	祭祀	清明	清明圆子、芽麦圆子	祭祀
五月	端午节	艺术、社会	春秋，纪念屈原		粽子、龙舟、香囊、艾叶、菖蒲	三合乡赛龙舟、佩香囊、门头挂挂艾叶和菖蒲
八月	中秋节	语言、艺术	宋朝祭祀活动	秋分前后	月饼、月亮	放飞孔明灯、天灯等，赏月、吃月饼
十二月	腊八节	社会	祭祀祖先和神灵		腊八粥、腊八面	部分人去寺庙祈福、吃腊八粥

（二）整合节日资源

以腊八节为例，我们选择适合幼儿的资源。

腊八节喝腊八粥的习俗已有1000多年了。在腊八这一天，德清老百姓都要喝腊八粥。腊八粥里有红枣、莲子、核桃、桂圆、葡萄干、红豆等十多种食材。老百姓更喜欢在寺庙等地讨食腊八粥，包含受庇佑之意，施粥之人则有积德之意。

在民俗专家的指导下，我们结合幼儿园所处的地理环境和幼儿园的实际情况，与幼儿共同讨论，梳理出适宜幼儿园开展"情暖腊八"活动当日可利用的资源。

表2 "情暖腊八"活动资源

	来源	资源	主要作用
谁烧腊八粥	社区	烧了多年腊八粥的奶奶	辅助幼儿园进行烧粥活动。
烧腊八粥的工具哪里来	姚××的爷爷家	土灶头、干柴火	现场烧粥，更具感染力。
烧粥需要什么食材	每个小朋友家	各类食材	幼儿根据班级内的商讨，收集桂圆、花生、红枣、大米、小米等食材，用于烧腊八粥。
食材放哪儿	县博物馆	竹匾、竹筐、印染花布	展示腊八粥的食材。
腊八节活动氛围如何创设	中班家长	书写各式"福"字	祈福。
	姐妹园	蜡染布	开场环境布置。
	幼儿园	幼儿活动展板	各类活动陆续开展的行径展示。

这些可利用的资源，均成为课程活动的重要支架，为活动的开展和实施提供了可行性。在此基础上，我们开发了一系列富有特色的腊八节日活动，形成节日活动课程资源。这些资源主要分为预设活动和生成活动，架构起"情暖腊八"的主题网络图。当然，主题实施过程中还要不断地推进与调整。如图1所示：

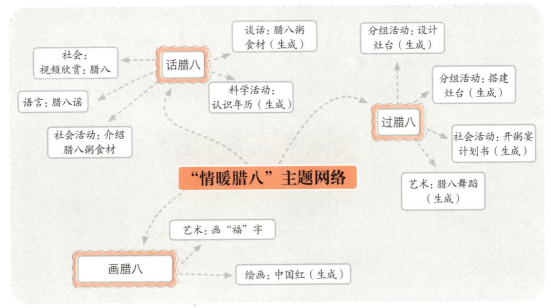

图1 "情暖腊八"主题网络

四、组织实施

如何更好地实施节日主题教育活动？怎样从儿童本位出发，追随儿童的学习，发现儿童的力量？在"腊八节"主题教育活动中，我们经历了"节日精神解读—节日主题研讨—节日理念更新"路径，我们的教育教学理念从曾经的茫然到清晰，实现了颠覆性的转变，促进了教师队伍的专业成长。

（一）实施模式

两大块内容：节日活动组织研磨、节日环境创设浸润。

1.节日活动组织研磨

（1）节日精神解读 —— 从形式到内涵，展现温暖与节俭。

一开始做节日活动，教师非常注重形式，但随着研讨的深入，发现节日背后的精神内涵才是教育的本质。于是，教师成立节日活动筹备小组，对节日精神做了深入研讨。作为节日教育活动实施的主导者，教师通常提前一个月开始进行传统节日教育的准备工作。借助教师会议，教师首先会对具体节日的起源展开全面而深入的思考，并据此分析节日习俗所蕴含的精神品质。值得注意的是，教师往往需要花费大量的时间与精力考虑以怎样的内容与形式将这些节日带给幼儿，帮助幼儿形成对节日精神内涵的切实感受。在"情暖腊八"活动中，教师讨论商定后将节日精神内涵定为"温暖、节俭"。

（2）节日主题研讨 —— 从预拼到生态互融，释疑惑解症结。

在主题活动实施过程中，教师根据布鲁纳的多元智能结构，实现五大领域的融合，根据腊八节的来源和习俗预设了各个领域的活动，如"腊八节的来源""腊八节的故事""找黄豆""认识各类食材"等。

我们进行研讨，以腊八粥的食材为切入点，预设主题教育活动思维导图，具体如下：

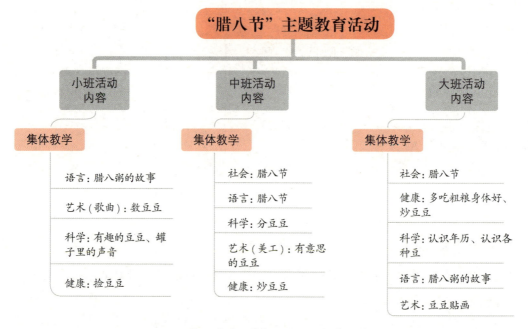

图2　"腊八节"预设主题教育活动

虽然教学领域均衡，也预设了部分区域活动的内容，但总觉得还欠缺了些什么。

疑惑：为什么活动中没有发现儿童呢？

症结：这些活动并不是幼儿真正需要的。因为所有的活动都是从教师的角度出发，拼成各个领域的活动内容。

（3）节日理念更新 —— 以幼儿为主体，让孩子牵动节日主线。

以往的活动都是教师主导下的节日活动。我们不禁要问，到底是谁的节日？

儿童显然是活动的主角。

通过头脑风暴，我们清醒地认识到让幼儿牵动节日的主线，那才是有生命力的主题教育活动。幼儿只有形成对节日的认知，主动采取庆祝活动的方式，在欢快愉悦的气氛中促进情绪情感的发展，才能产生对腊八节的喜欢和认同，逐渐由情绪的萌发再到情感表达的升华，最后践行关于"腊八节"的节日活动。

此次"情暖腊八"活动的节日精神为"温暖、节俭"。这样的活动传承中华民族的优秀品德，我们要让孩子浸润其中，根据幼儿的年龄特点，整合各个领域的内容，多元化地开展游戏、生活等活动，用这根长长的节日主线贯穿各个年龄阶段，实施主题教育活动，加深孩子对节日精神"温暖、节俭"的理解。

我们开展节日教育主题活动的时候，以"腊八节"的习俗调查为切入点，根据幼儿的年龄特点进行定位：小班聚焦腊八蒜的制作，品尝腊八粥；中班聚焦腊八蒜的制作及观察，品尝腊八粥；大班聚焦腊八粥食材的搜集、熬制、分享。腊八节日预设活动与生成活动相结合，教育活动思维导图如下：

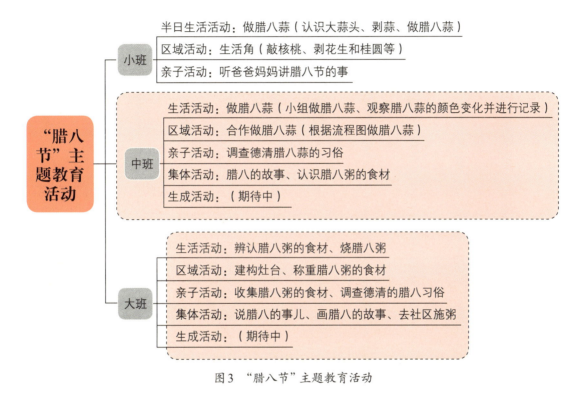

图3 "腊八节"主题教育活动

在活动中，我们欣喜地发现教师逐渐以幼儿的发展为出发点，不再以领域均衡为主要的教学策略，逐渐注重幼儿的兴趣、需求等，使腊八活动真正成为幼儿的腊八节。

2. 节日环境创设浸润

人智学创始人鲁道夫·施泰纳曾明确指出："形式激发思想。"走入幼儿园，温暖、和谐的环境氛围尤为引人注目。根据腊八节的相关民俗，我们有意识地通过各类材料布置环境，营造浓厚的腊八氛围。主要如图4所示：

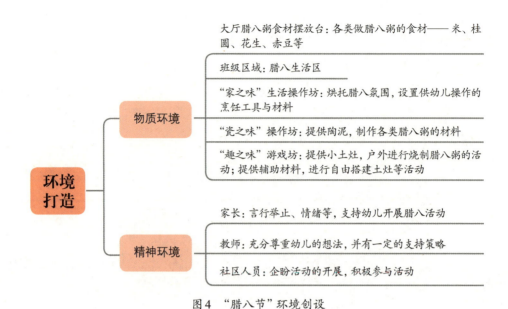

图4 "腊八节"环境创设

"家之味"生活操作坊、"瓷之味"操作坊、"趣之味"游戏坊的创设为节日教育活动提供了长期可操作的场地与材料，凸显了幼儿园环境创设的特色。

在活动中，我们非常注重操作材料由天然素材构成，如活动中使用的红枣、桂圆、花生、赤豆等，都是幼儿日常生活中随处可见的，易于使幼儿与自然之间建立联结，提高幼儿通过触觉辨别不同质地物体的能力，并促进幼儿创造力与想象力的发展。

五、亮点分享

根据幼儿和教师的商讨，我们充分利用社区等资源，主要通过以下路径开展"情暖腊八"的实践活动：

（一）观念转变 —— 从"担心"到"放手"

为了发挥孩子的主观能动性，我们从活动的来源、准备、展开等方面，以幼儿兴趣、需求、情感为主，提供相应的支持策略，和幼儿共同商讨制定活动方案，在活动过程中把儿童放在了首位。

图5 制定活动方案

让孩子们自己去了解腊八节的习俗与含义，感受浓浓的年味和传统习俗文化带来的快乐。孩子们说要对腊八节做一个调查，于是教师下发了有关腊八的调查表，抛出了

三个疑问：腊八是什么？腊八做什么？腊八吃什么？让家长带着孩子借助各种载体去搜集关于腊八的知识，并图文并茂地进行记录。孩子们用自己的方式记录下了对腊八的最初感悟。征集完调查表后，各班借助班级微信群，发动家长资源，共同参与对腊八节的知识讨论，家长们在群里共享搜集到的图片、文字、照片。不仅丰富了教师关于腊八的知识，更是让家长、孩子获得了腊八的经验。

图6 家长群分享节日知识

（二）幼儿发展 —— 从旁观到主动

游戏是幼儿最基本的活动形式。为此，在腊八节日教育活动中，我们遵循儿童主体观，为幼儿创造操作实践、游戏体验的机会，使节日教育活动内容丰富，形式多样，幼儿乐于参与，玩有所得，真正实现幼儿是节日的主人。例如：在开粥宴之前，孩子们最感兴趣的便是制作腊八粥。腊八粥用什么烧呢？孩子们说，用一个大大的灶头啊。于是孩子们生成了"设计腊八灶台""搭建腊八灶台"等游戏活动。幼儿用积木、盒子、轮

胎等搭建灶台，进行户外搭建游戏。孩子们又说，上次在调查中发现北方有做腊八蒜的习俗，南方很少见。孩子们很是稀奇。于是我们开展了"话说腊八""制作腊八蒜"等集体活动，在操作、感知、讨论中进一步了解腊八的习俗。活动的开展源于幼儿兴趣的萌发点，调动幼儿活动的积极主动性，始终幼儿在前，教师在后。

图7　设计腊八灶台　　　图8　搭建腊八灶台　　　图9　制作腊八蒜

（三）资源利用 —— 从单力到全力

家庭、社区是幼儿园重要的教育资源。在腊八节日活动中，充分调动了家长、社区义工、社区干部的力量，开拓活动空间，丰富课程资源，创设了生活化、游戏化、情趣化的课程环境。在"冬日暖心、情暖腊八"的腊八开粥宴亲子游园活动中，社区打造了烧粥的土灶台，家长和教师共同搜集腊八粥食材，家长义工写"福"字、送"福"字，社区义工协助教师组织游戏活动，真正实现教育资源的整合。如幼儿从家中搜集各类制作腊八粥的食材：米和桂圆、红枣、核桃等，在搜集过程中知道腊八粥食材的多样性，更重要的是了解"以少聚多"的节俭美德。孩子

图10　写"福"字

在放米的时候，一位奶奶就说："我小时候就是这样过腊八节的，百家米就是各家的米都拿来，聚集在一起，共同祈求来年的美好。"可见，传统文化的传承仅仅依靠幼儿园单方面的努力是不够的，需要幼儿园、家庭及社区所构成的生态系统共同给予幼儿文化上的影响。

（四）课程建设 —— 从拼盘到系统

作为我园园本特色活动，腊八节活动拉开了节日特色活动的序幕。我们不仅与孩子们一起开发了腊八节日特色活动，更与孩子们一同创设了腊八的节日环境。这样的

特色活动为我们今后节日特色活动的组织、教学方案的制订、教师的反思评价等，奠定了扎实的基础。

图11　节日环境创设

图12　特色活动设计

以"开粥宴"为例，思维导图如下：

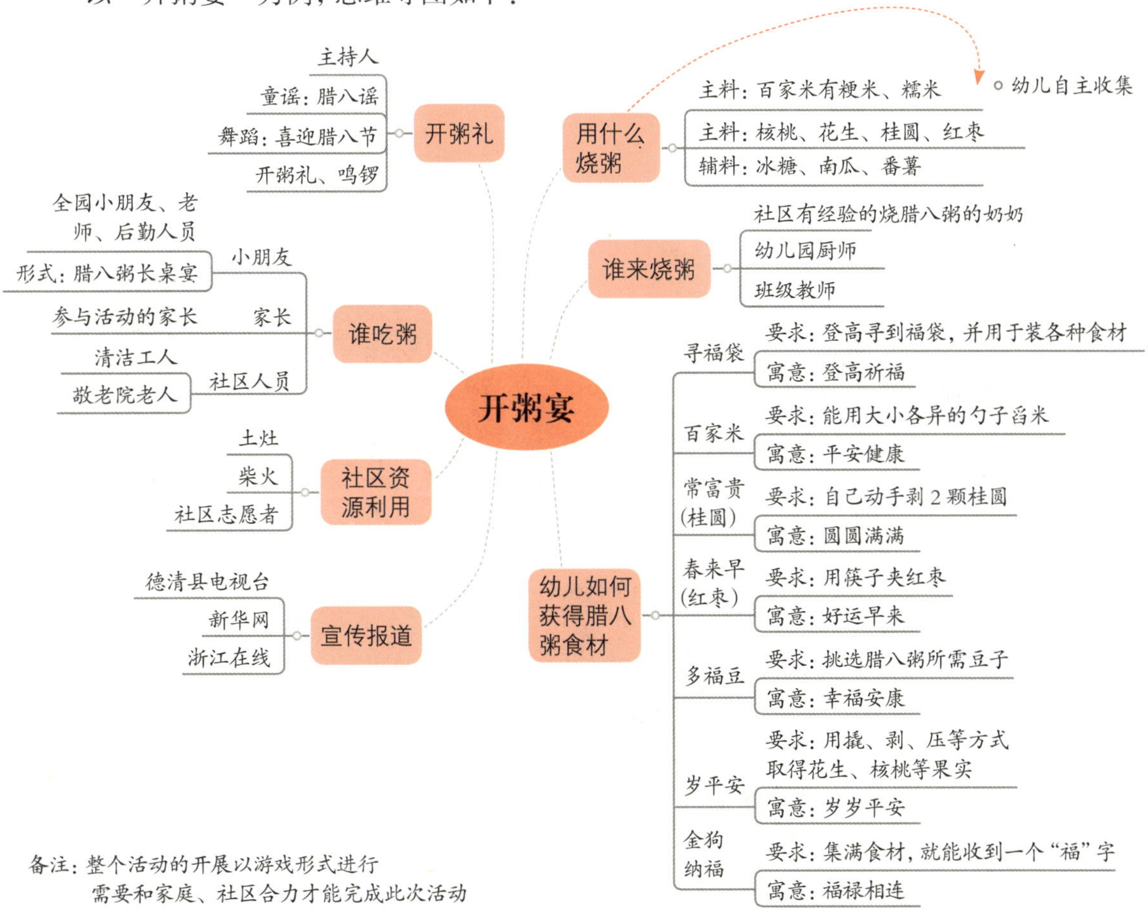

开粥礼
　主持人
　童谣：腊八谣
　舞蹈：喜迎腊八节
　开粥礼、鸣锣

用什么烧粥
　主料：百家米有粳米、糯米　↗幼儿自主收集
　主料：核桃、花生、桂圆、红枣
　辅料：冰糖、南瓜、番薯

谁吃粥
　小朋友
　　全园小朋友、老师、后勤人员
　　形式：腊八粥长桌宴
　家长
　　参与活动的家长
　社区人员
　　清洁工人
　　敬老院老人

谁来烧粥
　社区有经验的烧腊八粥的奶奶
　幼儿园厨师
　班级教师

社区资源利用
　土灶
　柴火
　社区志愿者

宣传报道
　德清县电视台
　新华网
　浙江在线

开粥宴

幼儿如何获得腊八粥食材
　寻福袋
　　要求：登高寻到福袋，并用于装各种食材
　　寓意：登高祈福
　百家米
　　要求：能用大小各异的勺子舀米
　　寓意：平安健康
　常富贵（桂圆）
　　要求：自己动手剥2颗桂圆
　　寓意：圆圆满满
　春来早（红枣）
　　要求：用筷子夹红枣
　　寓意：好运早来
　多福豆
　　要求：挑选腊八粥所需豆子
　　寓意：幸福安康
　岁平安
　　要求：用撬、剥、压等方式取得花生、核桃等果实
　　寓意：岁岁平安
　金狗纳福
　　要求：集满食材，就能收到一个"福"字
　　寓意：福禄相连

备注：整个活动的开展以游戏形式进行
　　　需要和家庭、社区合力才能完成此次活动

图13　"开粥宴"活动思维导图

（五）文化传承 —— 从初始到传承

在"开粥宴"活动当日，以游戏形式贯穿整个过程，以幼儿亲身体验的方式践行节日精神，落实节日规范。腊八节的活动核心价值凸显"节俭"，主要体现在腊八粥食材的获取，来自百姓家庭，更来自幼儿的劳动。

主要游戏流程是活动中孩子们与家长一起纳百家米、唱腊八谣、演腊八舞、寻腊八食、送腊八福、品腊八蒜、尝腊八粥，让家长们共同见证腊八节日活动的成效。特别是幼儿在游戏环节中按照找寻腊八粥食材的地图，将搜集到的食材放入聚福盆中，邀请社区里的奶奶进行烧粥活动，到敬老院给孤寡老人送粥。活动中充分浸润幼儿对"腊八节"这一节日的社会行为规范的认知，即温暖、节俭。

在活动中，孩子们欣喜地发现腊八节的民俗与我们的生活息息相关，我们的祖先是如此聪明智慧，各种食材蕴含着老百姓对幸福生活的美好向往，也了解了中华民族勤劳节俭的传统美德，是每个中国娃从小应习得的良好品德之一。在今后的节日活动中，我们将以幼儿为中心，并以节日文化为教育契机，挖掘节日文化内涵，传承家乡传统文化，使"爱祖国、爱家乡"有载体、接地气。

图14　烧腊八粥

图15　纳百家米

图16　去敬老院送粥

（潘海燕　应燕飞　王芬　姚艳）

谷雨礼茶　茶香浙里

杭州市富阳区里山镇中心幼儿园

餐后自主活动时，大一班几个小女孩围坐在大树下的凳子上，叽叽喳喳地谈着（老师在一旁坐着）。

A：我昨天和奶奶到山上摘茶叶了。

B：我和奶奶去摘过，而且是去安顶山上摘的，很高很高的，下面的房子很小的。

教师A：那要怎么采茶呢？

C：要摘小的，不要大的，而且颜色要绿的，红色的那种不要。

A：要采头上的，太小的不行，那种被虫子咬过的不要，颜色要鲜艳的，不能冻伤的，我都是从下面往上面（摘）的，一只手扶着一只手这样。（边说边示范，右手做采茶动作）

教师B：你好专业哦，那除了摘茶，你们还知道有关茶的什么？

B：我还知道炒茶叶的话，温度要185℃以上的。

……

3月底4月初进入采茶期，摘茶叶、炒茶叶、卖茶叶的场景随处可见，幼儿在耳濡目染中积累了大量的生活经验。在平时的谈话活动、户外自主活动中，随处可以听到幼儿关于茶叶的探讨。于是，关于茶的项目孕育而生，幼儿成为名副其实的活动的设计者、执行者。

一、资源分析

1. 对中国传统文化的链接：传承文明，谷雨之美融茶礼

谷雨宜：雨水足，地温高，利生长，雨水金贵茶叶茂，全民饮茶有习俗。谷雨是二十四节气中的第六个节气。谷雨，雨生百谷。谷雨采茶传统文化与中国人生活息息相关。谷雨节气的到来标志着大地回暖，雨水增多，农民耕种忙碌并有全民饮茶习俗。里山镇位于富阳区东部。在《富阳历史文化丛书：名优特产》里有介绍，安顶云雾茶是富阳境内茶叶中自然品质最优的一种，以"汤浓、味醇、色翠"扬名。

2. 与本土地域文化的链接：安顶问茶，好山好水出好茶

安顶美：云海间，茶枝绿，百花争，古道曲径溪流淌，宛如仙境扬富春。安顶山位于仙霞岭余脉的富阳里山镇境内，平均海拔650米，最高达790米，雨量充沛，常年云雾缭绕，昼夜温差达15℃以上，其地理位置和气候环境优越，美景如诗美如画：红樱绿茶相映衬，云雾香茗览富春；安顶古道曲径幽，云之山泉入口甘；青山绿水红云飘，樱花绽笑迎客来。土壤呈弱酸性非常适宜茶树生长，安顶云雾茶由此而出名。

3. 对孩子社会适应的链接：研读《指南》，认同里山茶文化

年龄宜：五龄童，合作强，分工细，爱学好问求知旺，美丽安顶欲深究。《3—6岁儿童学习与发展指南》中社会领域目标3"具有初步的归属感"指出，4—5岁的孩子能说出自己家所在的省、市、区的名称，知道当地代表性物产及景观。里山中、大班的孩子都能说出自己是富阳里山人，知道安顶山代表性的物产是云雾茶、云之泉等。中、大班的孩子正处在自我意识萌芽发展的飞跃期，凭借自己已有的生活经验，对安顶山上的茶叶、谷雨节气有一点表面的认识，但知道的又不多，所以帮助他们更好地了解家乡的特产，让他们真正地感受中国传统文化的博大精深，在满足幼儿好奇心的同时帮助他们实现爱祖国、爱家乡的情感，是我们应该做的。

二、目标设计

（1）知道谷雨是二十四节气之一，谷雨的到来标志着大地回暖，雨水增多，利于安顶云雾茶的生长，谷雨时节有全民饮茶的习俗。

（2）知道自己是富阳里山人，通过讨论、实地考察、调查等方式了解里山安顶山的茶叶、清泉、古道等，为自己是个里山人而骄傲和自豪。

（3）能用绘画、表演、游戏等方式表达自己的考察经历、观察记录，以表达对家乡的归属感与自豪。

三、内容架构

特色活动"谷雨礼茶"始终围绕跟随幼儿脚步的理念，发掘幼儿的内在动力，即兴趣和主动参与，促使他们积极努力探索，掌握活动的选择权。小班专注于用多维感官感知安顶云雾茶——"闻茶"；中班聚焦于与安顶云雾茶做游戏——"探茶"；大班追随孩子的思维，探讨安顶云雾茶——"问茶"。幼儿从各种不同活动中做出判断选择，自己决定接受什么难度的挑战，自己就是整个活动的主角。这凸显了幼儿在活动中的主体地位。

谷雨礼茶活动过程中，幼儿不断探索，对调查过程中出现的问题寻求答案，主动对所探究的事物刨根问底。根据幼儿对自己家乡已有的生活经验，结合幼儿的讨论、实地考察、调查、表述、展示等，师幼共同架构"谷雨礼茶"特色教育活动的内容。内容如图 1 所示。

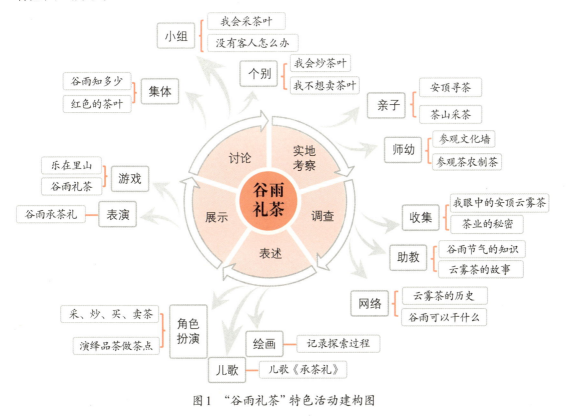

图 1　"谷雨礼茶"特色活动建构图

项目教学特色活动指的是为教师有效引导幼儿主动探索而搭建的情境"脚手架"，主要引导幼儿在探究的过程中积极动脑、动手、动口，从而有效地积累经验，以眼看茶、以鼻嗅茶、以耳听茶、以舌尝茶、以手摸茶，用五感识茶，用心品茶。以下是小班"闻茶"的网络图。

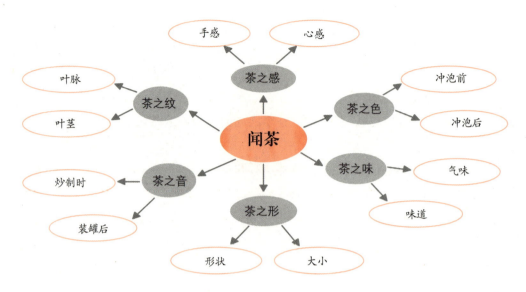

图2　小班"闻茶"特色活动建构图

　　下图是中班"探茶"之旅网络图。幼儿通过"探""玩""研",深度了解家乡名优产品——安顶云雾茶。

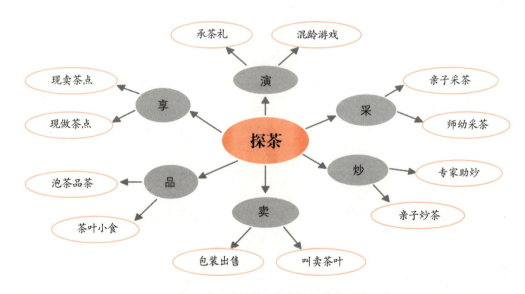

图3　中班"探茶"特色活动建构图

下图是"问茶"过程中，大班幼儿的实际活动脉络图。

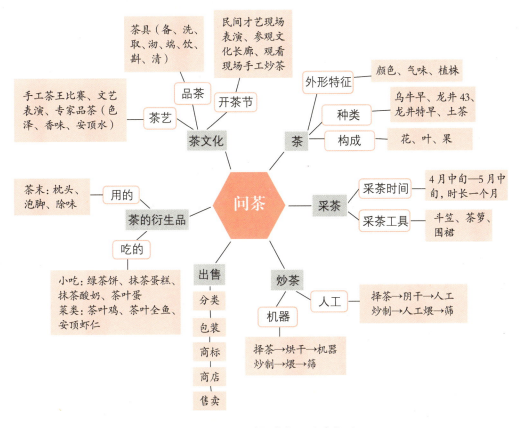

图4 大班"问茶"特色活动建构图

四、组织实施

我们以项目教学为载体层层推进，采取了讨论、实地考察、调查、表述、展示等动态实施策略，从而推进"谷雨礼茶"特色项目。

（一）追随孩子的兴趣：讨论交流解决孩子探索中的问题

1.集体讨论

项目教学中的集体讨论是孩子之间的互相交谈。孩子们互相交谈、互相提问、互相评价，并要求教师和别的孩子帮助澄清他们的想法或提供新的信息。

2.小组讨论

小组讨论是在几个孩子之间进行的。为了保证小组中每个孩子都知道别人在学什么，他们需要向同伴们做出解释，而在这个过程中，他们也可以温习学到的东西。

3. 个别讨论

个别讨论是在两个孩子之间进行的。为孩子提供机会，从同伴那里寻得解决问题的方法，使孩子能从平行示范中主动学习，从同伴处获取各种帮助信息。

（二）有意识的实践：实地考察引发孩子主动探索的欲望

1. 亲子实践

家长对安顶云雾茶有一定的了解，在教室里的探索与讨论都是纸上谈兵，有这么好的当地资源，不如来一次实地考察，来验证幼儿的一些猜想，于是联系家长开展一次亲子登山活动，在登山过程中获取云雾茶的相关经验。

2. 师幼考察

与幼儿园一墙之隔的里山镇小多年来一直深入挖掘茶文化资源，在校园内，茶文化墙、茶文化室及各类茶文化资源日渐成熟。于是我们组织孩子们一起参观茶文化墙，聆听茶文化历史故事；观摩茶农茶叶炒制培训，重温手工炒制茶叶技艺；欣赏安顶云雾茶的冲泡表演，体会了茶道融于茶德、茶艺融于文化的精髓。驻足茶室浏览茶文化图片和实物资料，听大姐姐讲解员的讲解，更深层次感受茶文化。

（三）多维调查助推：运用调查使孩子探索获得知识

1. 发放调查表，谷雨礼茶之初印象

里山本地人自然对谷雨节气、安顶山有一定的了解。我们充分发挥家长资源的作用，发放《我眼中的安顶云雾茶》《谷雨知多少》调查表，鼓励家长和孩子一起发现云雾茶的特色美、谷雨的时节美。

2. 家长来助教，谷雨礼茶之初认识

我们特意邀请了身为小学老师的家长助教来园，给所有孩子生动地讲述谷雨知识、安顶云雾茶的历史渊源，孩子们在津津有味地倾听的过程中加深了对谷雨、云雾茶的了解，产生了进一步探究的兴趣。

3. 网络大搜索，谷雨礼茶之再深入

有一定经验的父母跟孩子讨论自己了解的知识，使得幼儿有机会在家进行延伸学习。通过亲子之间的讨论，家长可以帮助幼儿巩固正在学习的事物，并可以培养他们的好奇心和解决问题的能力。

（四）多种表述形式：记录幼儿探索的过程

1. 角色表演

角色表演是幼儿期典型的游戏类型，也是幼儿最喜欢的且能最大限度满足幼儿心理需要的一种综合性强的游戏方式。幼儿在自己介绍云雾茶、买卖云雾茶、品尝云雾

茶的过程中感受谷雨茶的甘美；在自己制作茶点、演绎茶艺的过程中感受谷雨茶的多变；在自己亲手摘茶叶、炒茶叶的过程中体会谷雨茶的珍贵。幼儿深入了解家乡特色的同时，实现社会认知等多方面的发展。

2. 绘画畅想

用绘画记录幼儿的所思所想所为，这些经验对幼儿来说是非常有意义的。这也是我们记录的意义与价值。画画为幼儿提供了广泛交流各种想法的机会，使项目教学因获得丰富多彩的相关信息而变得生动。

（五）立体展示呈现：体现幼儿探索的深入

1. 户外混龄游戏"乐在安顶"传承谷雨礼茶

"乐在安顶"由安顶茶博会、体验馆、农家乐、游乐园四部分组成，四者相辅相成，幼儿自主、快乐地穿梭在各个区域里，使整个户外大区域犹如一个小社会，别有一番"休闲里山、美在安顶"的风味。

2. 文化活动"传承文明，时节浸润"深化谷雨礼茶

"传承文明，时节浸润"文化活动内容精彩纷呈，"源于自然、紧贴自然，节气文化、形式多样，因地制宜、劳动体验，自主游戏、乐在里山"四个篇章贯穿整个活动。在茶农的指导下，孩子们体验茶叶采摘的乐趣和劳动者的艰辛。

五、亮点分享

"谷雨礼茶"始终围绕跟随幼儿脚步的理念，发掘幼儿的内在动力，即兴趣和主动参与，促使他们努力探索，活动的选择权掌握在幼儿自己的手里，我们努力实现孩子在前、教师在后。

红色茶叶

从安顶山参观回来后，师幼关于"茶叶颜色"有一段探讨。

幼：老师，这些茶叶是红色的。

师：我们平时看到的茶叶是什么颜色的？

幼：绿色。

师：那为什么这些茶叶是红色的呢？

幼：可能有人在上面洒了红色的药水。

幼：本来就有红色的茶叶。

幼：被虫子咬了，就变成红色了。

师：还有不一样的想法吗？安顶山上要比我们这里冷很多哦。

幼：山上太冷，被冻伤了，就变成红色了。

师：你们同意刚才的哪一种说法？

幼：被冻伤的、被虫子咬的……

师：带着这个问题回家和爸爸妈妈一起找找茶叶变成红色的原因吧！

茶叶之所以能变成红色，是季节、温度等各种因素造成的。从上述谈话中可以看出，孩子们有着模糊的经验，教师很巧妙地没有直接给予答案，而是让孩子自己去寻找答案。

图5　红色茶叶

多次实践掠影

在专业的地方进行真实探究，对孩子是非常有利的，孩子可以通过多种渠道学习。在参观安顶山上的茶园时，茶农就是孩子们的老师；亲子采茶时，父母就是孩子们的老师，他们跟幼儿讨论，扩充幼儿的知识储备。与幼儿园一墙之隔的里山镇小多年来一直深入挖掘茶文化资源，茶文化墙、茶文化室设置完备，各类茶文化资源日渐成熟，小学的哥哥姐姐、老师们也是孩子们的老师。

图6　我们的实践探究掠影

谷雨探寻

二十四节气是古人流传下来的传统文化，它是大自然说给我们的语言，而孩子就是大自然真诚的听众和观众。孩子们站在茶文化墙前，聆听茶文化历史故事。

师：一年有几个季节？

师：小姐姐给我们介绍了节气，一年有多少个节气？

幼：二十四个。

师：小姐姐给我们主要介绍了第几个节气？

幼：第六个。

师：第六个节气叫什么？

幼：谷雨。

师：你们听到了关于谷雨的什么？

幼：谷雨这天是喝茶的最好时候。

师：你们知道谷雨吗？老师给你们介绍一下……

参观还在继续，孩子们在茶文化馆欣赏安顶云雾茶的冲泡表演，体会了茶道融于茶德、茶艺融于文化的精髓；驻足茶室浏览茶文化图片和实物资料，听讲解员小姐姐的讲解，更深层次感受茶文化。

没有客人怎么办

当孩子们不满足于只站在店里买卖茶叶时，经过小组谈话讨论，最后决定由老板去外面卖茶叶，店里雇用第二老板来管店，于是新的元素加入，活动变得更丰富了……

萱萱：没有客人，要不我们出门去卖茶叶，可以去大班哥哥姐姐的店买一辆车，骑车去叫卖茶叶。

萱萱：那店怎么办？

果果：店关门。

萱萱：不行，不行，不能关门。

子彬：会有其他客人的。

果果：请一个人来帮忙，我们付她工资，我看请吴焓仪来帮忙吧！

焓仪：好吧，我来看店。

果果：游戏更有趣喽！

孩子们的想法很多，果然茶叶买卖市场很快焕然一新，孩子们玩出了自己的色彩，在买卖茶叶游戏中玩得越来越有模样，小小的一块区域也能成为孩子们的乐园。

孩子在不断重复的游戏中制定新规则、玩出新游戏。在最开始，孩子们的游戏场是教室内外，一群孩子相互搭档，你抬我帮，时不时还互相喊话互动："快来买呀，好喝的安顶云雾茶！"同伴间各自忙碌，不亦乐乎。

图 7 游戏中

孩子的记录随笔

如果把"谷雨礼茶"探寻过程描绘成一趟旅行的话，这就是一趟他们认为不会很快结束并乐在其中的旅行。过程中孩子们很喜欢设计图表来记录，一方面觉得自己有成就感，另一方面图表确实对孩子们帮助很大。

图 8 幼儿绘画记录

当幼儿投入有兴趣的活动中时，他们观察、思考、沟通交流的能力会被强化，呈现出许多不同的社会性技能：交换意见与观点、分担任务、彼此提供建议、互相鼓励对方等。

《承茶礼》快乐茶礼演绎

茶为国饮，在富阳区"亲近传统文化、感知节气之美"系列活动之里山镇"传承文明、谷雨礼茶"大型活动现场，幼儿快乐演绎，台下全场师生集体起立，共习茶礼，同饮春茗。"承茶礼"表演时，幼儿身着汉服，泡茶、敬茶、接茶、续茶、喝茶时遵照以下礼仪要求：坐、请坐、请上座，茶、敬茶、敬香茶。冲茶先温杯，放茶要洗手。倒水七分满，端给客人喝；敬茶分先后，先敬老后幼。如有客人在，先客后自己；客人接茶时，也要讲礼仪。长辈一指敲，小辈两指敲；发现茶杯空，及时续上茶。若是茶水冷，倒掉再新泡。

图9 "承茶礼"表演

（施燕飞　夏邑群　夏淑萍　刘幼君　蔡婷）

欢乐立夏

嘉善县魏塘街道杜鹃幼儿园

　　随着现代生活节奏日益加快，旧时的富有传统文化和地方特色的节气逐渐被淡忘，导致现在的孩子们不得而知也无从得知。因此，为了传承民俗文化，使幼儿对嘉善立夏日的传统文化和民俗习惯有一个基本的了解，我园深入挖掘嘉善特有的立夏习俗，以幼儿、家长、教师亲身参与的各项地方特色活动为载体，让幼儿充分了解"立夏日"特有的意义以及地方民俗的魅力，让幼儿在体验中亲历立夏民俗、在操作中感受立夏民俗、在生活中传承立夏民俗。

一、资源分析

　　立夏，是二十四节气中的第七个节气，夏季的第一个节气，在这一天各地有着各式各样的民俗活动。老一辈的人都知道，嘉善的立夏日一向是非常热闹的，有着独有的地方特色。人们把立夏当作季节的开始，它的意义在于万物至此皆长大。从这时候起农作物生长越来越旺盛，田间劳作越来越繁忙，谚语说"立夏三朝遍地锄"，就是这个意思。与此同时不少时新货上市，人们喜欢趁此机会尝尝新，比如吃麦芽塌饼、立夏蛋、立夏三鲜、野米饭等，并赋予了这些活动丰富的内涵。因为有了它们，立夏变得更有民族意义，散发出浓浓的文化气息。

　　又到一年立夏日，嘉善娃娃拾习俗！

二、目标设计

（1）通过亲身体验，了解有关"立夏"的民间风俗、节气习俗，感受立夏日的气氛和传统文化的魅力。

（2）自主参与到立夏日活动的筹备、策划中，提高与人交往、沟通、合作的能力。

（3）保护和传承中国民俗文化，养成爱家乡、爱祖国的良好品质。

三、内容架构

（一）项目活动内容预设

在进行欢乐一"夏"项目活动时，我们基于幼儿的视角和地方习俗将项目活动分成夏三鲜、百家米、立夏蛋、麦芽塌饼、称小"银"五个方面，并采用多个领域和多种方式，对立夏习俗所蕴含的元素进行了梳理（详见表1）。

表1　欢乐一"夏"项目活动内容框架

活动名称	具体内容		重点领域	教育建议
夏三鲜	认识夏三鲜	蚕豆	科学 音乐	1.收集"夏三鲜"的图片和实物，张贴或摆放于教室墙面和自然角，供幼儿观察和记录。 2.在音乐区投放录音机和《蚕豆花》的音乐，供幼儿表演。
		豌豆		
		春笋		
	豆豆总动员	剥豆大赛	综合 艺术	
		豆创意		
百家米	百家米的故事	故事：百家米	语言	1.城市里的孩子做不到挨家挨户地收集百家米，可以在幼儿园开展收集活动。 2.可结合亲子户外活动开展烧野米饭活动。
		收集百家米		
	烧野米饭	准备工具	社会	
		搜集食材		
		分组操作		
		共同分享		
立夏蛋	护蛋行动	煮蛋	综合	1.活动后可进行延伸：寻找各种各样的蛋，帮助幼儿了解卵生动物的特点。 2.布置"彩蛋"展示区，供幼儿交流学习。
		挂蛋		
		斗蛋		
	彩蛋乐	画彩蛋	艺术	
		彩蛋大聚会		

续表

活动名称	具体内容		重点领域	教育建议
麦芽塌饼	认识麦芽塌饼	麦芽	社会科学	1.如有可能，教师可以将麦芽塌饼的制作过程拍成录像，让幼儿了解地方特有的风俗文化。 2.在语言区提供麦芽和佛耳草的图片或实物，让幼儿将图片或实物与文字配对。
		采摘佛耳草		
	制作塌饼	家长助教	综合	
		分享品尝		
称小『银』	认识称重工具	古老的秤	科学	1.师生一起寻找、收集各种各样的称重工具。有条件的可以将实物秤放在数学区，供幼儿操作。 2.还可以将体重记录活动作为延伸，鼓励孩子每年记录自己的体重变化。
	体重大比拼	称重量	健康	
		自制体重记录表		

（二）项目活动开展思维导图

根据上述内容，我园预设的项目活动开展思维导图如下：

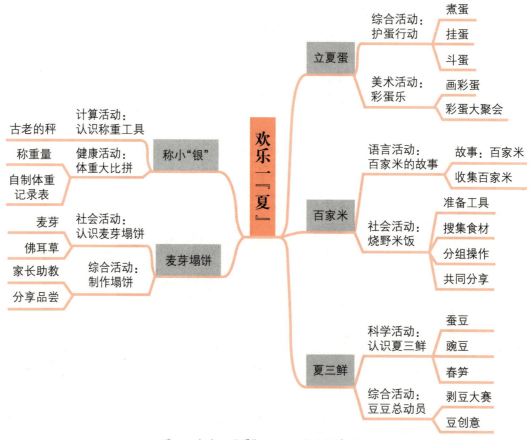

图1　欢乐一"夏"项目活动思维导图

150

四、组织实施

本次欢乐一"夏"大班民俗教育活动由"夏三鲜""百家米""立夏蛋""麦芽塌饼""称小'银'"五个板块组成，具体活动设计如下：

（一）欢乐一"夏" —— 夏三鲜

1. 设计意图

"夏三鲜"是源自立夏"迎夏之礼"的迎新和祭祀活动，民间有立夏尝新之举，后来慢慢发展成立夏尝三鲜的习俗。在嘉善我们将蚕豆、豌豆、春笋列入了"三鲜"菜单，预示新的起点、新的开始。孩子们通过认识"夏三鲜"活动，在试一试、玩一玩、尝一尝中体验节气传统的趣味性。

2. 活动目标

（1）初步了解立夏的相关风俗，认识"夏三鲜"，了解"夏三鲜"的由来和寓意。

（2）尝试剥豆、挖笋、剥笋、豆豆造型等活动，感受劳动的价值。

（3）乐意参加立夏民俗活动，体验民俗传统的乐趣。

3. 活动准备

（1）和家长一起搜集关于"夏三鲜"的资料。

（2）"夏三鲜"实地观察，实物采剥。

（3）种植的照片和记录表、豆豆造型的 PPT 和实物等。

4. 具体内容

● 科学活动：认识"夏三鲜"。

（1）活动目标：

①认识"夏三鲜"，了解蚕豆、豌豆、春笋的形状、特征并尝试记录。

②了解"夏三鲜"的由来和寓意。

（2）活动内容：

①出示 PPT，引导幼儿认识和了解"夏三鲜"。

②出示"夏三鲜"实物，请幼儿简单画一画它们的样子。

③说说找到的"夏三鲜"，闻一闻，剥开看看里面的结构和样子。

④交流：为什么立夏要尝"三鲜"？

● 社会活动：采豆豆、挖春笋。

（1）活动目标：

①通过采豆豆、挖春笋等实践活动，让幼儿感受劳动的氛围。

②通过活动，知道"夏三鲜"来之不易。

（2）活动内容：

①联系好幼儿家长，以亲子小分队的形式前往户外挖春笋、采蚕豆。

②出发前讨论挖笋的工具和技能、采豆豆的方法，做好准备工作。

③分成两个小分队，互相合作，亲子互助。

● 综合活动：豆豆总动员① —— 剥豆大赛。

（1）活动目标：

①通过剥豆大赛，产生珍惜劳动果实的情感。

②学习剥豆的技能，感受劳动的重要性。

（2）活动内容：

①通过互动讨论，学习剥豆的技巧。

②在限定的时间内比赛剥豆。

③烧豆豆，品尝蚕豆和豌豆，说说味道是怎样的。

● 综合活动：豆豆总动员② —— 豆创意。

（1）活动目标：

拓展思维，创新组合，乐意添加辅助物制作豆创意造型。

（2）活动内容：

①交代要求，观看PPT豆创意图片，在自主创意中体验快乐和民俗的趣味。

②各自进行造型制作，可独立完成，也可互相合作。

③豆豆创意展，说说最喜欢哪个造型，它是怎么组合的，它像什么。

（二）欢乐一"夏" —— 百家米

1. 设计意图

在嘉善吃野米饭是立夏习俗之一。据说人们以吃豌豆等来祈祷无病无灾。本活动在"夏三鲜"活动的基础上，通过摘蚕豆、剥豌豆、收集百家米等活动，让幼儿更好地了解立夏这个重要节气，知道立夏习俗所蕴含的吉祥寓意。

2. 活动目标

（1）通过活动，初步了解收集百家米、吃野米饭这些民间习俗的特殊含义。

（2）乐意参加节气活动，了解更多的节气。

3. 活动准备

（1）了解"百家米"的传统，整理故事《百家米》。

（2）收集百家米、采摘豌豆，了解野米饭的制作方法。

（3）收集野米饭的相关材料。

4. 具体内容

● 语言活动：百家米的传说。

（1）活动目标：

①理解故事内容，知道百家米的由来。

②通过收集百家米，进一步了解吃百家米不生病的民间风俗。

（2）活动内容：

①引导幼儿倾听故事，了解百家米的由来。

②共同收集百家米，说一说对百家米的感受。

● 社会活动：烧野米饭。

（1）活动目标：

①通过烧野米饭，热爱自然，体验野炊活动的乐趣。

②丰富生活体验，锻炼合作交往和动手能力。

（2）活动内容：

①教师讲述立夏烧野米饭的寓意并认识烧野米饭所需的材料，激发幼儿的兴趣。

②提出要求：要注意用火安全，做到人走火灭，还要注意活动安全，小心被烫伤割伤；要做到互相帮助，有集体荣誉感。

③全体师生到户外，幼儿剥蚕豆、剥春笋，家长和教师洗菜、切菜、淘米、煮饭、烧火等，分工进行工作。

④分享野米饭。

（三）欢乐一"夏" —— 立夏蛋

1.设计意图

蛋是孩子所熟知的，但孩子不知道小小的"蛋"里藏着的传统文化。每逢立夏，人们都要吃煮鸡蛋或咸鸭蛋，认为吃蛋能强身健体，从而衍生出挂蛋、斗蛋等传统习俗…… 在这一节气中，我们将和幼儿一起了解立夏蛋的由来，同时和我园美术园本课程相结合，展现立夏蛋不一样的"彩妆风姿"，为传统文化的传承奠定生活化、情景化的基础。

2.活动目标

（1）尝试用多种方法在蛋壳上设计图案，装饰蛋壳，从中凸显艺术之美。

（2）体验"立夏蛋"各项有趣的活动，乐意参与民间习俗活动。

3.活动准备

● 知识经验准备：

（1）和家长一起搜集关于立夏蛋的风俗习惯。

（2）在家有过一起煮蛋的经验，并且搜集相关的照片和视频。

● 材料准备：

（1）收集各种大小、品种不一的蛋。

（2）彩线若干，用于编织挂蛋的网兜；关于编织的视频、图片。

（3）颜料、水彩笔、胶带等多种辅助性材料，用于装饰彩蛋。

4. 具体内容

● 手工活动：编织立夏蛋兜。

（1）活动目标：

①了解编织蛋兜的方法和步骤，尝试用彩色丝线交叉打结的方法进行编织，保护蛋宝宝。

②体验编织的乐趣，在细致的编织活动中养成有条理、有耐心的好习惯。

（2）活动内容：

①播放关于编织艺术的视频，请幼儿欣赏中华文化中的编织艺术。

②欣赏立夏蛋兜，激发幼儿编织的兴趣。

③尝试编织蛋兜，装上立夏蛋，欣赏并交流。

● 综合活动：蛋王比拼赛。

（1）活动目标：

①区分蛋头和蛋尾，知道不同品种蛋壳的硬度是不一样的。

②通过斗蛋活动，提高竞争意识，加强对传统节气的直观感受。

（2）活动内容：

①各种各样的蛋，区分蛋头和蛋尾。

②斗蛋的方法和规则：同一品种的蛋进行比拼；手里紧握自己的蛋，找个对手斗蛋，蛋完好无损的继续再战。

③幼儿进行"斗蛋比赛"，最后评选出"蛋王"。

● 艺术活动：彩蛋乐。

（1）活动目标：

①尝试用多种材料和方法在蛋壳上设计和彩绘简单的图案，初步感受在蛋壳上绘画的过程。

②在装饰彩蛋的过程中大胆用色，增强审美情趣。

（2）活动内容：

①欣赏彩蛋上各种不同的图案，激发幼儿的创作兴趣。

②幼儿绘制彩蛋。鼓励幼儿运用多种材料大胆设计。

③分享交流，彩蛋大聚会。

（四）欢乐一"夏" —— 麦芽塌饼

1.设计意图

立夏麦芽塌饼是一种普通的农家食品，是以糯米粉、黑芝麻、赤豆、核桃仁、白糖为原料，并配以中草药佛耳草、麦芽，采用传统手艺精制而成的。随着时光的流逝，会做麦芽塌饼的人越来越少，所以"麦芽塌饼"这一活动，旨在帮助幼儿认识麦芽塌饼的材料及制作的过程，通过亲身实践活动，保护和传承嘉善特有的立夏民俗。

2.活动目标

（1）通过野外踏青，认识及采摘制作麦芽塌饼的原材料 —— 佛耳草。

（2）通过家长助教，让幼儿了解嘉善麦芽塌饼的制作过程。

（3）通过亲身实践，让幼儿感受嘉善立夏吃麦芽塌饼的习俗。

3.活动准备

（1）了解立夏吃麦芽塌饼的习俗。

（2）制作麦芽塌饼的材料：佛耳草、麦芽、豆沙、水磨糯米粉等。

（3）活动前联系好助教的家长。

4.具体内容

● 社会活动：采摘食材 —— 佛耳草。

（1）活动目标：

①组织部分家长与幼儿野外踏青，并采摘佛耳草。

②通过视频资料，让幼儿了解佛耳草的加工过程。

（2）活动内容：

①出示佛耳草实物，通过看一看、闻一闻、摸一摸的方式让幼儿感知。

②让幼儿观看视频，了解整理佛耳草的过程。

③让幼儿通过实践操作，体验挑佛耳草并洗干净的过程。

● 综合活动：制作麦芽塌饼。

（1）活动目标：

①通过引导，让幼儿了解嘉善立夏吃麦芽塌饼的习俗。

②通过家长助教，让幼儿了解嘉善麦芽塌饼的制作过程。

③体验制作及分享麦芽塌饼的快乐。

（2）活动内容：

①请来家长助教，将煮烂的佛耳草连汤带水加上麦芽和糯米粉一起揉匀。

②带领幼儿一起制作麦芽塌饼：揪一团碧绿的面团，揉揉圆，挖个坑，包入豆沙馅，搓搓圆，再按按扁。

③将做好的麦芽塌饼送到食堂，放在蒸饭车里蒸熟。

④等蒸熟的麦芽塌饼凉了以后，在锅里倒入菜油，煎麦芽塌饼。

⑤与老师、同伴分享自制的麦芽塌饼。

（五）欢乐一"夏" —— 称小"银"

1. 设计意图

传说在立夏称了体重之后，就不怕夏季炎热，不会消瘦。我们通过立夏称人活动，用古老的方法来测量自己的体重，通过制作记录表比较同伴的体重变化。称小"银"活动让幼儿知道原来没有电子秤的时候，是用秤和秤砣来称体重的，从而也让幼儿更深入地了解民俗，从小感受中国传统文化的魅力。

2. 活动目标

（1）认识各类称重工具，知道称重工具的作用，学习记录体重。

（2）开展称重活动，让幼儿体验称小"银"的乐趣。

3. 活动准备

（1）了解立夏称人的风俗。

（2）与亲朋好友访谈，调查秤的相关知识。

（3）将各类秤的图片制作成PPT。

（4）实物秤，自制的体重记录表。

4. 具体内容

● 科学活动：认识称重工具 —— 古老的秤。

（1）活动目标：

①认识各种古老的秤，探索不同秤在生活中的作用。

②初步了解杆秤的使用方法，尝试记录。

（2）活动内容：

①说说自己调查访谈的结果，相互交流学习。

②出示PPT，引导幼儿观察和认识各种古老的秤，了解秤在生活中的作用。

③出示各种称重工具，如电子秤、钩秤、天平等，幼儿分组进行称重操作，并在白纸上记录数值。

● 健康活动：体重大比拼。

（1）活动目标：

①通过称小"银"活动，让幼儿感受立夏节气的特色活动。

②幼儿自制体重记录表，通过记录体重体验成长的快乐。

（2）活动内容：

①出示大秤，引起幼儿的兴趣后跟幼儿讲述立夏称人的传说。

②称一称幼儿的体重。

③幼儿记录自己小组成员的体重，比一比谁最重、谁最轻。

五、亮点分享

（一）立足本土，华夏文明永流传

通过此次欢乐一"夏"大班立夏民俗主题教育活动，让我们的孩子在传统文化逐渐被人遗忘的时候，通过收集百家米、烧野米饭、称小"银"、吃麦芽塌饼等活动，亲身感受传统习俗的乐趣，度过了一个原汁原味的立夏。如：在称小"银"习俗活动中，我们拾取了嘉善地方特色"立夏称人"的传统。孩子们通过调查、访谈、交流、学习、操作等多种形式，探访古老的秤，体验称人风俗。当孩子们坐在箩筐里称重并进行体重大比拼时，活动达到了高潮。

图2　体验箩筐称人

图3　体重大比拼

图4　百家米一

图5　百家米二

欢乐一"夏"民俗教育活动正是让幼儿在听听、看看、做做、玩玩的实践体验活动中对中国传统习俗留下了美好的印象。不仅加深了幼儿对我国传统节气的认知，增强了他们对中国传统文化的热爱，更进一步激发了幼儿爱我中华的民族自豪感，让我们的华夏文明源远流长。

（二）融合园本，文化艺术两相宜

本次活动依托传统文化，以艺术的形式与传统文化完美融合。在"立夏蛋"风俗活动中，孩子们在经历了"煮蛋""挂蛋""斗蛋"等系列传统活动后，开展了"彩蛋乐"手绘活动，体现了我园美术特色在民间民俗中的渗透与拓展。孩子们在蛋壳上作画，以多种创作手法装饰蛋壳，从孩子视角出发凸显艺术之美。

图6　幼儿蛋壳作画一

图7　幼儿斗蛋

图8　幼儿挂蛋

图9　"彩蛋乐"作品

孩子们正是在感受、体验、理解、反思、领悟的过程中，自然而然地将传统文化与美相结合，让教学更具活力。

（三）借力家长，民俗文化共传承

在当代，我们的传统民俗文化逐渐被网络文化代替，孩子们离身边的民俗文化越来越远，这些民俗传统文化需要幼儿园、家庭、社会共同拓展、传承和弘扬。因此，我们把家长作为合作对象也吸纳进来，在开展民俗传统节气活动中利用好各种家庭资源。比如：让家长帮助孩子搜集整理立夏相关习俗；提供孩子活动需要的物质准备；参与各类亲子活动；进驻校园家长助教……在"夏三鲜"板块中，采豆豆、挖春笋，因为有了家长的支持和参与，大大满足了孩子玩中学、学中乐的需求，家长与孩子在亲子活动中共同感受了立夏民俗的氛围。在"麦芽塌饼"板块中，通过亲子野外踏青，让幼儿在春天的野地里、田埂上、垄沟边寻找并采摘佛耳草；通过家长助教让幼儿体验麦芽塌饼的制作，既增进了亲子关系，了解了奶奶辈的手艺，又亲身感知了立夏的民间习俗。

图10 亲子挖春笋

图11 剥豆子、春笋

图12 亲子制作野米饭

图13 采摘佛耳草

图14 制作麦芽塌饼

图15 品尝麦芽塌饼

家长通过参与立夏民俗教育活动对传统民俗有了更全面、细致的认识和了解，在节后还能帮助孩子不断巩固和深化，扩大了民俗传统节日教育的空间，拓展了教育的途径，形成了教育资源共分享、传统民俗共传承的良好氛围。

（陆妍　赵兰　卓文洁　沈秀君）

我们一起过冬至

兰溪市教工幼儿园

传统节日蕴含着丰富的文化价值和教育价值，是幼儿园不可或缺的教育资源。但在具体实施中往往有一些节日被教师所摒弃，因为它们总留给人祭拜和吃喝的刻板印象，教师会觉得幼儿并没有相关经验和兴趣，那么它们真的没有价值或不适宜幼儿吗？如果不是这样，那应该如何吸引幼儿主动参与到对节日的探究和体验中来？如何激发起幼儿关于节日的真情实感？一套童趣直观的传统节日绘本帮助我们拓宽了视野，特别是《冬至节》中呈现的丰富文化内涵吸引了教师的注意。教师深入挖掘冬至节的价值，从儿童的视角出发探索实施路径，生成了关于冬至节的主题活动，让幼儿获得了多元的发展，在潜移默化中得到中华传统文化的浸润。

一、资源分析

俗语说"冬至大如年"，自古以来冬至是一个非常重要的传统节日。除了祭拜祖先，各地习俗活动丰富多彩，如绘制九九消寒图、酿冬酒、舂米、吃娇耳（饺子）、喝暖胃茶等。冬至还是二十四节气中阴阳转换之关键，这一天白昼最短、黑夜最长，表示开始进入九九寒天。冬至习俗涉及节气特征、民间生活、传统活动、科学常识等方方面面，具有深厚的教育价值。通过观察前期进行的阅读相关活动发现，大班许多孩子对绘本《冬至节》里爷爷点梅花、吃娇耳的故事，九九消寒图等产生兴趣，这为围绕"冬至节"开展中华传统文化教育奠定了基础。另外，可以借助丰富的家长和社区资源，以及祖辈流传下来的一些习俗和技能，在主题实施中支持幼儿的学习。

二、目标设计

（1）了解冬至的来源和当地主要风俗，知道冬至是中国人自古以来就有的节日，感受传统文化的源远流长。

（2）通过测量影长、绘制九九消寒图等，探索冬至阴阳转化的节气特征以及和人们生活的关系，促进多种能力的发展。

（3）乐于参与冬至的各项活动，体验冬至的独特和有趣，激发"我是中国娃"的自豪感，培养尊敬长辈、感恩身边人的传统美德。

三、内容架构

每一个中国传统节日都是由各种传统元素组成的，每个元素相互独立又相互融合，共同交织构成节日的特质。我们尝试捕捉冬至适合幼儿的活动板块和元素：

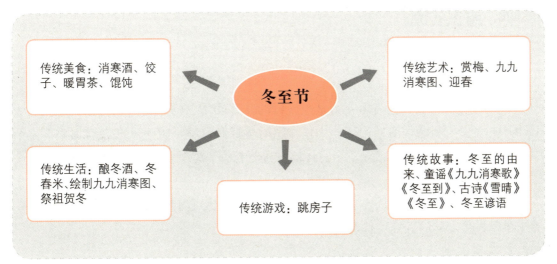

图1　适合幼儿的冬至节活动元素

在上述基础上，根据幼儿的兴趣与需要预设了学习活动内容、区域活动和生活实践活动（详见表1）。

表1　可能开展的学习活动、区域活动和生活实践活动一览表

	好听的冬至故事	好看的冬至艺术	好吃的冬至美食	好玩的冬至生活
可能开展的学习活动内容	绘本《冬至节》	蜡梅朵朵开	驱寒美食	测一测冬至影长
	分享冬至节习俗	美丽的雪景	冬至节吃饺子的来历	冬日运动
	童谣:《九九消寒歌》	有趣的九九消寒图	做饺子	游戏:跳房子
	童谣:《冬至到》		我是小小泡茶师	绘制九九消寒图
区域活动	绘本剧表演	设计九九消寒图	兰溪美食店	茶馆
	绘本阅读	画梅花、制作梅花	包饺子	
生活实践活动	冬至节习俗我调查	赏梅花	为家人泡暖胃茶	祭祖贺冬
		观雪景	搓汤团	

四、组织实施

（一）实施说明

1.实施模式

冬至活动以儿童兴趣与需要为基点，以幼儿喜闻乐见的主题活动为主要形式，吸引幼儿主动参与到课程活动的建构中来，适时生成和调整，促进幼儿在学习中、生活中、游戏中、运动中直接感知、亲身体验、进行探究，实现多元发展。

2.实施时间

冬至主题活动预设4周左右的体验式探究学习，各班可根据幼儿的兴趣灵活调整。关于冬季气象变化的探究可作为延伸。

3.实施班级

大班以年级组为单位同时开展"我们一起过冬至"主题活动，各班可根据幼儿的兴趣调整活动内容。

（二）实施路径

我园遵循以幼儿为主体开展活动的原则，从幼儿的兴趣与需要出发，寻找生活中各种有利资源，整合幼儿原有经验，注重幼儿在活动中的亲身体验，分"初识冬至、冬至全体验、和美一家人、活动延伸"四个阶段，层层递进展开对冬至的探究和体验。

第一阶段：初识冬至

教师基于幼儿的视角、疑惑和已有经验，通过做一做冬至调查、读一读冬至绘本，让幼儿形成对冬至文化的初步印象，同时，教师在与幼儿的谈话、交流等活动中，了解幼儿对冬至的已有经验和生长点，并与幼儿一起建构活动内容的框架。

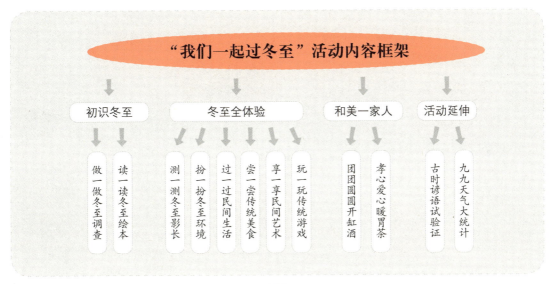

图2

第二阶段：冬至全体验

在该阶段，根据幼儿的兴趣和需要开展了测一测冬至影长、扮一扮冬至环境、过一过民间生活 —— 酿冬酒、尝一尝传统美食 —— 娇耳、享一享民间艺术 —— 点染消寒图、玩一玩传统游戏等体验式活动，让幼儿多感官全身心感受冬至文化的丰富和有趣，使之爱上冬至，获得"我是中国娃"的认同感、自豪感。幼儿在体验冬至的过程中又会有一些新的问题或发现，需要对原先的内容进行取、舍、改、增。因此，师幼一起对之前预设的思维导图重新审视、讨论并完善，确定后续的主题活动内容，直至满足幼儿发展的需求。

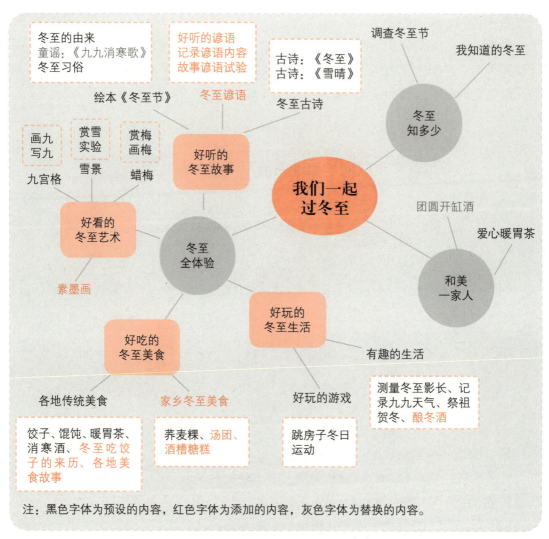

注：黑色字体为预设的内容，红色字体为添加的内容，灰色字体为替换的内容。

图3　主题活动内容

第三阶段：和美一家人

该阶段是幼儿社会性体验的落脚点。延续前期的酿冬酒等实践活动，我们利用家长资源开展"团团圆圆开缸酒"活动，以及生活体验活动——泡"孝心爱心暖胃茶"等，以满满的仪式感烘托敬老、感恩的情感氛围，弘扬传统美德，使活动的价值得以升华。

第四阶段：活动延伸

基于之前对九九消寒图统计成果进行的梳理，开展了九九天气的统计，以及对绘本阅读中学得的"晴冬至烂年边"谚语的验证，一方面感受中国古人的智慧，另一方面把幼儿引向深度学习，拓展了冬至的教育价值。

（三）环境创设

我园从幼儿园、班级层面进行环境创设。在幼儿园层面，创设与冬至主题相关的开放式楼道环境和展示区，以激发幼儿探究的兴趣。下面呈现的是幼儿园层面的环境创设。

图4　楼道环境

图5　大厅环境

在班级层面，创设班本化的班级环境。根据主题开展的进程和关于冬至的知识，幼儿学习的历程被逐步展现在环境中。如大二班幼儿对消寒图感兴趣，就让幼儿每天画一画消寒图，呈现不同的消寒图；大一班幼儿对冬至的故事感兴趣，把教师录制的节日故事做成微信扫一扫展示，增添了节日的氛围，也让幼儿在互动中不断加深体验。另外，创设主题三面墙 —— 资

图6　主题墙环境

源墙、问题墙和展示墙，充分发挥与幼儿互动的作用。

五、亮点分享

（一）课程源于儿童生活中的真需求

虞永平教授指出，课程就在儿童的生活里，就在儿童的行为里，就在发现问题和解决问题的过程中。该主题活动来源于生活中儿童对冬至所产生的疑问和兴趣点。在该主题活动实施的过程中，教师预设的主题活动内容不是静态的、一成不变的，而是基于儿童生活的兴趣和已有经验，与孩子一起思考，鼓励幼儿通过直接感知、亲身体验与实践操作共同建构新的知识经验，改变了教师的课程观和儿童观。例如，主题源于大班组幼儿对绘本《冬至节》的兴趣。在冬至前，孩子们三五成群边翻绘本边讨论："什

么是冬至?""为什么冬至要吃饺子?""冬至还有什么美食?"于是,教师觉得是时候和幼儿一起探究冬至了,那么幼儿感兴趣的冬至是怎样的?什么样的活动能引发他们主动学习与感知?前期讨论中,教师在挖掘冬至资源的同时,没有预设具体活动,而是在《冬至知多少》调查表的分享中,发现儿童对冬至影长、家乡的冬至美食 —— 酒糟糖糕和传统生活 —— 酿冬酒等内容产生兴趣,于是我们在第二阶段对主题脉络图进行了取、舍、改、增,共同生成了以下活动。

图7　绘本

案例一:冬至真的白昼最短吗?

●活动一:测一测冬至影长。

根据冬至的节气特征 —— 冬至这天是全年中白昼最短、夜晚最长的一天,教师引发幼儿讨论:可以用什么办法知道冬至这天白昼最短、夜晚最长的自然现象?(媛媛说:"比一比天黑的时间就好了。""对啊,我们把每天天黑的时间记下来比一比就知道了。"文文说:"白天是从天亮到天黑的,就记天黑不行的。"天天说:"那把太阳出来的时间也记下来。"……)

图8　测影长

●活动二:白天与黑夜。

为顺应幼儿对自然现象的兴趣需要,我们在本次讨论后组织了集体教学活动"白天和黑夜",让幼儿对这一自然现象有初步的感知,并将探索精神延伸至生活中,让部分幼儿在冬至前后两天,于午时测量某一固定物体的影长,并比较长短;让部分幼儿记录白天、黑夜时间来验证冬至白天最短、夜晚最长的显著特征,最后共享经验。

案例二:酿冬酒活动

在绘本阅读过程中,大班小朋友产生了"酒是怎么酿出来"的困惑,以及"我们也来酿酿酒"的设想。于是教师顺应幼儿的兴趣,引导幼儿就酿酒需要做哪些准备与家长进行了调查,在分享交流中积累关于酿酒的经验。

●活动一:酿冬酒我知道。

张煜涵:酿酒要用糯米、红曲。

阳阳：我看到奶奶家做过酒，还要有水。

师：那需要哪些工具呢？

陈一言：妈妈说需要有一只缸，还要有很粗的搅拌棒。

黄昱之：外婆说要先把米蒸熟了晾一会儿，再把它放进缸里……

幼儿通过与家长共同调查以及孩子间零碎经验的分享，对酿酒材料、准备、步骤等有了一定的了解。

● 活动二：酿制消寒酒。

周末，孩子们和家长准备好原材料，做好酿酒相关计划后，邀请了社区酿酒师傅来幼儿园酿制消寒酒。

图9　孩子在酿酒前对酿酒材料做调查、
　　　做记录

图10　孩子观察学习酿酒全过程

幼儿在参与调查记录、亲身感受酿酒过程、闻闻酒香静待发酵的活动中，体验浓浓的冬至酿酒文化氛围与劳动的喜悦，激发积极的情感，更乐于积极地表达表现。

● 活动三：团团圆圆开缸酒。

在新年来临之际，小朋友邀请自己的家人来分享我们的劳动果实——消寒酒。在活动中学习敬酒的礼仪，知道尊重老人、关爱家人、感恩身边人，体验团聚、分享的快乐。

图11　给长辈敬酒

孩子们双手奉上自己亲酿的美酒，向爸爸妈妈、爷爷奶奶送上美好的祝福，感恩长辈对自己的关爱。传统文化，感恩祝福，团圆迎新！

案例三：兰溪冬至美食 —— 荞麦粿

基于绘本《冬至节》中蕴含的传统元素，孩子们积累了各地关于冬至的习俗、美食知识。徐子睿问："我们兰溪的冬至节是吃什么的呢？"基于孩子的兴趣，引发幼儿调查、探究。

幼儿通过调查发现，在兰溪冬至有吃荞麦粿的习俗，寓意将身体里的病毒都排出去，在新的一年里健康快乐。于是他们决定在冬至学做荞麦粿。

图 12　学做荞麦粿

孩子们准备好擀面杖，食堂阿姨和教师准备好食材。家长义工耐心地演示、讲解制作过程，现场操作、展示如何用荞麦粉和水和好面团。孩子们还发现粉的颜色发生了变化，他们先将面粉揉成团，再擀成圆形，接着放进萝卜豆腐馅，最后对折捏一捏，蒸熟之后品尝自己做的荞麦粿。

案例四：古时谚语试验证

孩子对《冬至节》绘本中的农谚"晴冬至烂年边，雨冬至晴过年"提出了疑惑："真的是这样的吗？"于是，我们鼓励幼儿寒假在家持续绘制九九消寒图，回园后组织对比验证，让幼儿对农谚产生深刻的印象，真正感受到了古人的智慧。

首先，教师引导幼儿对照日历按顺序在九九消寒图上记录日期。然后，幼儿根据日历圈出冬至和过年那两天，并观察这两天的天气，初步了解古人通过观察、记录天象变化预卜来年丰歉的方法，验证谚语"晴冬至烂年边，雨冬至晴过年"，感受中国劳动人民的智慧。

（二）经验源于儿童活动中的真体验

幼儿的生活蕴含着很多学习契机，主题活动不仅仅局限于一个个集体教学活动，而是贯穿在幼儿的一日生活中。本次冬至节活动为凸显传统节日主题活动的生活意义，让来自生活的活动还原到生活中去，以幼儿喜闻乐见的亲身经历、直接感知、真实体验的多元化活动形式，让幼儿在操作中感受传统文化、在观察中发现问题、在交流中分享、在探索中收获、在合作中增进情感。从而，让幼儿认识传统节日，感受中国传统文化的博大精深，萌发对中华传统文化的认同感，同时促进幼儿多元化的发展。

案例一：探秘九九消寒图

随着数九寒天的到来，天气逐渐转冷，就有了贴绘九九消寒图的风俗。古人绘制消寒图的方式多种多样，有"写九"——九字九画，九九八十一画，每过一九填充好一个字；"画九"——九枝九瓣梅花，每过一天染一瓣；或是点染九宫图，颜色可对应天气变化。根据绘本中九九消寒图的布局特点，我们链接大班幼儿学习日历的关键经验，组织幼儿创造性地设计自己的九九消寒图，并进行记录、统计。

● 活动一：教学活动——九九消寒图。

1. 说说自己画过的九九消寒图的样子。

2. 寻找九九消寒图中的规律。

（1）出示九九消寒图一，提问："这幅九九消寒图是由什么图形组成的？它有几朵花？每朵花里面有什么？花瓣里面有哪个字你认识？它有几画？"

（2）出示九九消寒图二，提问："这幅九九消寒像什么？葫芦里面有什么图形？有几个圆形？圆形里面有什么？每个字是几画？"

（3）出示九九消寒图三，提问："这棵树有几根树枝？猜猜树枝上有几朵梅花。每朵梅花有几片花瓣？"

（4）根据幼儿观察，请幼儿找找每幅消寒图的共同点，教师进行补充。

3. 设计九九消寒图。

（1）幼儿想象自己要设计的九九消寒图。

（2）幼儿根据自己的设想，自主选取所需材料，设计九九消寒图。教师进行个别指导。

4. 欣赏展示，体会设计成功的快乐。

（1）结合作品，幼儿和同伴说说自己的设计成果。

（2）在环境中展示幼儿的作品。

图13 自制九九消寒图一

图14 自制九九消寒图二

● 活动二：区域活动 —— 记录消寒图。

益智区投放记录数九寒天天气变化的消寒图，引导幼儿提前一天观看天气预报，并观察、记录当日天气情况，用对应的颜色涂画。

● 活动三：统计验证。

在九九八十一天结束后，师幼一起通过统计、分享、比较，总结、体验节气变化的特点，验证谚语。

图15　绘制消寒图　　　　　　图16　统计天气

案例二：传统游戏新玩法

结合九宫消寒图的元素，投放了高结构的自制房子图、低结构的泡沫垫、各种色子、消寒歌图片等游戏材料，让幼儿自主选择材料，与同伴协商制定新游戏规则，探索多样化传统游戏新玩法。如陈一言提出，其中一种色子扔到数字几，小朋友就跳到相应的格子并念出消寒歌的内容，谁跳的格子越少谁就赢了。

（三）挖掘资源，深化传统文化的体验

在主题活动实践中，我们充分挖掘家长、社会等资源，让幼儿在与他人、与社区、与自然等多维互动中，共同建构网状学习路径，深化对传统节日的了解、对传统文化的感受与体验。

案例一：亲子活动 —— 定向登山（周边大自然资源）

为了弘扬蜡梅精神，培养幼儿不怕冷、不怕累、敢于挑战的良好品质，我们利用周边大自然环境资源 —— 大云山，坚持每周爬一次大云山，同时利用家长资源，在元旦邀请家长一同开展体验式传统活动"亲子活动 —— 定向登山"，让幼儿更好地感受冬天、发挥智慧，养成不怕苦不怕累的精神，体验冬日锻炼的快乐。

幼儿事先参与大云山路线图的绘制，以云山小区—东风亭、兰二中后门—东风亭为2条路线，自主按图登山、探索、寻找宝藏，抵达终点，体验成功攀登大云山的

喜悦。

图17 大家一起读图　　　　　　　　图18 登顶后，亲子拼图

案例二：孝心爱心暖胃茶（家长资源）

此外我们利用传统习俗元素——暖胃茶，融入孝与爱的情感和传统美德，请幼儿回家为爸爸妈妈、爷爷奶奶、外公外婆等泡一杯暖胃茶，以表达对他们的感恩之情。

总之，传统节日中所蕴含的文化、精神对孩子而言是较为抽象的概念，我们要做的就是化繁为简，化抽象为具象，化枯燥为趣味，依据《3—6岁儿童学习与发展指南》的精神，尊重幼儿的年龄特点及学习方式，整合贴近幼儿视角的原创绘本资源、地方节日活动、民俗资源、周边自然和社会资源等，组织幼儿喜欢的游戏、活动并渗透一日生活，让幼儿在生活中感受中国传统文化的博大精深，培养传统美德，在亲身经历中萌发"我是中国娃"的自豪感。

（张晓珍　陈伟燕　张素娟）

第三篇

民间技艺

平湖西瓜灯　浓浓瓜乡情

平湖市第一幼儿园

　　我园是一所有着 60 多年悠久历史的幼儿园，自 2005 年至今坚持"爱的教育"，通过主导性课题以及各类文化活动的推进已形成鲜明的教育特色。2013 年，幼儿园整体搬迁至国家 4A 级旅游景区东湖景区内，尝试将园所文化与地区文化相融合，拓展"爱的教育"之"爱家乡"。我们借助园所地域优势，聚焦平湖的传统文化，把一年一度东湖畔的民俗节日——"平湖西瓜灯节"融入其中，以幼儿的兴趣作为立足点，挖掘并生成了"平湖西瓜灯　浓浓瓜乡情"主题课程。

一、资源分析

　　西瓜灯节是平湖的传统民俗文化庆典。在每年 9 月底 10 月初都要举行大型节庆活动，是平湖人的"狂欢节"，届时整个城市都沉醉在瓜灯的海洋，其热闹程度不亚于新年。瓜灯节也自然而然成为幼儿口中的热点话题。节日里有好看的、好听的、好玩的、好吃的，适合平湖幼儿园开展相关传统文化教育。基于幼儿的兴趣和需求，我们将平湖西瓜灯节这个本土节日引入园本课程，开展以"平湖西瓜灯　浓浓瓜乡情"为主题的一系列活动课程，为幼儿营造一个充满人文色彩、洋溢浓浓乡情的成长环境，使幼儿更好地感受富有地方传统的节日喜庆氛围，从而激发幼儿对家乡的归属感和认同感，传承平湖优秀传统民俗文化并有所创新。

二、目标设计

（一）总目标

生根：用瓜灯节来熏陶幼儿，使之感受家乡平湖的无穷魅力，成为有根的人。

长能：在多元瓜灯文化中，通过学习、尝试、探索、体验等来丰富感性经验，促进幼儿各种能力的提升及全面和谐的发展。

萌爱：在"平湖西瓜灯 浓浓瓜乡情"主题行进中，提升人文素养以及养成热爱家乡的质朴情感。

（二）年龄段目标

1. 小班

（1）亲近瓜灯，亲近家乡节日，有认识和探究的兴趣，积极参与各类瓜灯节活动。

（2）在体验活动中，多途径、多方法了解西瓜灯文化，萌发爱家乡的情感。

2. 中班

（1）尊重和乐意接受家乡节日和文化，通过体验、实践、游戏等形式进行了解。

（2）拓展对平湖传统节日的认识，通过主题课程，激发爱瓜灯、爱瓜乡的浓浓乡情。

3. 大班

（1）体验一些传统的瓜灯节民间艺术和游戏，感悟家乡人的智慧，产生对西瓜灯节的深度探究愿望。

（2）尝试用多种方式表达对瓜灯节、对家乡的热爱，愿意与同伴交流，分享自己是平湖人的骄傲和自豪。

三、内容架构

（一）基于幼儿需求的资源梳理

在主题的前审议中，基于幼儿本位展开思考，对"幼儿会喜欢哪些内容、幼儿需要哪些内容、社会需要幼儿了解哪些内容"等问题，进行思考与分析，最终提炼了"刻、画、赏、品、秀"五个核心点，并对其中蕴含的传统文化元素和价值取向进行了罗列。

表1　内容架构

内容	蕴含的传统文化元素	价值取向
刻	艺术手法：雕、挖、挑、刻、绘。	在欣赏后，尝试刻瓜，对刻瓜过程有初步的了解，在体验中感知民间工艺。
画	图案设计：水墨、水彩、线描、工笔、写意、临摹写生等。	在对多元美术呈现方式的体验中，感悟家乡人的智慧，现场描绘瓜乡风情。
赏	灯彩艺术：光、形、声、色、动。	感受富有地方特色传统节日的热闹喜庆氛围，提升艺术欣赏能力，创设亲子关系的发展空间。
品	立秋吃瓜。 民间故事：平湖西瓜是这么来的。	在瓜宴中分享甜蜜快乐，在传承中创新园本课程文化。
秀	平湖，中国服装之乡，融合西瓜元素。	尝试设计瓜装服饰，增强对西瓜文化及服装工艺的认识，在T台上展示文化自信。

在资源筛选过程中对西瓜灯节民俗文化意义进行了重新审视，使幼儿和教师对民俗文化的传承形成更深的认同。我们继续从幼儿本位和资源使用的实际出发，预设了各年龄段可能开展的学习活动和区域活动。

表2　活动预设

内容	小班	中班		大班	
刻	看看刻瓜灯	瓜灯的由来		欣赏：瓜灯的制作工艺	
	找找瓜图案	亲子刻瓜灯		认识刻瓜灯工具	
				走近非遗传承人	
				我来刻瓜灯	
		区域	好美的花纹	区域	好美的花纹
			寻找瓜上的图案		设计瓜灯图案

续表

内容	小班	中班		大班	
画	我给瓜灯涂颜色	线描西瓜灯		创意设计瓜灯	
		有趣的拓印		瓜韵东湖畔（写生）	
		水彩西瓜灯		窨井盖创作	
		区域	百变西瓜灯	区域	纸浆瓜灯
			刮刮西瓜灯		瓜灯DIY
赏	亲子赏瓜乐（家长参与式小报）	亲子赏瓜乐（亲子合作式小报）		亲子赏瓜乐（幼儿自主式小报）	
	我和瓜灯合个影	我是瓜乡娃		瓜灯寻宝	
品	西瓜变变变	西瓜美食秀		西瓜桂花圆子羹	
	平湖大西瓜	红西瓜和黄西瓜		各种各样的西瓜	
		区域	西瓜美食大调查	区域	西瓜桂花圆子羹计划书
秀	观看T台秀	我是小小设计师		我是小评委	
		瓜装制作		西瓜秀	
		瓜装走秀			
		T台秀			
	区域	我来秀一秀	区域	设计瓜装	区域	设计瓜装
				装饰达人		装饰达人
				走走秀秀		走走秀秀

（二）基于整合经验的脉络预设

根据前期思考，预设了各年龄段的主题开展思维导图，具体如下：

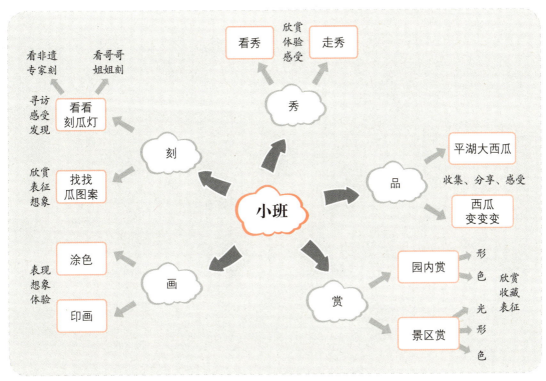

图1　小班主题思维导图

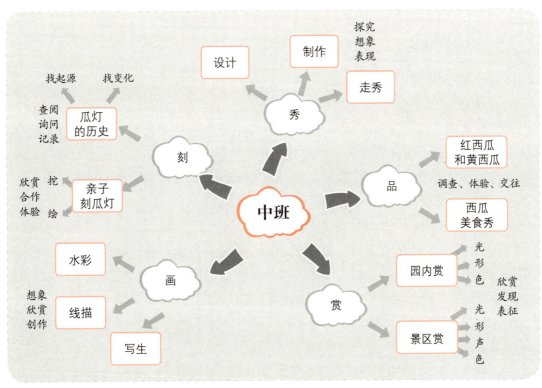

图2　中班主题思维导图

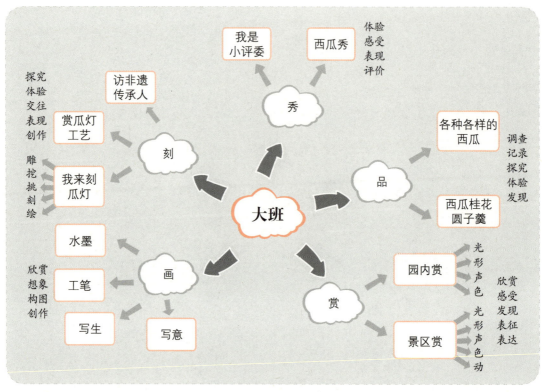

图3 大班主题思维导图

四、组织实施

（一）实施说明

1. 实施模式

西瓜灯节是平湖大故事中的一个小故事，要让幼儿真正走进西瓜灯节，并不是靠几次简单的实践活动就能实现的，它需要幼儿在主题实施前、中、后的全程参与。主题实施模式如下：预设框架—需求调查—主题审议（解读需求、挖掘价值、重构框架）—主题行进（学习活动、区域活动）—主题反思。

2. 实施时间

"平湖西瓜灯　浓浓瓜乡情"就是调动幼儿的原有经验，通过前期的谈话、学习活动进行铺垫，活动中秉持以幼儿为主的活动主旨，让幼儿参与整个过程。基于以上思考，本主题实施时间为两周左右，以平湖西瓜灯节为时间节点，同时结合日常与区域活动，逐步推进。

3. 实施范围

全园幼儿同时开展"平湖西瓜灯　浓浓瓜乡情"主题课程，根据年龄段及班级幼儿兴趣，组本化、班本化主题课程。

（二）实施路径

基于幼儿的兴趣和需求，三个年龄段在回顾与探索、决策与活动、留痕与提升三部曲策略中展开活动。

1. 回顾与探索

每年瓜灯节主题前会以谈话、调查等形式帮助幼儿回顾前期经验，了解幼儿已有经验，开展兴趣度调研等活动，及时了解幼儿需求，为主题开展提供有力的支持。同时发现幼儿感兴趣的问题，筛选出有价值的问题，提供后续深入探究支持。接着，继续给予中、大班幼儿自主表征设计的平台，使经验基础之上的表达更富生命力，继而迸发新的主题构想，主题重构有了多姿多彩的画面感；教师和幼儿共同绘制主题思维导图，助力与推动幼儿的深度学习。

2. 决策与活动

新一年的"平湖西瓜灯 浓浓瓜乡情"主题诞生。幼儿带着无限的热情进入主题，针对问题和兴趣，幼儿和教师展开多形式、多元化的主题探究。在这个过程中，教师不断跟随幼儿生发的问题动态调整、孵化完善思维导图，通过预设和生成不断地助推幼儿的成长，也推动课程朝着更适宜的样态发展。

3. 留痕与提升

这一环节，幼儿和教师共同收藏学习过程中的记录、作品及有意义的痕迹，同时开启个性化发展评价。回顾整个主题，幼儿乐于参与和接受本土文化的熏陶，从中获得长久和有益的发展，更萌发了对家乡的热爱与自豪！这一主题回归了课程总目标：生根、长能、萌爱，同时也助推开启对新一轮主题完善与实施的思考。

平湖西瓜灯　浓浓瓜乡情

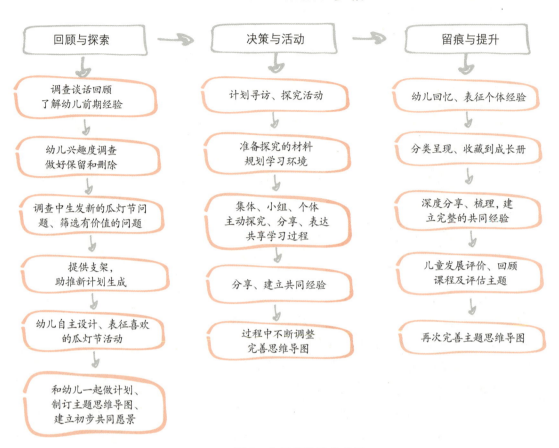

回顾与探索 → 决策与活动 → 留痕与提升

回顾与探索
- 调查谈话回顾 了解幼儿前期经验
- 幼儿兴趣度调查 做好保留和删除
- 调查中生发新的瓜灯节问题、筛选有价值的问题
- 提供支架，助推新计划生成
- 幼儿自主设计、表征喜欢的瓜灯节活动
- 和幼儿一起做计划、制订主题思维导图、建立初步共同愿景

决策与活动
- 计划寻访、探究活动
- 准备探究的材料 规划学习环境
- 集体、小组、个体 主动探究、分享、表达 共享学习过程
- 分享、建立共同经验
- 过程中不断调整 完善思维导图

留痕与提升
- 幼儿回忆、表征个体经验
- 分类呈现、收藏到成长册
- 深度分享、梳理，建立完整的共同经验
- 儿童发展评价、回顾课程及评估主题
- 再次完善主题思维导图

图4　主题推进思维导图

（三）环境课程

我们分别从幼儿园、年级和班级三个层面创设主题环境，使孩子浸润其中。

图5　瓜灯展

图6　幼儿园西瓜灯节开幕式

图7 楼道课程展示

图8 区域游戏环境

五、亮点分享

（一）听幼儿话 —— 实现"幼儿本位"

在该主题中，实现了以幼儿为本位的理念，从主题活动的诞生到主题脉络的形成，坚持"听幼儿话"，始终基于幼儿的兴趣和需求；主题行进中，也随时聆听幼儿心里的声音，追随幼儿的兴趣和问题推动课程的发展。如：幼儿园瓜灯节怎么开展？可以有些什么活动？我们可以把主导权交给幼儿。

案例：新一届西瓜灯节的诞生（大班）

● 活动一：最喜欢的瓜灯节活动（兴趣度调查）。

伊伊：我最爱西瓜美食节，可以吃到很多和西瓜有关的美食。

浩浩：我也爱吃，因为我是吃货。

天天：老师，我们可以自己来设计西瓜美食吗？

师：当然可以，美食节呼声很高，你们还喜欢什么活动？

咻咻：我喜欢去东湖边画（写生）西瓜灯。

豆豆：我参加过瓜灯节开幕式（平湖市的），看见了笑嘻嘻、顶呱呱（平湖西瓜灯节吉祥物），可以请他们来吗？

师：真是个好想法，可以设计你喜欢的不一样的活动！

哈哈：可以来参加我们的美食节，陪我们做游戏。

……

对参与过前两届瓜灯节的中大班幼儿进行兴趣度调查，及时了解幼儿需求，为主题开展提供有力的支持。调查后，幼儿对才艺秀的兴趣度最低，究其原因，这只是一个以瓜灯节冠名的才艺秀，和西瓜无关，参与面小。同时调查的过程中，发现孩子们有着特别多不一样的想法和问题。

● 活动二：我设计的瓜灯节。

提供支架：在门厅里呈现一次有趣的穿越，孩子们在一组组照片中，回忆过往美好的瞬间，同时呈现新一年平湖西瓜灯节预告海报，呈现重点元素、吉祥物笑嘻嘻和顶呱呱、瓜灯节的流程等。这一系列支架都助推着幼儿用自己的探索、发现、经验，创造新一届瓜灯节的内容。

图9　瓜灯节照片穿越展

图10　"我的西瓜灯节我做主"节日
活动设计

探探：爸爸妈妈小时候有西瓜灯节吗？

糖糖：我那天看了日本的节目，可以变变变。我看见瓜灯圆圆的，地上的盖子（窨井盖）圆圆的，也可以变成西瓜灯。

同同：我们可以有开幕式吗？

青青：我们的瓜灯节有节徽吗？

课程本无形，基于幼儿的需求，就有了适宜的模样和温度。新一届"平湖西瓜灯　浓浓瓜乡情"主题在孩子的自主设计、问题需求下慢慢诞生……支持儿童的每一步发展，让我们深刻感悟到主题重构对儿童深度学习的助力与推动。

（二）跟幼儿走 —— 顺应"幼儿需求"

案例：瓜装秀（中班）

收集问题：孩子不清楚什么是瓜装秀 —— 对色彩、造型、搭配、制作流程的不理解。

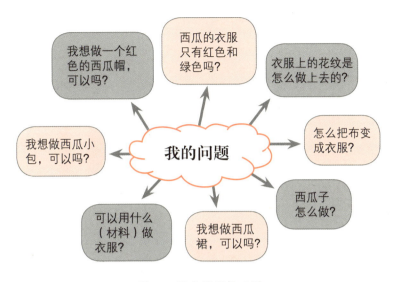

图11 幼儿问题梳理图

　　分析梳理：瓜装的设计与制作需要经历四个维度的探究，即西瓜的颜色、形状、味道、花纹。将瓜装设计与制作链接生活经验，力求将西瓜元素和服装相融合，逐步逐层回应支持孩子们的问题。

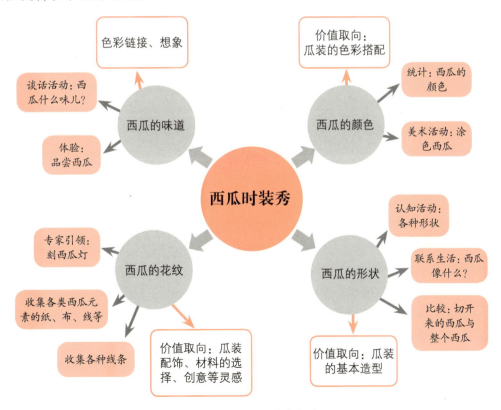

图12 幼儿问题下的支架探究图

● 提供第一层支架：各种各样的轮廓款式，以此丰富幼儿对形状的认识。

1. 教师支持策略

（1）提供衣服款式，直接进入创作。

（2）丰富幼儿对衣服款式的认知。

2. 对幼儿发展的价值

（1）拓展思维，激发对轮廓的想象。

（2）打开对瓜装"形"的思维空间。

3. 幼儿设计第一稿

图13　瓜装设计第一稿

4. 发现问题：缺少生活经验，颜色的运用比较单一，幼儿对于色彩的想象比较局限

● 提供第二层支架：西瓜什么味儿 —— 由味生色。

1. 进行前期调查、表征、谈话，帮助幼儿梳理经验

念念：我妈妈说过，很红很红的西瓜就是甜的。

师：老师也喜欢吃甜甜的、红红的西瓜。

小米：我的西瓜是凉凉的，好舒服……

师：紫色确实带给我们凉凉的感觉。

一希：我吃过彩虹糖，有好多好多的颜色。

师：原来你吃的西瓜和彩虹糖一样甜。

2. 教师支持策略

（1）从味蕾打开对西瓜色彩的无限想象。

（3）教师归纳幼儿回答，对颜色进行诠释。

3. 对幼儿发展的价值

（1）拓展思维，打开想象空间。

（2）打开对瓜装"色"的思维空间。

4. 幼儿设计第二稿

图 14　瓜装设计第二稿

5. 发现问题：大片色块过多，没有线条与局部

● 提供第三层支架：衣服的花纹 —— 收集各种各样的线条。

想想：我在妈妈的设计书上找到了很多线条。

来来：我知道线条有的是一格一格的，每一个格子里都有一种线条，有的是横的，有的是竖的，还有的是粗粗的和细细的……

1. 教师支持策略

启发幼儿在生活中寻找各种各样的线条。

2. 对幼儿发展的价值

（1）增加对西瓜花纹的认知。

（2）拓展对瓜装"花纹"的思维空间。

3. 幼儿设计第三稿

图 15　瓜装设计第三稿

4. 发现问题：配饰比较缺乏，整体感还不是很强

● 提供第四层支架：欣赏前几届活动中幼儿走秀照片、视频、实物衣服、图片等。

帅帅：哇，哥哥姐姐的西瓜衣服好漂亮！

欢欢：我也要像他们一样走秀，转个身，特别帅气！

米儿：我还要一个西瓜发夹、西瓜包包，和我的衣服更配。

1. 教师支持策略

（1）投放前两届活动的走秀视频与精彩照片。

（2）教师提供多元支架，丰富幼儿对西瓜的认识。

图16　少儿春晚节目《瓜韵》

2. 对幼儿发展的价值

（1）对服装有整体的认识，对走秀有初步的概念。

（2）打开对"装与秀"的概念。

3. 幼儿设计第四稿

图17　亲子自制瓜装

（三）陪幼儿玩 —— 支持"幼儿探究"

在前期经验感知下，幼儿开始迁移经验，生成了一系列关于"瓜"的游戏。

案例一：瓜的游戏（大班）

● 场景一：开始在材料超市里倒腾开来，尝试用各种材料去创作瓜灯。

和幼儿搜寻可利用的材料，如超轻黏土、红绿色卡纸、纸灯、棒子、发夹、扣子等，生成游戏：美工区"美丽的西瓜灯"。

（1）黏土瓜灯饰品：孩子们选择了西瓜元素的黏土，运用各种技能，如搓、卷、拉、粘，配合发夹等工具，制成一个个西瓜小饰品。

（2）纸灯变瓜灯：孩子们在纸灯上面创作线描画，如西瓜灯节吉祥物笑嘻嘻和顶呱呱、东湖八景等。

● 场景二：玩飞行棋。孩子们把红绿两色的棋子当成西瓜肉和西瓜皮，搜寻班里现成的游戏道具，变一变、改一改，创生属于自己的西瓜棋游戏。

和幼儿搜寻可利用的材料：木块、瓶盖、卡纸、颜料、色子等，生成数学区游戏"好玩的西瓜棋"。

（1）自制西瓜棋：孩子们自主设计棋面与路线，将木块涂色，变成红绿两色的棋子。

（2）俄罗斯方块变西瓜棋：孩子们找到班里原本就有的俄罗斯方块，把方块涂成红色和黄色作为西瓜肉，掷到几就放几块，比谁放得多。

这是一组孩子们在"平湖西瓜灯 浓浓瓜乡情"主题进行后，设计表征的区域角色牌，经历过程后的表征更具儿童味和价值。我们将这些都制作成了贴纸，供孩子们在游戏中、主题中自主选用。

图18 西瓜区域游戏角色牌

案例二：西瓜桂花圆子羹（西瓜美食大调查）

一张调查表开启了孩子们的美食之路。教师挖掘生活中与西瓜相关的美食，梳理关键经验，拓展幼儿对西瓜美食的认识。

伊哲：夏天可以吃冰镇西瓜，可以解暑。

语晨：西瓜可以做成美味的水果拼盘。

伊琳：西瓜可以做成西瓜汁，甜甜的。

亦宸：做成西瓜沙拉。

玥颖：能做成西瓜味的棉花糖。

嘉一：做成西瓜糖果。

馨亦：西瓜味的饮料、泡泡糖、跳跳糖。

晨晨：我在酒店里吃过，西瓜放在圆子里面一起吃。

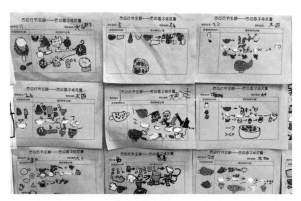

图19　西瓜桂花圆子羹计划书

图20　西瓜桂花圆子羹

在调查之后，孩子们对西瓜美食有了全方位、多角度的了解。我们挖掘孩子们的经验，确定了幼儿兴趣度最高、好奇心最强的做法，把西瓜和圆子来一个完美的碰撞，并巧妙地把十月飘香的丹桂加入其中。孩子把这道美食取名为西瓜桂花圆子羹。活动前期，孩子们前后制作了两份计划书。在计划书的辅助下，我们惊人地发现以前忙碌的是老师，现在孩子们成为主导者、行动者。

在主题行进中，幼儿能始终保持较高的兴趣点，实现了多样的表达和经验的生长。幼儿和教师共同经历了发现问题、积累经验、重组经验、解决问题、提升认知、运用经验等完整的学习过程。"平湖西瓜灯　浓浓瓜乡情"因为幼儿亲历，使获取的"瓜灯文化"经验更加丰富真实。家乡情愫在幼儿心里扎根，渴求参与的欲望让幼儿不断"长能（各种能力培养）"，在真实的体验中过上更加完整幸福的童年生活，萌发热爱家乡的情感，园本课程生根、长能、萌爱的总目标在主题中落地。

（许欢　陆妙苗　张伟）

非遗手影　手巧心灵

宁波国家高新区第二幼儿园

　　手影游戏作为一种民间游戏，以多种形式渗透在我们的日常生活中。它本身既是一种传统的民间技艺，又是传统文化传承的载体。我园在手指游戏特色活动的开发中，逐步追本溯源了解到手影的价值，也结合幼儿园手指游戏的资源基础，引领大班幼儿对手影游戏进行系统探索，使他们感受中国传统文化的博大精深，同时结合新媒体技术的运用，让传统在儿童的生活中散发出更大的魅力。

一、资源分析

（一）手影游戏的老传承

　　手影游戏是一种古老的传统游戏。从商周时期人类祖先就开始使用光，到后来人们用手模仿各种形象投影在屏幕上嬉戏，就形成了手影。最初，它是没有故事情节的，后来民间艺人把手影编成故事，配上好听的音乐，把手影搬上舞台，流传到今天。现在，手影成为中国的非物质文化遗产之一。

　　"三尺生绡作戏台，全凭十指逗诙谐。有时明月灯窗下，一笑还从掌握来。"此诗源于宋朝僧人惠明大师，描述的是近千年前的影子戏。

　　我园的手影游戏活动课程，正是对手影戏模式的传承，将当年的借月光、烛光表演，演变为现如今结合时尚灯光游戏，同时配以不同的韵律、情境等，形成手指灵活运用与视听艺术结合的幼儿游戏。

（二）手影游戏的新创意

手影游戏的内容丰富、形式多样、难度系数高，同时受到光线环境的影响，白天开展效果不太明显，因此我们将手影与手指游戏结合，形成多样的玩手影、手指的新形式，促进幼儿对手影游戏的运用与传承。

我们还尝试将具有中国传统文化、宁波地方特色的资源与手影游戏结合，同时与高新区的高、精、尖技术和产业文化创新精神融合，结合幼儿园教师、家长、社区的群体资源，让幼儿浸润在传统文化的游戏氛围中，运用现代化技术手段，让老游戏与新技术结合，促进幼儿更好地开展游戏与发展。

二、目标设计

（1）初步感知手影的历史与形式，体验手影游戏的奇妙与有趣，感受手影文化的独特性，萌发对中国传统民间艺术的喜爱。

（2）在了解和探索光影关系等经验基础上，尝试运用手影进行进一步创造，促进想象、表现等能力发展。

（3）在学学、做做、玩玩中促进手部动作的协调灵活，能将脑所想、口所说配合手指和谐地进行表现，逐步实现手巧与心灵的发展。

三、内容架构

在大班"光和影"主题后，孩子们乐此不疲地在阳光、手电筒下玩各种手影，他们分享着，也争论着，还会生成一些片断化的创造性内容。为了保留这股热情，也让孩子们的探索更加深入有效，结合孩子已有的光影探知经验，同时也基于该主题中孩子们浓浓的手影探索兴趣，在园本特色课程"手指创意游戏"的基础上，生发了"好玩的手影"主题活动。具体内容架构如下：

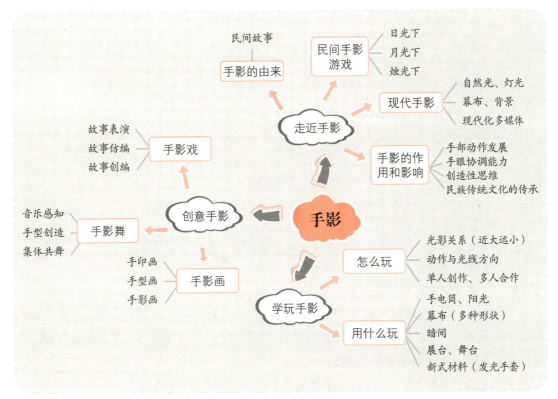

图1 手影思维导图

结合以上有关手影的思维导图，下面主要从集体教学活动和区域游戏活动等方面架构整个主题活动的内容。

（一）手影走进集体教学活动

将手影融入集体教学，能让幼儿从文化认知的角度整体感知手影的博大精深与神奇有趣，同时也能在循序渐进中逐步探知手影游戏方法，让手影与各领域有机融合，增进幼儿游戏的能力。在集体教学活动内容选择上，主要从以下几个方面着手：

1. 文化感知 —— 走近手影

简单了解手影是我国历史悠久的民间游戏，在古代就有广泛运用，现在已经传播到了世界各地。欣赏不同的手影作品，感受手影的神奇有趣，产生作为中国人的自豪感。

2. 技巧方法 —— 学玩手影

通过集体分享交流探索手影表现的技巧方法，学习一些基本的手形动作。

3. 再生创造 —— 创编手影

结合儿歌、音乐、故事等，尝试自己编手影动作，创造新的作品，促进想象与表现。

结合以上分析，我们梳理出了以下预设活动内容：

表1 集体活动预设表

可能开展的学习活动内容		
走近手影	学玩手影	创编手影
1.社会：手影大调查 2.社会：不一样的手影表演 3.社会：手影民间故事 4.社会：外国人学手影	1.科学：光的作用 2.科学：洋娃娃和小熊跳舞 3.健康：老鹰捉小鸡 4.语言：爸爸的手影戏 5.健康：手影变变，小脚跑跑 6.科学：有趣的手影	1.语言：怪兽来了（仿编＋手影创造） 2.语言：路上的大石头（续编＋手影创造） 3.语言：猜猜我有多爱你（手影创造） 4.音乐：手影合舞 5.音乐：百变万花筒 6.美术：手形印画 7.美术：手影变变变 8.美术：手影湿拓

（二）手影融进区域游戏活动

手影是运用手指进行动作变换，通过光影呈现形象的游戏形式。因此，手影表演顺利进行的前提是幼儿手指的灵活运用与大胆想象创造。我们通过几大块区域内容的设置，层层递进，最终实现手影表演。

手形：主要通过操作学习丰富手形动作储备，为自主创造准备。

手游：通过各种手指小游戏，促进幼儿手指协调灵活性的发展。

手绘：通过绘画、制作将抽象的手形与物体原型的主要特征进行关联想象，促进幼儿思维发展，激发艺术创作灵感。

手影：专设探索和表演手影的活动室，让手影探索和表现从基础的玩手到能在光影下完整呈现。

结合以上分析，我们在幼儿园开设了多个相关区域，通过促手巧、促想象、促表达最终实现乐玩、趣玩、创玩手影。

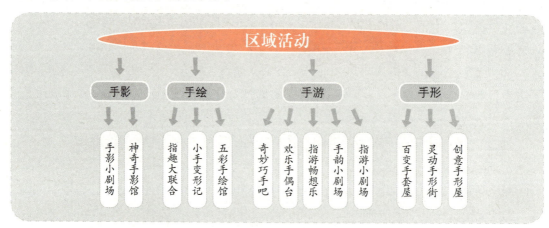

图2 区域活动设置

四、组织实施

(一)开发活动素材,挖掘适宜内容

1. 确定情境内容库

手影表演需要在一定的情境中展开,通过手指变化表现内容、角色等。那么,选择什么内容、什么角色让幼儿进一步探索呢? 为此,我们通过对课程资源中的故事进行统计和分析,共统计出高频出现的 63 种动物。我们将手影表演内容定为动物故事,并将 63 种出现频率高的动物形象作为孩子们自主创作学习的主要来源,甄选了 30 多个适于表演和讲述的故事,梳理了动物角色频次表,供师幼在游戏中选择运用。

2. 建立手形素材库

手影游戏的表演,是由一个个手的动作结合情境变换而成的,因此手形是动作的基础。我们主要结合了手指游戏的学习内容,通过两种方式收集和丰富手形。一是基本手形。通过多方整理,汇集了基本手形共 39 种,加上每个手形的动作变式,共 96 种。二是创意手形。将 63 种动物角色形象投放在游戏区中,儿童可与同伴针对自己喜欢的形象进行创编,并及时拍照、登记,展示在创意手形墙面上。这样每个高频出现的形象都有不同的表现方式与形态,为手影表现和故事创编等提供了非常好的素材。下面以出现次数最多的三种动物为例。

表 2　弹指基本手形及变式

手形名称	基本动作及变式		
弹指	向外弹指	向上弹指	交叉弹指
	分指弹指	分指向上(下)弹指	分指交叉弹指

表3　幼儿编的次数最多的三种动物的手形

角色	创意手形
猫	
鸟	
兔	

（二）创设互动环境，搭建游戏梯子

本着使环境成为"会说话的教育资源"这样的理念，我们将环境打造成"处处在说话"的互动空间。结合高新区的产业特点，我们将信息技术、新媒体技术等引进幼儿园，使幼儿园的环境梯式递进，促进幼儿的自主学习。

1. 空间环境

首先，幼儿园的环境中有大量的手形创意作品，让孩子和家长潜移默化地受到熏陶。

图3　手形创意作品

其次，幼儿园楼梯、走廊中有大量的二维码，链接儿歌、歌曲、故事视频等，通过手机扫码就能随时学习。

图4　二维码环境渗透

再次，我们在墙面上留白，儿童通过使用 iPad 扫二维码看互动微视频，尝试根据互动话题创造新的手形，并将新创出的手形用拍立得相机立即成像补充进墙面。既使手形更加丰富，也促进儿童的思考与互动。

图5　iPad、拍立得等现代设备运用

2. 材料环境

想要手的动作丰富、灵活，必须通过多种途径促进幼儿手的动作发展。我们通过在区域投放无光影的手指游戏和有光影的手影游戏材料，让儿童在与材料的互动中实现手指动作发展。

互动操作盘：让儿童根据兴趣选择，自主操作，从而促进手形、手部动作、讲述、探索等各领域融合能力发展的无光影互动操作材料。

表4　部分互动操作材料

图片	操作材料	玩法	发展指向
	跳跳娃	根据跳娃上的手形分别用食指、中指……点摁娃娃的头，让娃娃跳起来，看看哪个手指力气大。	使手指灵活，发展手部肌肉力量。
	手影台	根据剧中需要的物体形象想象创造适宜的手形，同时探索光影的大小、位置等。	观察探索光影并创造新的光影手形。
	打地鼠	根据版面上手的姿势，摆出手形并穿过小洞洞，对方发现后用小锤敲打。	促进手指的控制力和灵活性。
	手指故事	将手偶套在手指上，进行故事讲述。	发展语言能力和手眼协调的能力。

表演角色套：部分动物形象用手指很难凸显其样子，可根据需要结合纸工的方式随机制作简单的角色指套，可在无光影和有光影两种条件下使用。如下：

图6　幼儿制作的角色指套

光影探索台：让儿童通过探索手形和光影间的关系，进而发现和表现出更加形象的手形动作，并创造出情境内容进行互动表演。

图7 不同光线方向的光影探索台

以上道具及材料的运用让幼儿的各种探索、操作学习有了丰富的支持，满足了幼儿巩固、创作、发展手部基本动作能力等各方面需要。不同难度材料的递进式投放，更让孩子的发展有了提升的空间。

（三）丰富活动形式，提升学习品质

手影游戏的开展与实施，是在与园本特色课程手指创意游戏的相互融合与渗透中，通过以下三种活动途径逐步推进的。

1. 集体学习 —— 识手影

识手影与动作。手影游戏的开展，主要发展孩子的三方面能力，动手 —— 灵活协调能力；创作 —— 观察想象能力；表现 —— 模仿表达能力。因此，集体教学活动主要从这三方面能力发展入手。如"爸爸的手影戏"活动中，孩子们初步了解了手影和手影戏，为我国的手影创造惊叹，同时结合绘本画面感知手影的不同形象，并学学、用用这些手影。在学习重点上侧重幼儿对手影如何成形以及手部动作控制到位的要求。

图8 集体学习"爸爸的手影戏"

识手影与光线。在教师们创造的丰富活动环境中，孩子们很喜欢把自己会讲的故事用手影的形式进行表演。

【片段一】听完故事《狐狸和小鸭》，幼儿分组商讨如何表演，珊珊和小雨先画好剧本，其他孩子开始讨论表演故事里小动物的手形。梓余和宁宁因为故事中"猎狗"的手形形象起了争执。萱萱忙说："你们的手形都像狗。这样，你们到小舞台的手电筒前摆好手形，我们照照看谁的手影在幕布上更像。"在这次争执中，孩子们发现玩手影光会做手形没用，还得会在光线下调整方向，否则做出来的手形可能和幕布上的影子完全不一样。

【片段二】手影故事表演完后，小雨说："梓余的大猎狗跑出来的时候，手影一下子变大了！比你们的小鸭子和狐狸都大，看上去很厉害。梓余，你是怎么做的呀？"梓余说："我记得就是在做手形的时候离手电筒更近一点。"宁宁迫不及待地去试了试。在这次对话中，孩子们把光线的远近与手影大小的关系这个经验运用进去，进而可以根据情节需要调整手与光线的远近来凸显角色的特征。

图9　正在玩手影的孩子们

识手影与创意。故事《路上的大石头》中小动物们遇到石头挡道的不同表现既有趣也很好表演。教师引领幼儿对故事进行续编和动作创新，使得原故事有了新的个性化内容。同时，幼儿在此类创造性学习活动中，不仅能通过续编、改编、创编内容，还能不断发现更多适宜故事的动作方式。如该表演中，起初孩子们用双手表演动物，可是因为双手无法兼顾两种角色，于是引发出一手做简洁的动物形象，一手做石头，实现了双手配合。

图10　蜗牛的新造型

如图10中蜗牛的简洁造型就是此次活动中的惊喜创造。

集体学习从各个领域促进幼儿对手影游戏的整体认知及能力发展，通过将手影文化、手影学习、手影创造等与五大领域融合，选取孩子感兴趣、需要整体认知的内容，实现孩子的集体基础性学习，为孩子们的进一步个性化创造提供指引与方法引领。

2. 特色区域 —— 玩手影

特色区域是将手指的动作学习、创编、制作、表演等内容都融入区域活动中，通过儿童个别化区域游戏时间自主选择材料进行操作学习，满足儿童各种与手互动的游戏（见图11），通过多个通道促进儿童的发展。这些区域有的是纯粹玩手影的，有的则是融合其他手指游戏实现相辅相成的促进作用，让幼儿个性表达。

图11　特色区域中的孩子们

幼儿在自主的区域活动中更能激发出新玩法、新创意。如图 12，在区域游戏中，乐乐和丁丁在手影舞台上表演《小螃蟹》，因为两人做着相同的动作，当四只手靠近相连时，所呈现的手影产生了微妙的"化学反应"，衍生出了整齐、规律、颇震撼的视觉感。可是手影舞台太小了，多几只手舞台挤不下。于是，有孩子想：能不能把手影舞台放倒，人在四周，手伸进去就可以很多人一起表演了！真是个好办法！在老师的辅助下，孩子们马上付诸行动，做出了一个光线从下往上的手影台，多只手同时表演，如同万花筒般变化万千的视觉效果就出来了。

图12　手影台的演变

3. 家园互动 —— 扬手影

手影虽为人们所认识，但大部分人不知道它的悠久历史。甚至因为受到国外手影视频影响，很多人以为它是舶来品。因此，幼儿园在开展有关手影及手指游戏的课程与学习时，必须做到扩大影响，让手影文化为家长熟知。我们结合高新技术产业特点，将最新的信息技术运用到课程推广与推进上来，开展线上、线下家园互动活动。

（1）新媒体＋手指游戏平台的创建。

在年级组中通过"新媒体＋手指游戏"的平台互动，推进手指、手影游戏进入家庭，即运用微信平台实现家园的在线互动学习。主要方法如下：

首先，建群推广，确定成员。创建"灵动手指，快乐小主播"微信群，向家长宣传手影、手指游戏活动的作用和打造"灵动"的幼儿典型形象，激发家长的期待心理，让家长主动加群。

其次，建立群规，保证质量。通过制定群规确保在互动时间内集中收集有效信息，营造良好氛围。

再次，打造平台，塑造主播。从园本课程手指游戏系列内容入手，逐步提升动手能力，进而推进手影游戏。过程中，运用信息化小程序、游戏等方式选出主播候选人，中奖者可发送展示视频到平台竞选，获得群员点赞和打赏最多的就成为本期的"最佳小主播"。

（2）韵动节＋手影游戏文化的传播。

"韵动节"是幼儿园的特色课程节，主要通过系列活动让幼儿、家长共同参与和体验幼儿园的特色课程与文化。因此，线下活动我们将手影、手指游戏有机渗透进特色节日活动中，以多种形式融入韵动节系列活动中，实现有趣、有意的家园联动推进。如韵动节的"指游闯关乐""指尖创意秀""韵乐童年"文艺展演等活动，通过各种与手指、手影结合的方式，开展亲子设计、想象、制作以及手影表演等活动，让家长进一步体会到手影、手指游戏对幼儿发展的意义。

五、亮点分享

（一）引手影入课程，让整合性生出新空间

将手影游戏引入幼儿园特色课程，与多领域内容融合，一方面丰富了特色课程的活动形式，另一方面改正了传统的手影只注重简单演示、缺少系统整合的缺点。幼儿园自主开发的手指游戏将儿歌、音乐、故事等素材中的内容择取运用进手影，实现了手影内容的拓展，使手影游戏在更加多元的空间中得以运用。图13就是孩子们将《指尖上的智慧》《指尖上的故事》《指尖上的韵动》中部分已经会玩的手指游戏，通过光

影结合并稍做动作转变，在家和在园玩起了手影互动表演游戏。

图13 幼儿园开发出版的资源及孩子们的运用

（二）引传统入新潮，让老内容焕发新光彩

幼儿园手影活动内容是从传统、经典的儿歌、音乐、故事内容中选材，通过平时玩指游打下的基础，在光影下适当调试形成新创造。因此，在动作运用上经过师幼的新创造，使手指游戏焕发出新的光彩。比如《猴子和鳄鱼》就根据传统的音乐游戏进行改造和拓展，不仅在活动中锻炼手指的控制力与灵活性，同时拓展为双人合作、多人互动的游戏形式，使活动形式得以进一步丰富。

另外，在手指的运用方式上，我们充分发挥现代信息技术的作用，将传统游戏与新媒体结合，实现人机互动学习模式。

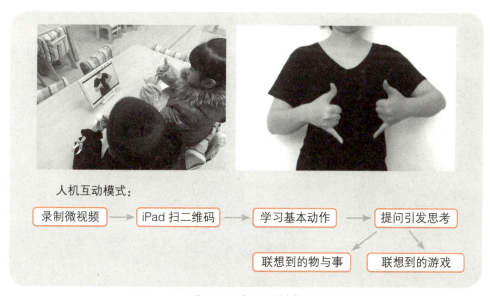

图14 人机互动模式

首先,将基本手形录制成微视频,幼儿用 iPad 扫一扫二维码,该微视频就出现,介绍手形的名称、动作要点、常用的几种动作方法。同时提问引发儿童思考:这个手形动作能让你想到生活中的什么物体或者事情?请你画出来贴在旁边。这个手形动作你还在哪些手指游戏中遇到过?请你做一做。这时幼儿就可凭经验回忆。这种人机互动的方式既能增强儿童的兴趣,也能不断引导儿童进行发散思考。

(三)引资源入校园,让园特色焕发新活力

高新区作为创新产业园区,拥有大量的现代技术资源。我们通过引入家长、社区资源,让手影、手指游戏的运用优势更加凸显,让指游特色更为鲜活新颖。比如,与机构联合,通过直播平台的打造,使各类活动在手机直播平台中完整呈现,让家长跨空间参与幼儿园互动。另外,因为手影受灯光条件限制对配合要求太高,有些内容不便呈现,但是紫光手影的高科技材料使得手影表演又能有更多精彩内容呈现。

图15　现代技术引入(指游直播平台、紫光手影舞)

借用数字平台,将创编的视频资源存入其中,将音乐、故事两个版本的手指游戏制作成口袋书,使购书者直接扫二维码即可观看。

图16　数字平台打造

如人机互动学习材料区通过 iPad、拍立得等现代科技产品，让幼儿的自主学习得以保证；如微信小主播平台的打造，结合了多项现代信息小程序，让家园互动模式不断升级。

手影游戏活动，承载了传统的知识与文化，嫁接现代信息技术和幼儿园已有的特色课程基础，既促进了儿童的发展，又保证了活动不因课程周期结束而结束，而是不断生发与发展。同时还让儿童以当代新教育模式享受中国经典文化，永远不忘根本，不失传承，成长为新时代的中国好娃娃。

（骆贵　章丽　张意芬　郑浅浅　郑伊宁）

创印染　守非遗

瑞安市莘塍中心幼儿园

　　瑞安民间工艺"蓝夹缬技艺"于 2011 年被列入第三批国家级非物质文化遗产名录。在幼儿园开展有关传统手工艺的教学，让孩子们接触、理解、感受，甚至自觉地去继承，这也许是让这些传统手工艺再次开出绚烂花朵的一种方式。"创印染　守非遗"特色主题教育活动，以民间工艺"蓝夹缬技艺"为切入点，立足于我园"创玩美术"特色，从幼儿实际出发，选取适合幼儿操作的拓印、染纸、扎染等印染活动，在"学、赏、品、听、说、创、玩、游、乐"中，让幼儿感受民俗文化、了解民俗文化，与传统又古老的民俗文化来一次亲密接触！

一、资源分析

　　我园以"为孩子的一生种下幸福的种子"为教育宗旨，以素质拓展、能力提升、习惯养成为目的，在促进幼儿全面发展的同时，努力凸显美术特色，尝试建构"创玩美术"课程体系，创设了美术系列工作坊、绘本馆、烘焙馆、建构室等 13 个功能区，让幼儿在体验中学习，在游戏中积累，在快乐中成长。

　　幼儿园在"创玩美术"上有地利与人和，在环境创设、师资素养、美术教学经验等方面，幼儿园已经有了一定的基础，对挖掘瑞安民间工艺资源有很大的帮助。马屿镇净水村适宜种植蓝草，是民间工艺蓝夹缬的发源地。"蓝夹缬文化"兼具历史价值和审美价值，是幼儿园艺术教育中重要的资源，对其进行挖掘，渗透于教学，不仅可以传承优秀的民俗文化，还能帮助教师提高课程资源意识，丰富幼儿园艺术教育的内容，促进幼儿身心全面发展。

二、目标设计

（1）认识家乡的传统民俗和蓝夹缬工艺，了解瑞安蓝夹缬工艺的名称、由来、制作过程与方式，喜欢听说民间故事，哼唱民间歌谣，能初步感受故事中蕴含的人文精神和美好愿望。

（2）懂得欣赏民间工艺品，初步掌握简单拓印、染纸、扎染制作的方法；在民间艺术活动中有自己的看法，乐于自己探索、实践、尝试。

（3）在活动过程中体现"幼幼合作、师幼合作、家园合作"等合作精神。

三、内容架构

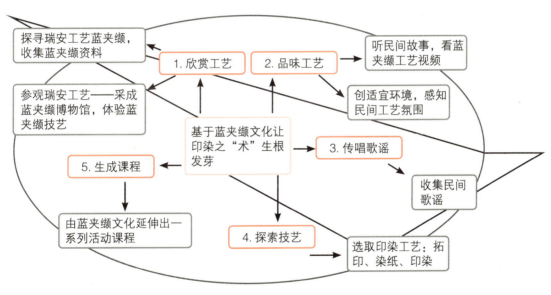

图1　主题内容构架

（一）回归本土，"赏"蓝夹缬工艺

1. 探寻瑞安工艺蓝夹缬

教研组收集资料，研讨、学习蓝夹缬文化，了解蓝夹缬工艺的由来、制作方法等，知道蓝夹缬是以靛青为染料，用木板印制花布的民间工艺，借助模板能染出工整对称的图案，并且能套染多种颜色，是一种直接印花的方法。

图2　瑞安工艺蓝夹缬

这种印染工艺有着上千年历史，一直在江浙地区一代一代地传承着。蓝夹缬多用于新婚被面、门帘床沿、头巾服饰等。这种民间手工技艺堪称我国传统印染工艺活化石，具有不可估量的学术价值和历史文化价值。

2. 参观瑞安工艺 —— 采成蓝夹缬博物馆

瑞安马屿净水村上洞山下坐落着一幢古朴的博物馆 —— 采成蓝夹缬博物馆。我们组织大班幼儿参观博物馆，看到馆长王河生在发酵池旁浸泡靛青，孩子们兴奋不已。时光大致保留了这里质朴的色彩和缓慢的节奏。

"这一个个蓝色的桶是用来干吗的呀？""这个是靛青吗？""这个模型为什么要泡在水里呢？"……孩子们边参观边提出了自己的疑问，悦耳的声音顿时让整个博物馆充满了生机，馆长王河生笑呵呵地——为他们进行了解答。

在博物馆礼堂内，孩子们体验了蓝夹缬的制作过程。在王馆长的指导下，他们三五成群，通力合作，经过出缸、冲洗、吸水、卸架、晾布，蓝夹缬才算完成。孩子们体验了此次亦教亦学亦实践的活动，更加深入地感受到非遗文化的魅力，并了解了那些正在消逝的传统工艺制作，领悟了专研、专注、坚守的工匠精神。

（二）结合本园，"品"蓝夹缬工艺

1. 倾听民间故事，观赏工艺视频

蓝夹缬工艺充分表现瑞安独特的民俗文化风貌，是一种创造性的活动。将蓝夹缬融入幼儿园教育，与幼儿日常生活相接近，具有浓厚的地方气息，幼儿易接受。搜寻蓝夹缬制作视频，激发幼儿学习的兴趣，在"看、听、说"中了解整个工艺的步骤，多方促进幼儿接触民间工艺，讲述蓝夹缬文化的民间故事，哼唱具有瑞安特色的歌谣。

2. 创设园内环境，感知工艺氛围

营造民间工艺氛围，使幼儿在这种环境中获得丰富的审美体验。如：在美工区域布置扎染作品，粘贴各种蓝夹缬图案，让幼儿进一步感知民间工艺作品形象，增强对民间艺术所蕴含的民族文化的敏感性。

图3　园内环境

（三）挖掘瑞安歌谣，"听、说"地方传唱

瑞安民间歌谣是反映当地人民大众生活、劳作、娱乐方式的一面镜子。挖掘民间歌谣的文化性与教育性，让幼儿在"听一听"中了解，在"说一说"中积累，促进瑞安民间文化的继承和发展，丰富幼儿园教育内容。关于蓝夹缬民间歌谣，其中流传最广的是《夹被歌》《姆姆，勿心焦》《喜鹊叫》……

表1　关于"蓝夹缬"的民间歌谣

歌谣名称	歌谣内容	歌谣解说
《夹被歌》	四角四耳朵，四四十六堂。 堂堂放八仙，嘴嘴放横胭。	概括了蓝夹缬的外观形状、图案特色、婚俗讨彩等内容，以谜语的形式流传。
《姆姆，勿心焦》	大哥许你一担箱， 二哥许你一担笼， 三哥许你尿盆脚盂桶。 大嫂许你方夹被， 二嫂许你花被单， 三嫂许你金打戒子银丁香。	内容和婚俗有关，是哥哥嫂嫂们跟小妹逗乐，许给她诸般嫁妆，其中大嫂许诺的是蓝夹缬（方夹被）。
《喜鹊叫》	上轿因，哭啼啼，落轿新妇笑眯眯。 吃了交杯和同饭，坐落床杠两夫妻。 花亭床，方夹被。	诵唱当地花烛之夜的洞房摆设——"花亭床"（千工床）、"方夹被"（蓝夹缬）和夫妻恩爱。
《蓝夹缬》	一支竹竿，两把卷尺，三块定板， 印出雕版印染活化石； 一双巧手，两口老缸，三匹土布， 染出兰花布上的昆曲。	记录蓝夹缬夹染工艺的工序及材料。

（四）探索民间工艺，提炼印染技艺

蓝夹缬是土布印染的一种工艺。夹缬与蜡缬、绞缬、灰缬并称为中国传统印染技艺"四缬"，即分别为今天所说的夹染、蜡染、扎染、蓝印花布。

根据幼儿的年龄特点以及可操作性，我们选取了拓印、染纸、扎染作为幼儿园印染活动的内容，深受幼儿喜爱。

表2　印染技艺

印染名称	技法特点	常见问题	细节处理	技艺方法	作品效果
拓印	拓印画指在卡纸上设计简单轮廓的图案，把印纸固定在底稿上用拓印包反复拓印。	拓印材料无论是拓包、拓纸、染料，还是其他工具都不能对原件有破坏性。	每个部位连接处要留出空隙，蘸上颜色，把握好水分。	1. 扑墨拓法； 2. 蜡墨拓法； 3. 响拓法； 4. 镶拓法； 5. 擦墨拓法。	

印染名称	技法特点	常见问题	细节处理	技艺方法	作品效果
染纸	染纸画是将纸揉搓折叠后，用颜料涂染并用涂染后的纸，裁切拼贴形成的画。	颜料颜色鲜明，晕染效果明显，彩笔色颜色鲜明，但晕染不明显，且成本较高。	湿染将纸沾湿后染，纸易破不易摊开，晕染快。干染直接染，颜色鲜明易摊开。	折法： 1.田格法； 2.米格法； 3.平行法； 4.放射法。 染法： 1.滴染法； 2.浸染法。	
扎染	扎染是用线将被印染的织物打绞成结后，再进行印染，然后把打绞成结的线拆除的一种印染技术。	将织物折叠捆扎，然后浸入色浆进行染色，选用板蓝根及天然植物，对皮肤无伤害。	扎染中各种捆扎技法的使用与多种染色技术结合，染成的图案纹样多变。	1.螺旋状图案； 2.打结； 3.触动电扎法； 4.扎成花形； 5.制造条纹扎法。	

（五）尝试印染活动，生成印染课程

我们由蓝夹缬文化延伸出一系列活动课程，在实践中弘扬瑞安文化与精神，生发出拓印、染纸、扎染这些深受孩子们喜爱的印染活动。既锻炼孩子们的动手操作能力，同时通过对颜色的搭配与使用，提高孩子们的审美与鉴赏水平。

表3　拓印活动

年龄段	活动名称	活动目标	拓印技法
小班	蔬菜印画	1.尝试将胡萝卜、藕、甜椒、黄瓜、土豆等蔬菜的横截面，蘸上颜料进行印画，初步感知印画的方法。 2.通过蔬菜印画，感受这种特殊画法的乐趣，养成物归原处的习惯。	工具拓印
中班	有趣的拓印	1.能积极寻找并学习用不同材料制作拓印版画，并在操作过程中掌握拓印的方法。 2.感受拓印的乐趣和美感，喜欢参与制作拓印版画。	拓印版画
大班	树叶拓印	1.通过想象组合树叶，能够学会使用树叶粘贴及拓印。 2.通过活动促进想象力、创造力及组合造型能力的发展。 3.在活动中体验成功的喜悦。	拓印造型

表4 染纸活动

年龄段	活动名称	活动目标	染纸技法
小班	美丽的小手绢	1.在活动中萌发对染纸的兴趣。 2.学习渲染的基本方法。 3.通过染纸活动形成初步表现美的能力。	折叠法、浸染法
中班	好玩的染纸	1.通过欣赏各种染纸作品，感受染纸作品的对称美，喜爱参加染纸活动。 2.学习"折叠—染—展开"的染纸方法，初步尝试表现上下、左右对称的美。	折叠法、浸染法、滴染法
大班	有趣的染纸	1.了解民间艺术的历史，体验不同折法产生的色彩、图案变化及创作乐趣。 2.尝试用折叠、浸染的方法染纸，感受对称美。	折叠法、浸染法

表5 扎染活动

年龄段	活动名称	活动目标	扎染技法
小班	有趣的扎染	1.感受染纸作品鲜艳的色彩及美丽的图案，喜欢染纸活动，知道保持桌面、衣服的整洁。 2.尝试运用多色蘸染的方法染出彩色的图画。	折叠扎染、蘸染
中班	扎染纸巾	1.尝试自己设计图稿，选择材料扎染纸巾，并积极向同伴展示和介绍自己的扎染作品和经验。 2.通过欣赏进一步感受图案与扎染方法之间的关系，对扎染产生兴趣。	三角扎染、折叠扎染
大班	奇妙扎染	1.感受扎染艺术的形式美感，热爱我国的民间艺术，增强民族自豪感。 2.尝试扎染的表现技法。 3.萌发学习情趣，产生表现的欲望。	圆形扎染、折叠扎染、包物扎染

四、组织实施

在实践中我们利用社会资源，引导幼儿实际感受民间文化的丰富和优秀，激发幼儿初步感受美和表现美的情趣。幼儿园开展印染活动对幼儿的各方面发展有着重大意义。

（一）学习扎染技艺，传承民间工艺

幼儿园为培养教师的动手能力、实践能力及传承非物质文化遗产，特意邀请专家来园指导扎染教学。扎染是一种古老的纺织品染色工艺，大致分为四个步骤：扎染制作、染前处理、捆扎染色、染后处理。

教师们专注地聆听扎染老师的讲解，兴致勃勃地感受扎染这种传统而古老的文化艺术。扎、染、晾、洗、晒整个过程井然有序又欢乐四溢。教师感受到了传统文化的艺术之美，并运用于印染教学中。

（二）收集印染资料，促进幼儿感知美

基于蓝夹缬文化，我们收集了大量的资料，有了前期的收集与积累，感受到了蓝夹缬文化的魅力，生成便于幼儿操作的印染工艺活动，在接触有关拓印、染纸、扎染等印染技艺的过程中，了解其发展的民族背景和民族风情，在欣赏作品的过程中，感知印染的独特个性，了解作品呈现贴近人的生活、充满人性色彩的特点，是人民勤劳、质朴、纯洁、诚实、善良、乐观、开朗、热情好客等美好品质的体现。通过活动使幼儿感受印染这门艺术在生活中的用处，了解不一样的艺术美，从而激发幼儿的学习兴趣和学习动机，促进幼儿主动探究新知。

（三）提炼"创、玩、游、乐"游戏化印染活动，启发幼儿创造美

彩绘坊、手工坊等功能室一直是孩子们创造美的天地。自从学习蓝夹缬文化以来，拓印、染纸、扎染等印染活动丰富了功能室内容，每周每班安排一次印染活动，遵从孩子的意愿，从孩子的兴趣出发，支持孩子的创造行为，生成游戏化课程。在"创、玩、游、乐"中发展幼儿的动手操作能力和实践能力，使他们对民间工艺产生兴趣。

（四）创设一园、二坊、三区的"学、赏、创、品"的创作环境

我们非常重视环境对幼儿的影响，对园内环境进行统筹安排、精心设计，与幼儿共创巧、乐、趣的生态环境，把民间工艺渗透到幼儿园的各个角落，使幼儿在良好的艺术氛围中接受潜移默化的影响和教育。

1. 一园 —— 户外涂鸦园

在沙水池边，我园开辟了户外涂鸦园。幼儿在这里可以在涂鸦墙上肆意创作，而涂鸦园里的各种瓶罐、小石头、刷子等，都可以成为幼儿拓印的材料。（图4）

2. 二坊 —— 彩绘坊与手工坊

彩绘坊。"创玩美术"特色活动开展以来，我们创设了专用水粉画功能室 —— 彩绘坊，配置适合幼儿调色和操作的工具与材料。幼儿在充满美感的彩绘坊里可以随手拿取各种工具，就近打水，自由创作印染作品。（图5）

图4 户外涂鸦园

图5 彩绘坊　　　　　　　　　　图6 手工坊

手工坊。我们创设了独立的手工坊，在生活中收集小袋子、小石子、纽扣等各种废旧物品，提供可操作性材料让幼儿自由创作印染作品。（图6）

3. 三区——主题环境区、工艺欣赏区与作品陈列区

主题环境区。大、中、小每个班级结合幼儿年龄特点及兴趣所在，创设浓郁的班级主题氛围，让幼儿深入开展活动，在玩中学、玩中求发展。

工艺欣赏区。在工艺欣赏区展示各种工艺作品，令幼儿置身其中，欣赏浓厚的艺术氛围，延伸幼儿的学习空间，使幼儿能够实时接受艺术的熏陶。

作品陈列区。用油桶、麻绳组合而成的创意作品陈列区，突出美观实用，孩子们可以随手将已经完成的作品夹在麻绳上，自信地展示自己的创作，大胆进行表现与表达。

图7 主题环境区　　　　　　　　图8 作品陈列区

（五）提倡家园合作，助力印染教学

本主题开展期间，家长纷纷报名参与本活动。我园挑选了部分与本主题相关的家长志愿者作为助教，全程跟进幼儿的活动学习，支持幼儿的学习，并举行一系列亲子印

染活动，让幼儿与家长共享色彩缤纷的盛宴，促进亲子交流。

五、亮点分享

（一）促进了教师的专业发展

通过主题研讨、自学、专家引领等学习方式，从理论与实践上帮助教师突破思维禁锢，转变教育观念，也促使教师研究、了解幼儿的心理，激发教师的创新思维，促进创意地学习与工作，对所学的印染技法进行相应的创新和变通，创作出多元的风格，提升艺术素养，实现专业发展。

案例：小小一块布，染出新天地

教师将扎染工艺带入课堂。一块普通的白布，经过浸湿、勒扎、涂染、打开晾干，每个孩子扎染的颜色和图案各不相同。教师放手支持幼儿的创作行为，鼓励与肯定幼儿进行不同形式的勒扎和涂染。

小小一块布，染出新天地，普通的白布被一双双小手赋予了鲜活的生命。扎染艺术提升了教师的艺术素养，同时开拓了孩子的视野，陶冶了孩子的情操。

（二）增强了幼儿感受美、欣赏美、表现美的艺术修养

在印染活动中，我们强调在日常生活中让幼儿萌发对美的感受和体验；我们选择了贴近幼儿生活的题材，能有效调动幼儿已有的生活知识和经验，使他们充分发现和感受生活中的美，主动地表现与创造美。

案例："欢快总动员"印染展

这次印染活动充分发挥家长资源，使家长一起参与到活动中，发动他们收集印染资料，传授印染经验，开展家庭亲子印染课堂。家长献计献策，参与度很高，在大班开展了"欢乐总动员" —— 亲子手工印染展。他们以小组合作形式，商讨拟定主题，分工合作，发挥各组的智慧，传承印染工艺，成品惊艳全员。

（三）提升了家长的认同感

在本主题实施过程中，通过激发家长对印染文化的关注，使家长观念发生了改变。他们认为孩子边玩边学，随兴趣而生发的天马行空的想象是这个年纪最可贵的。家园之间的教育理念达成一致，为我们进一步开展亲子互动奠定了坚实的基础。

案例：致童年，文化衫欢乐秀

从民间工艺到文化衫秀，我们开展了多姿多彩的"六一主题"活动。幼儿园成为欢乐的海洋，每个孩子、每个家长都成为活动的主体，他们的脸上满是阳光。

● 玩·环境装饰篇章。

一大清早，孩子们自己动手制作窗花、灯笼、小彩旗等装饰物，老师、家长们也纷纷各显身手，各展才艺，使用一些装饰、绘画、扎染材料扮靓了教室环境，给孩子们营造了快乐、温馨的节日氛围。

● 创 · 文化衫花样印染。

之后，全园师生齐聚大操场，在主持人热情洋溢的开场中拉开了"亲子印染秀场"活动的序幕。家长们与自己的孩子席地而坐，在亲子文化衫上印染，创作出自己想要的独特风格。现场角角落落都能捕捉到家长与孩子温馨创作的画面。

图9　文化衫花样印染　　　　　图10　活力亲子操

● 乐 · 亲子印染秀。

作品完成后，家长和孩子换上了凝聚着自己创意的文化衫，大手牵小手，一对一对走进我们的多功能厅，热闹非凡。他们依次在音乐声中展示自己的创意，跳着整齐而有活力的亲子操，享受着难得的亲子时光。

孩子们在活动中形成爱交往、爱表现、爱生活的积极态度，尽情释放，得到身心的健康发展。

总之，"创印染　守非遗"已成为我园园本课程的重要组成部分。我们借助各方资源，为孩子们创设一个充满自由、富于创意的环境，生成不同形式的印染个性化主题，不断完善课程内容，使孩子从小就知道要传承历史，要重视文化，用无尽的想象绽放烂漫的童真、童趣和童心，让传统文化在心田生根、萌芽。

（杨黎明）

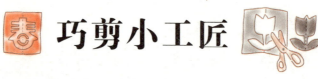

巧剪小工匠

临海市大洋街道中心幼儿园

"临海剪纸"艺术是临海市传统的民间艺术。基于剪纸活动取材方便、便于操作的特点,我园结合幼儿勤于动手的特点,开展幼儿园剪纸活动的实践,让儿童通过学习剪纸,了解剪纸,学会剪纸,亲身体验民间艺术的乐趣,创造性地表现生活中感兴趣的事和物,让幼儿的工匠精神、创新精神得到早期开发,并提高幼儿的审美情趣。

一、资源分析

元朝末年,临海出了个传说中能在袖中剪纸的大师——张芝敬。他是"张家剪纸"的祖先。"张家剪纸"距今已有 600 余年历史,已传承了十多代,于 2005 年被台州市人民政府命名为"临海剪纸",2007 年列入浙江省非物质文化遗产名录。张秀娟是"临海剪纸"传人。她在继承传统的基础上,吸收了书法、国画、版画、装饰画、蓝印花布等艺术的养分,在题材、技法、用纸和理念上有所创新,让"临海剪纸"成为临海的一张活名片。

张秀娟的工作室就坐落在临海的大洋新区——美丽的灵湖之畔,与我们幼儿园近在咫尺。我园诸多教师都是张老师名师工作室的成员。我们本着"利用本土资源,传承传统文化"的主旨,设立了专门的幼儿剪纸工作坊,开设了剪纸课,并结合家长资源,开展各类丰富多彩的特色剪纸活动,使园本"剪纸微课程"得以很好地实施。

二、目标设计

通过剪纸的学习，了解剪纸，学会剪纸，亲身体验民间艺术的乐趣，感受中国传统艺术的魅力，形成"我是中国娃"的民族归属感和自豪感，并创造性地表现生活中感兴趣的事和物。

（1）激趣：针对幼儿发展的特点，为幼儿提供丰富的剪纸活动环境，激发幼儿感受美、表现美的情趣，丰富他们的审美经验，发展幼儿的想象力、创造力。

（2）操作：开展丰富多彩的剪纸活动，为幼儿提供自由剪纸的空间，激发幼儿的剪纸兴趣，提高幼儿的剪纸技能，使他们享受剪纸创作的乐趣。

（3）熏陶：在剪纸活动中，潜移默化地对幼儿进行传统文化的熏陶，传承非遗文化。

三、内容架构

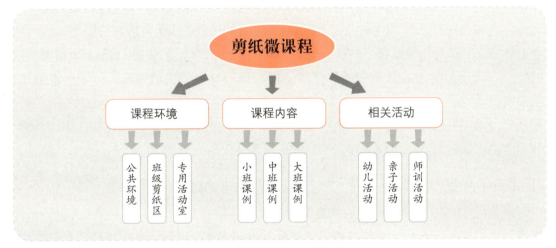

图1 剪纸微课程内容架构图

（一）营造剪纸特色氛围，发挥环境的熏陶价值

幼儿园文化是幼儿园生命所在，它是幼儿园内涵式发展的目标。通过几年的探索，我们逐渐将园所文化建设定位于通过剪纸文化传承民间艺术，弘扬民族精神，营造以剪纸为特色的园所文化氛围，提升剪纸教育品质，培育人文精神，以剪育德，以剪育能，促进幼儿和谐发展。在剪纸活动中，引导幼儿运用折、剪、抠、拼、贴等方法自由改变纸的纹样，激发幼儿探索纸造型新方法的浓厚兴趣。

（二）架构剪纸框架体系，促进幼儿的个性发展

在构建"剪纸园本课程"方案的过程中，从梳理目标体系、建构内容框架着手，并充分考虑幼儿的兴趣和能力发展状况不断地调整。在目标的架构上，以课程总目标为基础，根据不同年龄段幼儿的生理、心理和认知特点，分解形成大、中、小三个年龄段上、下学期的配套目标体系。其中，小班幼儿要求在学会正确、安全使用剪刀的前提下，围绕直线、曲线、简单的图形进行自由剪、沿线剪的游戏活动；中班幼儿以剪纸符号（即剪纸纹样）的学习、匹配、拼贴装饰、连剪（二方连续、四方连续）、对称图案及瓣花内容为主；大班幼儿则以学习多层次折叠、团花及其变化为主要内容。在此基础上，教师鼓励他们举一反三、触类旁通，进行创造性剪纸。

在内容的架构上，首先是追随幼儿的生活和经验，凡是幼儿感兴趣的、需要的，尤其是随时随地在幼儿生活学习中产生和发现的，又是他们急于想要表达的问题，我们及时把它纳入课程中；其次，将传统民间剪纸与幼儿园美术教育进行了整合，在幼儿园美术教育的价值目标下追求民间剪纸艺术的精髓，吸收和借鉴民间剪纸的语言风格、造型手法和表现技法，融入幼儿园美术教育的方法和价值目标，拓宽剪纸活动内容体系；再次，丰富幼儿剪纸作品赏析、与其他学科领域的融合或渗透。就这样，借着剪纸的特点、幼儿的能力以及教育的价值等分析，我们对剪纸活动内容进行了系统编排，反复实验研究，多次筛选与修改，逐步完善，从剪纸的主题性层面、剪纸知识技能层面、幼儿自身发展层面这三个维度，最终设计了剪纸活动内容框架，旨在让幼儿亲近自然、体验生活、认识自我、了解周围世界，以获得个性化的发展。

（三）借助剪纸特色活动，丰盈活动形式与内涵

我们除了在园内开设单独的剪纸微课程外，还结合重大节日，进行了特色剪纸艺术节活动的探索。如结合新年打造了"快乐剪纸艺术节"活动，将剪纸活动推向高潮，助推了园本教育特色的形成。我们开展多种形式的家园活动，邀请社区里的孩子及家长来参加我们的剪纸活动，以剪纸兴趣活动影响家长，引导家长积极配合幼儿园做好幼儿剪纸的指导。通过多渠道、多角度进行广泛的社会宣传，彰显剪纸特色，弘扬传统文化。我们努力将幼儿园的小环境拓展到社区，乃至社会的大氛围，来彰显我们的剪纸特色。

四、组织实施

在传承、推广和创新"临海剪纸"的过程中，我们重在探索基于"非遗"文化促进幼儿多元发展的组织策略、教学模式及有效途径，以"浸润""入心""持续"的策略加以推进，努力借助小小的剪纸活动，弘扬大大的传统文化。

（一）浸润 —— 环境是剪纸文化传承与拓展的途径

环境文化对幼儿的影响是巨大的，也是潜移默化和无形的。我园充分发挥环境的隐性教育作用，提升师生审美情趣。

1.建构"剪纸工坊"，让物质环境浸润幼儿

幼儿园开辟了 100 平方米的专用"剪纸坊"，并作了精心布置，既有"临海剪纸"的图文介绍，又有名师风采及作品展示，专用室墙面下半部分均作为幼儿作品展示区，并利用中间的空地架设了立体的可移动的展示架，供亲子作品陈列。还将大班教室门口宽 4 米的走廊（公共区域）融入剪刻艺术，用镂空板作了班级区域之间的半通透隔断（如图 2），班级教室区域的分隔带也融合剪纸艺术（如图 3）。这样，幼儿园公共区域、教室、楼道随处可见幼儿用灵巧小手的剪出精彩纷呈、惟妙惟肖的作品。把幼儿的作品展示出来，用幼儿的作品装饰环境，用幼儿的作品装点生活（如图 4），使他们体会到成功的快乐，发现自己的闪光点，提高学习的主动性。

图2　公共区域镂空隔断　　　图3　班级区域的分隔带　　　图4　幼儿作品展示区

2.特聘"指导专家"，让人文指导浸润幼儿

我们聘请了临海"非物质文化遗产"文化传承人张秀娟老师及其名师工作室成员来园指导，为幼儿开展活动提供了条件。在"指导专家"的倾心引领下，全体教师的精心策划和家长、幼儿的共同努力下，"临海剪纸"这一传统的民间艺术进入我园，成为我园的园所特色，也是我园一道亮丽的风景线。

（二）入心 —— 兴趣是剪纸文化传承与拓展的通途

兴趣是求知的动力，幼儿感兴趣的时候，也是他们注意力最集中、思维最活跃的时候，学习效率也会更高，会主动地传承与创新剪纸这一传统文化。

1. 精品感染

我们将张秀娟老师的诸多作品搬进课堂，小到简单的花草鱼虫，大到巨幅的情景作品（如图5、图6）、书法剪纸作品（如图7）等，通过视频呈现，让幼儿有直观感受，领略剪纸艺术的独特魅力。张秀娟老师的"临海剪纸"追求题材新、技法新，取材用纸、剪纸理念独树一帜，更有立体剪纸、彩色剪纸等，使幼儿在欣赏中产生共鸣，感受到剪纸的魅力所在，从而对剪纸活动从好奇到喜欢，激发他们对剪纸的兴趣。

图5　张秀娟巨幅作品　　　图6　张秀娟情景作品　　　图7　张秀娟书法
　　　　　　　　　　　　　　　　　　　　　　　　　　　　　剪纸作品

2. 现场浸润于心

幼儿园结合亲子活动，邀请张秀娟老师来园为家长作剪纸专题讲座，为幼儿现场展示剪纸技艺。在与名家的零距离接触中，开阔幼儿眼界，使幼儿了解"临海剪纸"的风格特点、审美情趣，培养他们真挚美好的感情，更让幼儿感受到剪纸的神奇，萌发出剪纸的欲望。

图8　名家进园　　　　　图9　亲子体验　　　　　图10　幼儿体验

3. 想象激发

在趣味体验中感受"剪"的快乐。幼儿从小班第一学期的下半学期就开始学习使用剪刀，在刚使用剪刀的时候，由于大部分人还没有熟悉剪刀的结构、性能，很难自如地使用，常常因用力不当未能使剪刀顺利开合而沮丧。教师就会以游戏的口吻、用拟人的方法、丰富的教学情节，激发幼儿的学习兴趣。刚开始学习使用剪刀时，老师让幼儿想象张开的剪刀像什么。老师会将剪刀比作小鸟，两边有翅膀，大拇指一翅膀，四指另一翅膀，带动翅膀起飞，小鸟张开嘴。不断重复这样的动作，纸就剪开了。在游戏中孩子们不再害怕剪刀，兴趣盎然地学会了正确使用剪刀的方法。使用剪刀的初始阶段，老师都会结合儿歌，让幼儿在玩中逐步学会剪直线、弧线、半圆等，孩子很快对剪纸发生浓厚的兴趣。

（三）持续 —— 评价是剪纸文化传承与拓展的保障

在课程实施中我们利用微实录形式注重对幼儿进行过程性评价，重点看在教学的过程中、在幼儿的尝试体验中、在作品制作中，师生互动是否深入有效、个性化地进行。看幼儿在剪纸活动中是否有积极情绪的体现，是否乐于参与剪纸创作。对于幼儿的作品主要看幼儿在制作过程中是否投入，作品有没有表现出剪纸的审美特征，教师随时观察他们的情绪，倾听他们的心声，及时予以鼓励，不会对作品制作的精细程度进行优劣评价。采用师幼互动的评价方式，关注幼儿的反思与评价，将幼儿对作品的介绍与评价，作为幼儿主动学习的方式，让孩子体验成功的快乐。

表1 "剪纸坊"活动观察记录表取样

观察形式：个别观察　　　　　　观察者：王彩燕　　　　　　观察时间：2018年1月17日

观察重点	✓幼儿的兴趣与参与度 幼儿活动的自主性 ✓幼儿的社会性发展 幼儿的审美意识	✓幼儿的专注度 幼儿的规则意识 ✓幼儿的创造意识 幼儿的语言表达
观察记录	活动照片	

续表

照片故事	剪纸课程中我讲解示范后，小朋友们看见我的作品，一下子兴奋起来。"哇，好漂亮啊！""老师，我也想剪。"于是，小朋友们开工啦！随着孩子们的咔嚓咔嚓声，只见池亚伦一会儿看看左面的夕夕，一会儿看看右面的叶奇玮，还时不时地问对面的王俪锦："怎么剪啊？"那一桌的小朋友实在忍不住，不知是谁大叫了起来："王老师，池亚伦一直让我们教他怎么剪，弄得我们都没时间剪了。"我走到池亚伦面前说："你会剪吗？""会的，只是我不知道怎么剪花边。"我轻轻地在他耳边说："这个花边是你自己设计的，随便怎么剪都可以，但一定要有大小哦，相信你一定能剪得很漂亮。"听完，池亚伦便认真、仔细地剪。	
分析评价	池亚伦在剪纸活动中，表现出浓厚的兴趣、主动学习的愿望以及全身心的投入，他在整个活动中得到了积极、愉快、主动的发展。由于活动中"花边"没有固定的剪法，来自幼儿自己的想象能力，所以池亚伦在剪的时候有点不够自信，碰到困难就不敢剪。面对孩子所表现出来的情况，我就采用鼓励法。由于池亚伦怕剪坏了作品，所以在剪的时候，略显紧张、胆小。这时宜采用鼓励法。作为老师要尝试用赞赏的目光去欣赏孩子们的作品，激发他们的积极性，同时，也应该多鼓励孩子们之间相互合作，帮助他们增强集体合作意识。	

五、亮点分享

（一）融合 —— 通过剪纸活动构建特色微课程

我们借助"剪纸微课程"的实施推进本方案的实施，整合了"固定课程"＋"自主活动"＋"特色活动"三类活动。

课程的设置充分尊重幼儿的年龄特点，循序渐进，由浅入深，由易到难。孩子们从小班第一学期末第一次使用剪刀，到大班时已经可以剪立体的、二方连续的以及独创性的文案。以上剪纸课程作为幼儿园的固定课程，与幼儿园其他七个幼儿体验式工作坊同时开展，实行走班制，每班孩子分成两批，进行小班化教学。坊主由张秀娟名师工作室成员兼任，观察不同年龄段幼儿的学习状况，并进行适时调整、修正教学方案。

"自主活动"即每班教师在美工区专门投放剪纸的相关材料，如剪刀，各种材质的纸，供幼儿参考的图片、书籍等，还可以结合主题进程，融入剪纸活动，也可以由幼儿自主选取材料，自由创作。

"特色活动"的剪纸作为幼儿园剪纸课程的补充，进一步对剪纸进行拓展。比如，结合春游，我们在美丽的灵湖之畔开展了一场亲子剪纸活动，用剪纸作品装点美丽的家乡；在新年来临之际，开展红红火火的传统中国年活动，幼儿在剪窗花、制作灯笼、印对联等传统民俗体验活动中感受中华传统文化的魅力。在剪纸材料上尝试创新，利用牛皮纸等进行创意镂空，制作具有现代美感的烛台等。

由"固定课程"＋"自主活动"＋"特色活动"构成的幼儿园剪纸微课程，让我们在传承传统文化的过程中有了很好的保障。通过剪纸课程的架构与实施，形成幼儿园的剪纸特色。剪纸教育与园所文化建设相结合，以传承民间艺术，弘扬民族精神。

（二）养成 —— 通过剪纸活动促幼儿多元发展

在剪纸活动中，我们注意引导幼儿通过运用折、剪、抠、拼、贴等方法，自由改变纸的纹样，激发幼儿探索纸造型新方法的浓厚兴趣。通过强化眼、脑、手的协调运用，促使幼儿的创造思维和实践能力得到和谐发展。通过对原始剪纸、临海剪纸和现代剪纸作品的欣赏，激发幼儿的思维与灵感，特别是通过结合主题、季节、活动等富有生活情趣的创作主题的设置，使幼儿在轻松的剪纸活动中，培养健康的审美情趣，以及良好的道德情操，促进幼儿的专注力、观察力、空间想象能力、形象思维能力等充分发展。

图11　创意剪纸

比如，在大一班创意剪纸活动中，我们尝试将剪纸技艺融入现代化的作品呈现方式中，选择了与大一班教室环境布置材料风格极其统一的牛皮纸，进行镂空创作，再利用四面围合、三面围合的方式，加上较硬的衬底，做出别具一格的镂空烛台（如图11）。在这个过程中，创造性镂空剪图案对于孩子们来说轻而易举，但如何连接围合（需要剪的时候留边，可以粘贴），以及底座怎么加能够牢固等，则成了幼儿的问题所在。我们会引导孩子们观察长方体台灯的图片，想办法进行围合、粘贴。至于底座，有的幼儿说可以用插入的方法，有的说可以用大底座直接粘连的方法。孩子们学会自己解决活动中产生的问题，这正是我们所乐见的。

（三）提升 —— 通过剪纸活动促教师能力发展

"剪纸"的材料、工具非常简单，但随着对临海剪纸的深入了解，教师们越发觉得这项非遗文化不简单。为了开发园本的剪纸微课程，教师主动挖掘学习渠道，包括走出幼儿园、走近非遗传承人的实地学习，以及园本培训（自学、互学、讲座）等。这一过程，实质上也恰恰是我们教师重构自身文化知识结构的过程。在剪纸微课程的开发中，教师逐步有了角色的转变，认识到自己并不只是执教者，更是活动设计者。这就要求教师转换、体悟、认同自身的多种角色：既是实施者、传播者，还是研究者、开发者。

我们通过组建剪纸园本教材开发小组，一边起草、一边实践、一边修正，同时也鼓励教师创新开展剪纸活动，比如用不同材质的纸、立体呈现作品等。通过不断的梳理和调整，最终生成了现在涵盖小、中、大班段的剪纸园本教材。

"巧剪小工匠"剪纸微课程的实施，使我们了解了这门临海古老的民间文化艺术，亲身体验民间艺术的乐趣，感受中国传统艺术的魅力，接受美的陶冶和文化的熏陶，从而形成"我是中国娃"的民族归属感和自豪感。

（林玲　王彩燕　周燕　蔡优萍　张海丽　陈未未）

编织匠　指尖情

宁海县前童镇中心幼儿园

　　篾匠，在中国是一门古老的职业。篾席、竹篮、晒匾、簸箕等曾经无处不在的篾制品，是一代人记忆中的"乡愁"。而随着社会发展的日新月异，这些充满乡土气息的草根手艺，正在逐渐淡出人们的视线。如何让环保、美观、实用的竹编手工艺得到传承，让孩子感受其历史变迁，欣赏美，创造美？2012年，我园找到编织技艺与幼儿手工教学的契合点，开展"编织小匠走铺"特色活动，把幼儿、教师、古镇生活与编织课程有机融合，营造一种新型的幼儿园活动模式，使幼儿在开放的、自主的、灵动的环境中巧探究、乐创造，从而传承编艺、乐享生活。

一、资源分析

　　在农村各种竹编器具被广泛应用，像大小箩筐、竹篮、畚斗等在日常生活与劳作中随处可见。竹编器具所具有的艺术美不仅能够激发孩子探究的欲望，更为孩子发现美、创造美提供得天独厚的学习资源。

　　村落的小巷中还坚守着一位年轻的"竹编"传承人，将竹编技艺送进幼儿园，在宁海、象山开设篾匠铺，在百年古镇让青少年、国外友人体验竹编乐趣。他希望自己不只是"篾匠"，而能像"工艺美术师"一样把"宁海竹编"推向新的高度，让古老的技艺焕发生机。幼儿在一次"篾匠学艺"活动中，对篾叔叔的精湛技艺、精致好看的篾作品感兴趣，我们为此开设习艺铺和衍生小铺，开展"编织小匠走铺"的活动，感悟手艺人的坚守、专业、创新、专注、钻研、痴迷……

二、目标设计

（一）"编织小匠走铺"活动总目标

（1）在动态混龄走铺中扮演角色，自主和同伴建立友好关系，感受互助、合作的良好品质，从而感受交往和学习的快乐。

（2）在模拟情境中探究竹篾编织艺术与人们生活的关系，传承竹编文化与劳动品质，萌发爱编织的情感。

（3）在创设的"编织小匠走铺"情境中学会使用编织材料，提升"穿、绕、挑、打结"等手工技能，利用辅助物创新、美化作品，欣赏各种编织作品的造型美，积累审美经验，拓展审美情趣，提升对美的表达表现能力。

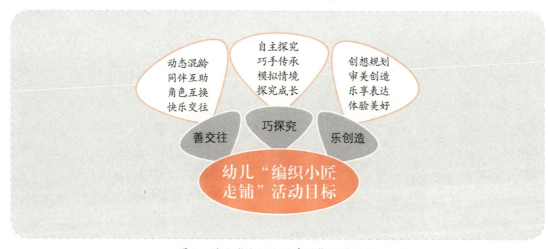

图1 幼儿"编织小匠走铺"活动目标

（二）"编织小匠走铺"活动年段目标

表1 "编织小匠走铺"活动年段目标

	情感目标	认知目标	技能目标
小班	愿意和同伴一起欣赏篾匠的劳动，能够积极地参加简单的穿编活动，初步体验编织活动的快乐。	1.认识简单的编织材料和工具。 2.通过参观，认识一些常见的篾制生活器具，初步感受竹编作品的主要特征。	1.在简单物象的编织模板中学习用穿、钻、绕等技能。 2.初步发展手的精细动作，提高手眼协调能力。
中班	1.喜欢编织，能够较大胆地参加"编织小匠走铺"活动。 2.在创设的游戏情境中能够专注、执着地学习编织，体验交往的快乐。	1.认识多种编织材料和工具，并学会正确使用。 2.初步发现器具上编织花纹的不同特点，找出一些规律。	1.在半成品制作编织作品的基础上，逐渐向独立完成作品发展。 2.学习排篾方法，会使用一些竹编工具进行辅助编织。 3.初步学习编辫子，会尝试用衍纸或自然物编织与连接。
大班	1.与竹编艺人近距离接触，在感悟其精湛技术的同时，传承其匠心精神，并在实践过程中慢慢显现。 2.喜欢分享编织走铺体验活动，能够和同伴分工合作，坚持专注地创新与表达表现。	1.了解竹器制品在生活劳作中的重要作用。 2.感受科学文明与历史的变迁。 3.欣赏多种编织作品的功能美与形式美(形状、比例、色彩、图案)。	1.能够发现竹编工艺、竹编花纹特有的艺术秘密，能够大胆地想象制作，完成作品造型。 2.会以竹篾、纸绳、植物茎等为基本材料，借助一些辅助工具，运用排篾、挑、爬、压、钻、绕等基本技能进行平面、立体造型，创新而具有审美。

三、内容架构

（一）"编织小匠走铺"活动内容预设

根据幼儿的年龄特点，借助农村特有的编织资源，挖掘适合小、中、大各年龄段幼儿的"编织小匠走铺"活动内容，从编织的文化到单纯的技法探究，再到有意义的主题编织串联。不仅提升幼儿对编织艺术的表达与表现能力，而且使幼儿在混龄走铺中习得互助合作的品质。编织特色教育活动分别由"劳动工具、生活用具和工艺品"三类编织文化、"四季趣编、生活彩编、动物创编"三板块编织畅享内容与"层级序列包、实例储存包、学艺支架包、材料采撷包"四个"编织辅助包"组成。它们可独立使用，也互为依存联动。具体见表2：

表2 "编织小匠走铺"活动内容

一级内容	二级内容	三级内容
编织文化	劳动工具	认识斗笠、扫把、簸箕、晒席、鱼篓、脚箩、筲箕。
	生活用具	欣赏老房子里的凉席、蒸笼、麦饼箩、篮子、筛子、宝宝的摇篮。
	工艺品	欣赏好看的扇子、奶奶的担篮、大红灯笼、兔子灯、风筝。
编织畅享	四季趣编	春之韵:编花篮。夏之声:篾艺吆喝。秋之彩:麦秆的创想。冬之冷:暖暖的线。园活动:春游里的编织趣事、秋游编编乐。
	生活彩编	小班:穿编系列。中班:平面编织。大班:立体藤编。园活动:编织义卖活动、小小模特队。调查:编织与生活、礼物赠送。
	动物创编	班段创想:小狗、小猫、小鸡、长颈鹿。竞赛活动:动物斑纹设计。
编织辅助包	层级序列包	模板编:钉子图形随意编、各平面模板穿编、骨架立体编等。格子编:各种格子布、手帕、席子、杯垫等。图案编:走楼梯、方形、梯形、小鱼、小树、蝴蝶、爱心等不同花纹。组合编:裁剪拼贴、创意灯笼、古镇民居等。
	实例储存包	通过照片、实物呈现的方式储存:幼儿作品:平时作品展、作品册,创艺作品精选或装裱等。教师范例:教师创艺作品集、教学PPT、各类半成品支架等。生活实例:收集生活中的各类编织作品(桌椅、凳、竹编器具等)。
	学艺支架包	儿歌辅助法:《排篾歌》《小蛇爱运动》《走楼梯》等。图谱应用法:创艺步骤图、花色集锦卡、照片类等。半成品演绎法:篮筐等半成品、模板等。工具借助法:挑棒助力、固定器。小图形提示法:花朵、几何图形有规律设置等。模拟情境法。
	材料采撷包	自然包:竹篾条、棕榈叶、玉米叶等。纸类包:卡纸、纸绳、衍纸、纸藤、海绵纸、报纸等。生活包:不织布、包装绳、藤,把塑料瓶与纸盒等打造成编织骨架等。

(二)"编织小匠走铺"活动开展思维导图

根据上述内容,我园预设的"编织小匠走铺"活动思维导图如图2:

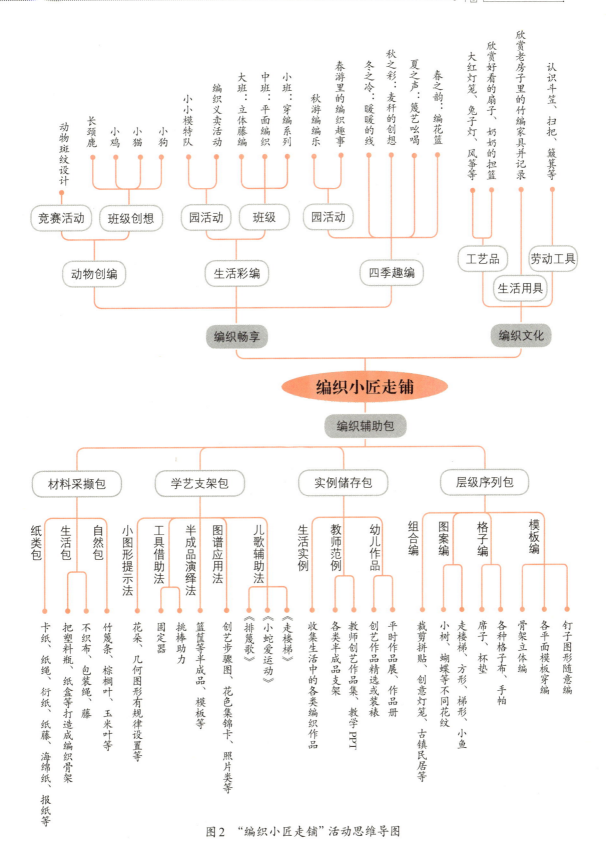

图2　"编织小匠走铺"活动思维导图

四、组织实施

在"传承编艺　乐享生活"的教育理念下，基于"交往""探究""创造"三大核心价值观，提出了"编织小匠走铺"活动框架，通过"编织教学"与"走铺活动"的有效融合，即"四径品赏"寻编、"四习六衍"设铺、"五步玩转"走铺三大途径，保证了师幼在园内外编织主题活动"混龄动态"的实施以及运用"市场营销"手段促进在"街铺"中自主学习、生活的过程，具体见图3：

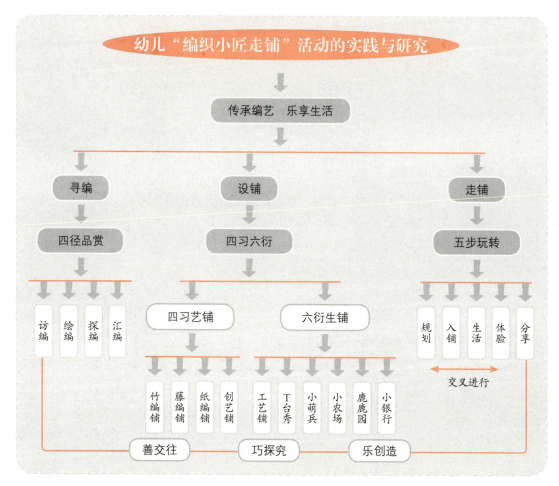

图3　幼儿"编织小匠走铺"活动总体框架

（一）访、绘、探、汇——"四径品赏"寻编悟文化

带领幼儿走进古镇寻访竹编工艺，参观篾匠铺，进行竹编器具写生，探究编织的技能，创设竹编艺术活动环境，感悟竹编工艺在历史文化中的传承，在四途径中感受"编艺"，达成"寻编"目标。

1. 访编

前童老街店铺林立，许多传统手工艺人在此置业。孩子们在老师的带领下寻访篾匠铺、对话"艺人"。孩子们认识了扫把、簸箕等劳动工具，观看了凉席、筛子等生活用具的制作过程，与老竹编艺人亲密对话，感知竹编工艺品的艺术美，更感受到一种潜在的"匠心"精神。

图4 参观篾匠铺

2. 绘编

竹编是民间艺术，是劳动人民创作的结晶。幼儿通过看看、画画，对身边的编织制品进行写生，用自己的眼睛和心灵去观察、感受，认识编织作品。

3. 探编

在研究编织教学的技能时，提供相应的学习支架，化难为易、去繁从简，激起孩子学编织的动力，不断为资源库填充新的内容包。

（1）探秘编技：仔细分析"编织"教学资源库中的"四层级"编织序列，从目标入手，概括出"色彩""花色""立体"三种编织技能，以配合"四层级"编织序列包有效使用。

图5 色彩编

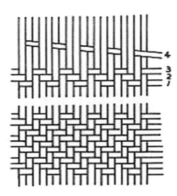

图6 花色：楼梯编

图7 立体编：方框和圆桶

（2）支架跟进："支架"是一种比喻，就是在"编织小匠走铺"活动中让不同年龄段孩子有兴趣地工作，养成好习惯，形成良好的学习品质，具体见表3：

用一个小小的"支架"助力孩子进行有效编织，为孩子耐心、创新地学编织埋下伏笔。孩子们在不知不觉中成为"编织大师"，享受成长的快乐。老师在与孩子的互动中成为研究者。

表3 编织支架表格

支架	举例
儿歌辅助——自创生动短小、符合编织教学的小歌谣。	《排篾歌》："小竹篾，一条条，相亲相爱紧相连。"《"格子"布之歌》："小竹篾，像小蛇，爱运动，会钻爬，第一根钻下去，第二根爬过去，忙完一排重新来。第二次不一样，第一根爬过去，第二根钻进去，忙完一排再重来，来来回回忙编织。"孩子们一边念着儿歌，一边编出一个美观、朴素的方格图案。
工具借助——是指教师创造"发明"给操作活动带来便捷的辅助物。	排篾固定器 利用"固定器""适型器"等工具支架，保障"小篾匠"细致排篾开展平面编织，更让幼儿将立体"花朵""箩筐""篮子"等编出来。"挑棒"工具有助于细细、软软的衍纸均匀摆放，便于操作。
图谱应用——重要的隐性指导支架，全面适用。	花色编织 步骤图 篮子 步骤图 "图谱应用"支架种类比较多，有活动流程解说、具体编织教学的步骤图、花色编织难点的示意图，一般以照片、绘画等形式呈现，也有实物图谱的运用等。
半成品演绎——该支架是指教师制作，可让幼儿延续完成或重点练习，比如模板、骨架等。	 立体编织骨架就是半成品演绎支架的一种。孩子能有耐心将一个骨架篮子分成几次编织成功，像个专业的"编织"师傅。有的孩子一次编不完还能分几个时间段坚持去完成，编织出的作品也相当平整与光滑。
模拟情境——此支架为游戏服务，孩子扮演角色，能够专注、投入地完成编织作品。	 孩子们扮演鱼和龟的好朋友，为鱼宝宝、乌龟兄弟穿上漂亮的衣服。孩子们认真地学穿编，很快美丽的鱼儿、乌龟编织作品就产生了。头上戴一块"三角巾"能让孩子很快进入"师傅"的角色。瞧！"小师徒"教学互助的成效多显著啊！

续表

支架	举例	
小图形提示——小图形为花朵、几何图形等，按一定规律设置，帮助初学者搞清"挑""压"，快速学会编织。		在材料一端画上各种有趣的图示，像圆圈、花朵、字母、数字……又如在篾上标"点点"记号，一根有一根无，依次进行。这样一来，孩子在平面编织时会让篾进行"钻爬"活动。先钻有图案的再爬没图案的，第二次先爬有图案的再钻没图案的。孩子们能很快找到规律，降低难度，能自己动手进行编织，很快体会了成功的喜悦。
订购单——工艺铺采购编织"产品"的清单	工艺品铺订货单	担任工艺小铺的"小铺主"一到岗位，就得清点铺内存货、"找零"的钱币总数等。如果铺内货物不足，他有权利下达"订购单"到各个小铺子，以便幼儿生产制作。这些小铺主也得清楚本次活动过程中小铺赚取了多少"小匠币"，锻炼多种能力。

4.汇编

欣赏是"编织小匠走铺"教学的重要组成部分。因此，发动家长资源寻编入园汇集，师幼共同将幼儿园打造得具有浓浓竹编文化韵味，从而品赏、领悟其散发出的创新与艺术。如，创设"编织微博物馆"，让家长、教师与孩子共同品赏领悟竹编文化。

图8　幼儿园的竹编器具"微博物馆"

（二）模拟、投放、扮演、分工 —— "四习六衍"设铺显编韵

为了凸显编织铺子的韵味，幼儿园在墙面配色、装饰上体现编织元素，创设了四习艺铺和六衍生铺。

1.模拟古镇

习艺铺分别有竹编铺、藤编铺、纸编铺、创艺铺，另外在幼儿园室内空余角落衍生了若干具有辅助功能的铺子，有工艺铺、T台秀、小萌兵、小农场、鹿鹿园、小银行。整体色调以咖啡色为主，铺内作品林立。每个习艺铺与衍生铺有自己的门牌号码，铺主明码标价，可以推销和买卖。

2. 投放材料

每个编织铺按照功能投放各种类型的材料，如竹篾、报纸、纸绳、纸藤、衍纸、卡纸、棕叶等条状物品。竹篾在使用中有一定的危险性，因此改用衍纸替代。衍纸的色彩丰富，方便获取，效果明显。

3. 角色扮演

角色扮演是孩子自主选择扮演编织角色，这是进入铺子活动的前奏。快乐扮演融入角色的载体有两种，即角色标记和收纳袋。

（1）角色标记。

编织铺里有小铺主和小学徒、美化师、编织高手等不同角色，由幼儿事先制作好角色牌，入铺后就能明确自己的游戏身份，有目的地活动。

（2）收纳袋。

活动中，孩子们边活动边在袋中收纳教师的评价标记"钱币"，为教师观察孩子、动态评价孩子，更为课题组分析现状、调整策略等提供有效的依据。

4. 各司其职

每个铺子教师、幼儿等都进行游戏角色的分配，如铺主（师傅）、幼儿游戏的人数，以及具体时间的安排，具体见表4：

表4 幼儿"编织小匠走铺"活动安排一览表

铺子名称		参加人		职位或角色	工位或游戏人数			活动形式	时间安排
		教师	幼儿		大班	中班	小班		
四习艺铺	竹编铺	陈××	自主招聘：小铺主或小师傅（1—2人）。	小篾匠	9	6	3	1.中、大班自由混龄；2.小、大班按周轮换、亲密型混龄。	每周五上午9：40—10：40
	藤编铺	童×		藤编匠	9	6	3		
	纸编铺	储××		纸编匠	12	6	3		
	创艺铺	谷×		创艺师	9	6	3		
六衍生铺	工艺铺	陈××	各年龄段孩子自由选铺，在游戏中应用编织。	售货员	3	1	0	自由混龄	
	T台秀	傅××		小小模特	9	12	0	大、中班混龄	
	小萌兵	王××		军队角色	12	9	0	大、中班混龄	
	小农场	林××		小农民	12	9	0	大、中班混龄	
	鹿鹿园	胡×		家庭角色	5	0	20	亲密型混龄	
	小银行	姜××		小银行家	游戏人数不定			自由混龄	

四习艺铺和六衍生铺的创设，为幼儿提供了领略编艺的环境，萌发幼儿发现美、感受美、表达美的欲望。

（三）规划、入铺、生活、体验、分享 ——"五步玩转"古镇编织街

"古镇编织街"是指幼儿进行手工编织的场所。在这里，幼儿可以不受年龄、内容、楼层的限制，自由选铺、自主挑战，和其他班级的老师和孩子进行互动。

各铺子能进行联动，每周五上午9：40—10：40进行，主要流程有五步，即规划—入铺—生活—体验—分享（见图9）。

图9　幼儿走铺流程图

1.规划

为了让走铺活动顺畅进行，幼儿事先要了解喜欢的街铺的工位设置、名额分配，就铺主工作海报规划自己的任务，做好进铺准备，如阅读海报、插好进铺牌、设计编织稿、备好小钱包、选出小铺主。

2.入铺

幼儿在模拟情境中进入选定的习艺小铺、户外编织区获取钱币，或是到衍生铺进行消费。入铺的顺序由幼儿自行选定，没有特殊规定。这里重点介绍小铺主和小学徒的入铺工作流程：

（1）小铺主。

到达后和老师一起准备材料，并接待入铺的幼儿，承担起小师傅的角色。等徒弟们完成编织作品，小铺主根据作品、幼儿现场的学习状态给予币值不同的"钱币"。

（2）小学徒。

每个铺内的工作角色有所区别，幼儿需要先佩戴不同的头巾和服饰加以区分。在铺里，幼儿大胆地和老师、小铺主商量如何将自己的设计用材料编出来，之后自由扮演材料师、编织高手、美化师等到区内编织。

3.生活、体验

古街铺的活动没有随着编织的结束而画上句号，幼儿的"生活"和"体验"还在继续，两者交叉进行，密不可分。

（1）钱币使用。

古街生活需要钱币，钱币获得需要体验"编织走铺"。小钱币模仿硬币标上"5、2、1"数字，便于幼儿计算与流通。每位"铺主"明码标价，提示幼儿怎样的工作获得怎样的"报酬"，当然也有弹性、鼓励性的工资。幼儿可以去消费，也可以到工艺铺购买心仪的编织作品带回家，或是换成明信片交给邮递员寄送，还可以将钱币送到邮政银行储蓄。

（2）整理计划。

古街铺子打烊之时，幼儿还在忙着进行铺内物品的归位、整理单子和订购单的记录，"小铺主"得清点铺内存货、"找零"的钱币总数等，为下一次开铺做好计划。

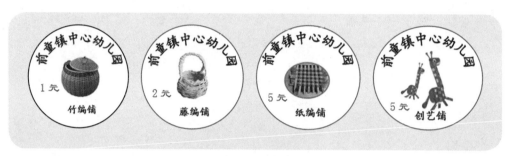

图10 小钱币

4. 分享

快乐分享有记录本交流、编织作品流通两种方式，均可在园内和园外开展。

（1）记录本交流。

活动前先在本子上制订本周"编织小匠走铺"计划，活动结束后又在本子上用绘画、书写的形式记录下活动以及钱币赚取与消费的过程，从小养成做事有规划、善于理财的好习惯。幼儿也会记下自己在游戏中最有趣的事情，和大家一起分享，如图11。

图11 图画式与表格式记录

（2）编织作品流通。

产品由编织材料加工产生，通过兑换、赠送、义卖、使用等方式将产品流通，回归到幼儿的生活中。比如，将孩子编的"彩色格子布"印上编织铺特有"小篾匠"标记，装上镜框就是一幅精美作品，带到前童敬老院装扮环境，萌发敬老爱老的真挚情感；将研发的编织明信片、编织图案等赠送给来园参观的客人们；将竹编器具作为摆放擦手巾的容器；将竹编小箩筐等摆放在幼儿园公共场所使用。

快乐分享方式传递出编织的文化韵味，让"走铺"活动真正灵动而快乐、丰富而有意义，幼儿在分享中体验成功、提升创造美的能力。

五、亮点分享

随着活动的深入开展，我园的"编织走铺"逐渐形成了自己的亮点。

（一）混龄走铺创新模式

师幼模拟古镇老街创设篾匠铺和衍生铺，在规划、入铺、生活体验、分享环节中开展"混龄互动"走铺编织活动，让幼儿自由探究体验，进而有效地提高幼儿的创造和审美能力，促进同伴间的交往互助的发展。

周五早上轩轩一到班级，就先到篾匠区域放好插卡。"今天我要带弟弟到纸编区去玩，上次的小雪人还没编好呢。"走铺的音乐响起，轩轩背起了小钱包，到中班找到小弟弟昊昊，一起到了一楼的纸编区。他们先戴好头巾，在未完成区找到了自己的编织作品，找了空位认真地一上一下编起来，再画出雪人轮廓剪出，一个编织小雪人就做好了！轩轩和小弟弟找到了小铺主："你好，小铺主，我们的作品完成了！"小铺主仔细看了看，编织作品经纬排列整齐，画得又可爱，于是拿出 5 元的钱币给了轩轩。他们可开心了，今天赚钱了！他们手拉手到了旁边的消费铺，有工艺铺、银行。"把钱存起来，还是买东西呢？""我想买个发箍送给妈妈，哥哥。""我这里还有钱。"两人在工艺铺里买下了心仪的东西。大带小的混龄新模式让孩子们感受到了交往的乐趣。

（二）对接园本节创享编织

对接园本节，如编织节、编织创想日、送艺日，充分挖掘隐含的教育价值，开展丰富多彩的编织活动，畅享乐趣。

1. 编织节

编织节打破单一的教学形式，全园联动开展。时间周期一般为一周，内容精彩纷呈：小篾匠习艺、编

图 12　编织节活动

织秀起来、我编自然物,研讨编织园本活动等。不仅有师幼活动,更少不了家长的助力。

如:大班欣欣事先掌握了许多编织技能,如一上一下穿插编织、三股绳子编辫子、空心实心绕辫子、一上一下间隔绕等。这些零星的编织方法怎么组合?欣欣想到在操作时用多种编织方法组合并裁剪,完成作品《瓶花》,兑换钱币。

又如:为了让编织秀的舞台真正成为幼儿展示自我的平台,以幼儿自主编织为主,家长辅助参与。幼儿和家长们认真地选材、耐心地编织……不起眼的材料经过孩子们的加工被赋予了新的生命力,他们着公主裙、绅士服、大褂子,配上太阳帽、彩色拎包等,在音乐带动下大胆地在T台上秀着作品,脸上洋溢着满满的喜悦。

2. 送艺日

"编织铺"开始前总会自主招收几名"师傅"。别看"师傅"个儿小,指导起"小徒弟"一丝不苟,他们自信满满、技艺高超。幼儿园结对三家"基地园",每学期都选择"小师傅"到"基地园"送艺,每一次均收获无限创艺与快乐。孩子们手把手地教老师与孩子:编得不紧密时会提醒,花纹走向不对时会纠正,教不会时会示范,俨然是个"大师傅"。

3. 编织畅想日

幼儿是在情境、行动中学习的,我们尝试每月开展一次编织畅想日,放下所有预设,倾听孩子的想法,满足他们自由编织的愿望。这天幼儿从晨间活动到离园的不同时段,自由选择四习艺铺和四户外区。在"小萌兵"部队中,幼儿用粗布条编织担架和野战服,藤条编草帽和小帐篷等,更真实地体验军旅生活;鹿鹿园的爸爸妈妈和小宝贝们用树枝做框、树叶小花小草等穿编装饰,用彩色的仿藤编椅背,还承接编织作品的彩绘订单。小农场丝瓜、豌豆爬上了幼儿用布条经纬编成的大棚,小树林长绳子和粗树干之间的那份交错,让幼儿体验了"我是编织大师"的快乐。

图13　送艺日　　　　　　图14　编织畅想日

(三)回归生活情感支持

小匠编织链接生活,作品多元方式进行流通,赠送来客、布置敬老院、自制编织明信片、举行义卖会等，在孩子幼小的心田播下一颗爱和美的种子，更用行动诠释着陶行知先生"爱"的教育真谛。今年元旦举行了编织作品义卖活动，活动中幼儿知道通过作品义卖获得真实钱币，可以帮助需要帮助的人。

1. 征集商标"编织匠"

每个班的孩子自发设计，家长参与，再全园共投，根据得票高低选择出了5个有趣的匠商标，并在"义卖"活动中真正投入使用。接着与孩子一起探究标签中图文、数字等所表达的意思。然后孩子们自行设计、填充由老师统一提供的一串串空白小吊牌。稚嫩的书写痕迹、有趣的图案表示、奇怪的线条均诠释着孩子在此次"义卖"作品出炉过程中的思考与创造。孩子们用自己的语言标注了生产日期，标上了出售的价格，签上了自己的名字，画上了代表产地的幼儿园的房子，还贴了由孩子设计改良的五个编织匠标记。还有些孩子画上"二维码""条形码"等。

图15 我是编织娃

2. 爱心义卖编魔语

幼儿的编织作品类型不一，如衍纸的图案彩色编、藤绳的立体编、狗尾巴草编、树枝创艺编。幼儿用心推销的样子，真让人感动。在具有浓浓爱意的氛围中推销出一件作品，把"爱心天使"亲手贴在购买者的胸前，然后快乐地将钱币慎重地投入捐款箱所获得的情感体验，是一次升华，更是释放。

图16 爱心义卖编织作品

（葛亚琴 潘雪萍 胡俏 葛海碧 傅丹丹 林霄霄）

低塘麦编　民艺传人

余姚市低塘街道实验幼儿园

　　民间艺术麦编是低塘人民的历史沉淀和智慧创造，是当地老一辈人的共同记忆。与此同时，麦编蕴含着丰富的审美要素，能够激发幼儿观察、探索、模仿和表达的欲望，促进其在主动感知和实践操作中展现自我的个性。由此可见，麦编艺术特色教育活动是一个"活传承"，是对文化多样性的保护。为此，我园将麦编作为园本特色之一，深入挖掘周边社区资源，根据幼儿的年龄特点开展了一系列活动，促进幼儿对麦编艺术的传承。

一、资源分析

　　2016年4月，我们对园内300多名家长进行了关于民间艺术的调查统计，发现麦编是低塘所特有的。85.2%的家长支持幼儿园开展麦编的艺术活动。麦编即麦秆编，是以麦秸秆为原料，通过指尖编织，做成一些日用品和装饰品。麦秆也是低塘当地的一种农作物，取材方便，浸水后柔软且不易折断，适合幼儿操作。麦编活动的开展，一方面可以让幼儿认识璀璨的民间艺术，了解麦编的文化背景，萌发归属感和认同感；另一方面有助于提升幼儿和教师的艺术素养，也有利于我园民间艺术特色课程的创建。

　　经过多次实地考察、周边走访、现场探讨与交流，并结合当地实际情况和幼儿的年龄特征，我们开展了关于麦编这一民间艺术的传承活动。我们通过微信平台、发放志愿表等，向家长以及周边的能人巧匠进行招募。通过家长们的支持和宣传，我们成功招募到 8 名民间艺人来园，指导老师和幼儿学习麦编技能。这些民间艺人有着过硬的专业技能，并且十分愿意将自己的手艺无偿传授给我们，帮助我们更好地开展麦编特色艺术活动。

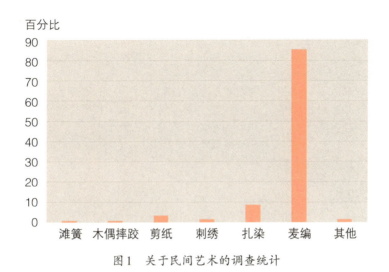

图 1　关于民间艺术的调查统计

二、目标设计

我园以《3—6 岁儿童学习与发展指南》和《幼儿园教育指导纲要（试行）》为依据，根据幼儿园艺术领域核心经验的培养要求，围绕认知、能力和情感三维目标，引导幼儿直接感知、实际操作和亲身体验，制定了麦编艺术传承特色教育活动的总目标：

（1）运用观察欣赏、比较等方法发现麦编的美，对麦编及其基本技能有初步的了解，产生活动的兴趣。

（2）逐渐掌握二股编、三股编和平板编等技能，并且大胆创新，创编作品。

（3）乐意积极参与创作活动，并且大胆表达自己的创作过程及内容，在活动中萌发爱民艺、爱家乡的情感。

不同阶段的幼儿有着不同的年龄特点和发展水平，我园根据幼儿的实际情况，在总目标的框架下，制定了各年龄的目标，以促进幼儿更好地学习和发展。具体如下：

表1　各年龄段麦编特色活动目标

	小班活动目标	中班活动目标	大班活动目标
麦编	1.欣赏各种缠绕编的作品，感受不同缠绕麦秆方法特有的美。 2.能在各种物体上有序地缠绕编，进行创意添画，初步尝试表达创作的过程和对作品的理解。 3.养成耐心细致的好习惯，喜欢各种麦秆缠绕活动。	1.发现生活中的三股编，喜欢动手编辫子，感受编织的美。 2.能独立完成三股编，并用三股编制作和装饰各种物品，愿意表达创作的过程及对作品的理解。 3.能平整有序地编织，体验动手编织的乐趣，逐步养成良好的编织习惯。	1.欣赏各种麦秆编的作品，感受其中的美。 2.学习平板编，并用剪、画或贴的方式在平板编上创作各种作品，尝试用作品大胆表达自己的内心世界。 3.养成良好的编织习惯，坚持完成自己的编织作品并懂得珍爱。

三、内容架构

活动目标的实现是以活动内容为依托的。依据幼儿的生活经验和学习兴趣，我们将麦编学习内容分为田园总寨—园所大寨—班级小寨三部分，开展了自上而下、由外及里、循环上升的教学。各寨活动的具体内容如下：

	田园总寨特色活动	园所大寨特色活动			班级小寨特色活动		
	全园	小	中	大	小	中	大
9月	全园创设总寨	鱼泡泡	麻花	平板编	团麦秆	交叉编	平板编
10月	大班段总寨活动	戒指	漂亮笔筒	皮皮虾	绕麦秆	上下编	五股编
11月	收割板蓝根、播种大麦	柳树	可爱娃娃	手表	剪麦秆	两股编	创意造型
12月	中班段总寨活动	稻草人	娃娃辫	漂亮手链	贴麦秆	三股编	组合拼贴
次年1月	小班亲子总寨活动	瓶宝宝	漂亮雨伞	树	立体缠绕	辫子造型	六股编
3月	"春姑娘"编织活动	漂亮杯子	四股编	大头驴	拼贴画	四股编	麦编添画
4月	播种板蓝根、向日葵	笑脸宝宝	狗牙齿	帽子	麦秆变身	狗牙齿	草帽绘画
5月	收割大麦	卷发妈妈	漂亮的花	皇冠	组合画	组合造型	编草帽
6月	串班麦编活动	美丽小鱼	棒棒糖	龙舟	创意制作	辫子大赛	创意编

图2　麦编艺术三寨内容体系

1. 田园总寨特色活动

在户外开展麦编活动，是我园的一项独特的资源。我园拥有占地 1.5 亩的种植园地，通过创设环境改造成田园总寨，结合季节的变化，在全园开启了特色教育活动。如：在播种、观察、收割中，让幼儿了解麦子并知晓麦子的生长过程，从而激发他们对麦编活动的兴趣。各年龄段的幼儿还会不定期在其中开展年段活动，感受大自然赋予我们的美好。

2. 园所大寨特色活动

园所大寨是孩子学习技能的场所，开辟了麦编特色专用区域。幼儿以班级为单位，轮流到大寨开展活动，进行麦编技能的学习。在麦编活动中，各年段老师根据幼儿的年龄特征及发展水平，通过交流探讨，制定了适合不同年龄段的 10 项课程内容，难度逐步递增。如中班段的重点是学习编辫子，老师引导幼儿从两股编入手— 学习三股编—学习四股编— 进行创意组合造型，层层递进，让幼儿在一次次活动中进步、成长，感受麦编艺术的神奇之处。

3. 班级小寨特色活动

班级小寨是以班级为单位开展麦编区域活动，这是孩子在大寨学习后再次自我学习的过程，学习形式是自主的、独立的，课程的设计上我们更关注区间布局、材料投放和技能拓展后的创意造型。由于幼儿存在个体差异，因此整体的学习过程后，往往会出现个别能力较弱的幼儿还未完全掌握的情况，那么这些孩子可以在每天区域活动的时候来到班级中的麦编区域，进一步学习、巩固技能。能力强的孩子在其中可以充当小老师的角色，依据每个阶段的学习目标，辅导同伴进行操作学习。这样的活动形式不仅能促进幼儿学习品质的发展，而且可以促进人际关系的发展。

四、组织实施

确定麦编艺术内容体系后，我园将麦编传承的实施途径分为三部分：创、聚、建。每个字代表一个实施过程，螺旋式上升，促进幼儿有效学习和发展。

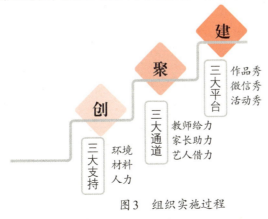

图3 组织实施过程

（一）"创"环境、材料、人力三大支持

图4　三大支持一览表

1.环境资源巧布局

在"朴素自然、本土艺术"的原则下，教师改变以往自己承担大量装饰任务的做法，由家长、孩子们共同创作了一件件别样的作品。通过开门见艺、三寨艺景、转角有艺，进行艺术环境的创设。

开门见艺：在幼儿园的大厅中，我们根据活动主题、季节变化、节日等，结合顶上窗帘轨道、地面立体的摆放，不定期进行布置展示活动，创设处处可见的"艺景"。

三寨艺景：一是田园总寨，利用幼儿园一块 1000 多平方米的种植园地，建设了户外麦秆寨，孩子们在这里可以看着大麦的发芽、分蘖、拔节、抽穗，也可以开展各类大型的活动。二是园所大寨，在园内专用区域创设了麦秆大寨，将大寨划分为麦秆加工区、作品制作区、作品展示区，提供各种颜色和原色的大麦秆、小麦秆，以及制作步骤图、操作材料等让幼儿进行操作活动。三是班级小寨，就近开辟了特色区域 —— 班级小寨，幼儿不仅在每天的区域活动时间进寨学习，也可以利用自己"零散"的时间，进一步学习、巩固、创造，体验麦编的独特美。

图5　田园总寨

图6　园所大寨

图7　班级小寨

转角有艺：幼儿园中的楼梯为艺术楼道，我们悬挂和粘贴麦编达人的各种优秀作品，使孩子们在每天上下楼梯的不经意间，潜移默化地接受着艺术的熏陶。

图8　转角有艺

2.材料资源巧选取

在众多材料中进行了主材、辅材、工具等材料的合理选取和运用。麦编的主材料是麦秆，采自农作物大麦的身上，富有浓浓的乡土气息，又与我们的生活息息相关。麦编的辅助材料形式多样。有些是提供技术支持的，有些是为了创作需要，也有些是为了作品呈现。工具在传统的"一字夹"、剪刀、针线的基础上，加入了花样的夹子、花式的剪刀、扭扭棒、粗细不等的橡皮筋等，便于幼儿进行操作和造型。

3.人力资源巧搭配

麦编对教师队伍提出了更高的要求，对教学能力也提出了新的挑战。为了更好地开展特色教育活动，我们经过多方的对接、资源的汇总，形成了专家理念引领、教师教学相长、艺人技能拓展三个层面的资源，并建立了"人力资源库"。

（二）"聚"教师、艺人、家长三大通道

麦编活动要落地开花，离不开教和学。因此，我们开通了教师给力、艺人借力、家长助力这三大教学通道。

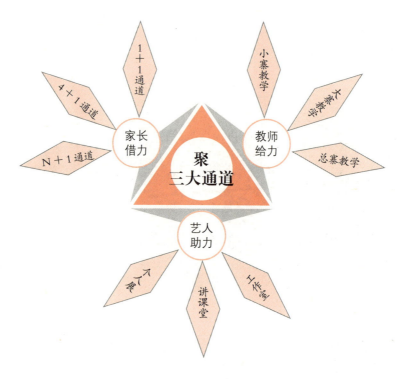

图9 三大教学通道

1.教师给力手法全

教师是麦编活动的设计者，是幼儿麦编操作的指导者，也是麦编艺术传承的守护者。给方向：教师根据班级幼儿的实际情况，制定麦编活动的阶段性内容。小班捆扎—缠绕编—创意实施；中班两股编—三股编—四股编—创意实施；大班六根片子—八根片子—帽子"下滩"—创意实施。给策略：教师在活动中不断摸索，梳理出了本土方言、图频相融、逐层辅助等多种策略。本土方言策略是指在教学中用本土语言进行讲解，使幼儿更能明白技能中的重难点以及更有效掌握的方法。图频相融策略分别是指图谱和视频教学，以生动形象的方式帮助幼儿进行重难点的突破和个别技能技巧的再创造。逐层辅助策略是指针对不同年龄段的孩子，教师分别进行材料辅助、指导辅助和文化辅助等，让孩子在逐日的学习中掌握技能，激发对麦编的兴趣。给机会：教师提供大量的材料，让每个孩子都有动手操作、大胆创作的机会。教师提供多种支持，帮助每位幼儿获得成功，体验成功带来的喜悦。

图10　三大策略

2. 艺人助力模式新

为了让孩子们更好地学习技艺，我园建立个人展、进课堂、工作室这三种模式。个人展模式是指艺人将自己的作品搬进幼儿园，让幼儿更为直观地欣赏、了解、感知作品的美。进课堂模式是指定期安排艺人们进课堂，让孩子与"大师面对面"学艺。工作室模式是我园专门为麦编艺人开辟了一间工作室，以便让艺人们定期组织老师学习，将自己的"绝技"倾囊相授，以此扩大技能的传授途径。

图11　艺人进课堂

图12　艺人工作室

3. 家长借力管道多

家长是幼儿园亲密的合作伙伴，为此我们建立了家长相助的教学机制。1＋1通道："1"分别指手机和孩子，各班会不定期上传一些活动中的难点视频以及步骤分解图，手机发挥着"教师"单独辅导的作用，让孩子们在家中也能独立学习。4＋1通道："4"是指幼儿的家长，如爷爷、奶奶、爸爸、妈妈等家庭成员。老师们根据活动内容的安排，布置亲子作业，让家长们化身为老师去指导幼儿学习麦编。孩子通过家长的细心指导，掌握了许多编织技巧，而且对麦编的兴趣也有了进一步提高。N＋1通道："N"代表多个家庭的人员。在一些家庭中，可能存在家长不会麦编的情况，因此，家长们在互相交流、探讨中逐渐形成了几户家庭抱团，共同帮助孩子学习麦编的学习模式。在互相学习的过程中，不仅能提升孩子、家长的麦编技能，更能激发他们之间美好的情感，以及爱家乡的情感。

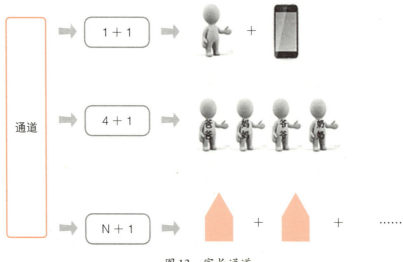

图13　家长通道

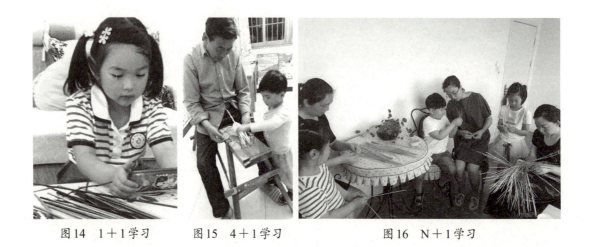

图14　1＋1学习　　　　图15　4＋1学习　　　　图16　N＋1学习

（三）"建"作品、微信、活动三大平台

每一件作品都是独一无二的，都值得被认可。孩子们用一双双稚嫩的小手，创造的都是艺术"大作"。为了让孩子们的作品受到关注，我们尽可能搭建广阔的平台和空间，去全方位地展示孩子的作品，那也是对幼儿作品的最高评价。

图17　三大平台一览表

1. 作品秀

主要采用了全程展、巧匠栏、收藏阁这三种形式。全程展：孩子的创作是需要一定时间的，对于孩子的完成品和半成品，老师都会进行相应的整理展示，让孩子们、家长们逐步见证孩子的阶段性成长。巧匠栏：随着课题的推进，很多孩子在民间艺术创作上有了明显的提高。为了让孩子分享成功的喜悦，以及互相激励，专门开辟专栏，展示他们的作品。收藏阁：孩子的作品背后大多有个小故事，真实反映孩子的情感世界。在活动中，老师们会走近孩子，去倾听他们的内心，选出一些具有"特殊经历"的作品，给幼儿颁发证书，并将他的作品进行编号后，珍藏在收藏阁。

2. 微信秀

我园利用手机这一传播媒介，采用了随时晒、班级推、全园送这三种形式。随时晒：家长和老师关注孩子的成长，对于孩子的进步，都会用手机及时记录，并在朋友圈进行分享。班级推：每一次班级活动，教师会第一时间共享在微信上。老师会跟踪记录孩子的成长，通过前后作品的对比，让家长直观地看到孩子的成长。同时，也引导家长不可横向比较，要关注孩子纵线的发展。全园送：幼儿的各类优秀作品，通过推送报道，频频在我园的微信公众号亮相，孩子们成了我园的小小代言人。随着课题的推进，家长和社会各界对我园的民艺活动给予了高度的肯定，对孩子的作品更是赞叹不已。

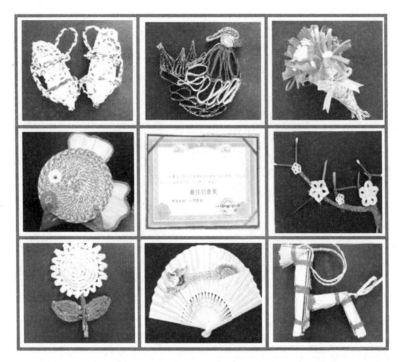

图18　收藏阁作品

3. 活动秀

为了让麦编更具有生活性、审美性、实践性和综合性，我园根据幼儿的年龄特点，开展了多样的活动，让幼儿切身感受麦编的魅力。通过"三赛、两会、一走"的活动秀形式，激发幼儿对民间传统文化的认同感和归属感，发展其"爱祖国、爱家乡"的美好情感。"三赛"是"寨主擂台赛""三寨赢星赛"和"寨王争霸赛"；"两会"是亲子拍卖会和大型促销会；"一走"是在每年艺术节的舞台上进行走秀，将麦编元素展现得淋漓尽致。

五、亮点分享

丰富多彩的麦编活动亮点纷呈。孩子们笑了：他们在学习品质、审美能力、社会情感上都有了明显的提高。老师们乐了：他们在民间艺术上不仅收获技能，科研、教学能力也有了质的飞跃。幼儿园美了：孩子、老师和家长三者合作营造的艺术氛围，让人流连忘返。麦编活动本身最大的创新在于：

（一）活动内容具有层次性

我园创设了总寨、大寨和小寨三个载体，打破了原有仅在教室里和区域中进行活动的限制。在总寨，我们开辟了一块大麦基地。11月播种，5月收获。孩子们在观察、照料中，不仅了解了大麦的生长过程，还乐意与同伴、家长分享大麦成长的故事。麦子成熟后，老师组织小朋友去收割大麦。瞧！孩子们戴上手套，手握镰刀，一个个化身成"农民伯伯"，脸上满是喜悦。孩子们将自己收获的大麦投放到各个寨中，成为孩子们指尖的操作材料，供孩子们学习和操作。

（二）指导策略具有针对性

现在的小孩较少接触麦编，因此刚开始活动投入度并不高。为了增强孩子学习的兴趣，教师根据幼儿的年龄特点梳理策略，并运用到实践中，收到较好的效果。

案例一：

在大班麦编"草帽"的学习课堂上，有些名词的介绍，用本土方言比普通话更加明白、直接和有效。像"平顶"指的是帽子顶部的编织面积，"陡头"指的是帽子纵深的编织范围，"下滩"指的是草帽遮阳的帽檐面积。教师引导孩子给帽子编"下滩"时，老师会用方言介绍：这是麦秆洋帽的"平顶""陡头""下滩"，编"下滩"时要多加麦秆，打得"坦捏""平捏"，也不能"太浪"，要"朵开捏"……通过这些方言教学，使课堂变得更加生动，幼儿学习更有乐趣。

图19 幼儿收割麦秆

案例二：

孩子们第一次接触六股编，老师先用两种颜色的麦秆进行逐步编织，制作成图谱，供幼儿观察和学习。结合数学中规律的教学，引导幼儿发现规律。通过播放自摄的慢动作视频以及现场操作示范，让幼儿了解压一挑一、压一挑二、压二挑二的技巧，从而学习变换提压经纬编的制作方法。孩子们在自主操作中学习六股编的方法，体验麦编的神奇。

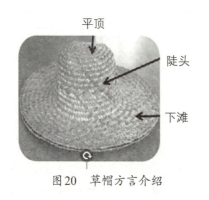

平顶

陡头

下滩

图20　草帽方言介绍

图21　教学

（三）评价形式具有多样性

我们以"秀"为抓手，通过作品秀、微信秀、活动秀逐层展开，对幼儿的作品进行全面的评价和肯定。其中"活动秀"形式新颖，深受幼儿喜欢。

1."三寨赢星赛"

每月月底，老师们会收集班级孩子们在田园总寨、园所大寨、班级小寨中的作品，以年段为单位，从材料运用、颜色搭配、创意造型、装饰作品和作品命名五个维度，通过给出1至3颗星进行评比推选，最后根据星星的多少，评出金寨主、银寨主、铜寨主。这是一种对幼儿作品综合评价的方式。

幼儿作品	材料运用	颜色搭配	创意造型	装饰作品	作品命名
	★★★	★★★	★★★	★★	★★★
	★★	★★	★★★	★★	★★
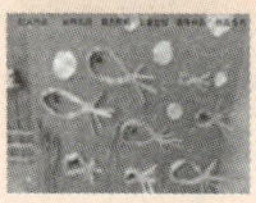	★★	★★★	★★	★★★	★★★

图22　"三寨赢星赛"评价表

2."寨主擂台赛"

不同年龄段的幼儿会以任务单的形式来评比寨主。如中班的麦秆寨的年段活动"手指上的精彩"，是一次编三股辫的擂台活动，看谁10分钟内编的三股辫最长。因为中班的孩子还不会"接草"，所以比赛结束后，孩子把自己编的辫子一段一段接起来，最后得出谁编的最长，谁就是本期的寨主。这寨主不是一成不变的，有人随时会来"踢寨"。

图23 中班段寨王推选活动现场

3. "寨王争霸赛"

每班推选两名孩子，利用"周一国旗下"讲话的时间，依次上台大胆介绍自己的麦编作品，并进行现场拉票。幼儿支持谁，就把手中的大拇指送给谁。最后根据大拇指的多少，评选出"霸王"，并授予"霸王"奖牌。

图24 "寨王争霸赛"活动现场

总之，我园幼儿在麦编学习活动中，通过动手、动脑，不仅了解了基本的编织方法，而且能大胆造型、创意编织，让当地麦编文化真正走进现代生活，走进孩子和家长的视线。孩子们不仅感受到了麦编艺术的独特之美，也感受到了家乡民间艺术的独特魅力，萌发了爱祖国、爱家乡、爱劳动人民的强烈情感。

（宋云淼 林文佳 郑菲菲 高慰霞 包佳英）

古宅寻迹　走进肃雍堂

东阳市实验幼儿园

中华优秀传统文化是中华民族的"根"。要想真正把传统文化根植于每个人的内心，优秀传统文化的传承必须从娃娃抓起。多年来，我园一直开展"蒙以养正：幼儿园优秀传统文化传承主题式课程研究"，依托周边各种资源，选取优秀传统文化的精髓，根据幼儿的年龄发展特征推陈出新，组织易为幼儿接受的、好玩的传统文化主题课程。让幼儿在传统文化的真实情境中"看得见、听得懂、摸得着、做得来"，品味民族传统文化的香甜。

一、资源分析

卢宅肃雍堂是一座有着 500 多年历史，融东阳木雕、石雕、砖雕、堆塑和彩绘等艺术于一体的江南宅第，是国内唯一长达九进的古民居，因此有"北有故宫，南有肃雍"之说。它不仅蕴藏着丰富的建筑文化，还是一个儒家文化的大观园。我园就毗邻肃雍堂，根据《幼儿园教育指导纲要（试行）》精神，我们利用社区周边资源，每年组织孩子"走进肃雍堂"，从儿童的视角去探寻古宅文化，把孩子的好奇演绎为一场神秘的古宅探秘之旅；让孩子感受古建筑群的艺术魅力，建构属于孩子的肃雍"美"课程，使肃雍堂的一砖一瓦都成为优秀传统文化的重要资源，把看似遥不可及的古建筑群和艺术教育巧妙地融合在一起。

二、目标设计

（1）以古宅探秘的形式走进肃雍堂，在探寻、观察、比较中感受古建筑群的艺术魅力。

（2）愿意尝试用多种工具、材料和不同的表现手法感受、表现、创造肃雍堂的美，激发孩子热爱家乡人文的美好情感。

三、内容架构

初期，孩子们跟着导游走马观花，一切都似懂非懂，活动纯粹是为了参观而参观。孩子们无意中发现门口的抱鼓石很好玩，看到明堂里铜钱状的下水口，惊奇地叫道："呀，这里有个洞洞？"我们就探索改变策略，分发任务调查表寻找孩子的兴趣点，请孩子们画一画、说一说"眼中的肃雍堂"。孩子们描绘着肃雍堂里的黑瓦白墙、翘翘的

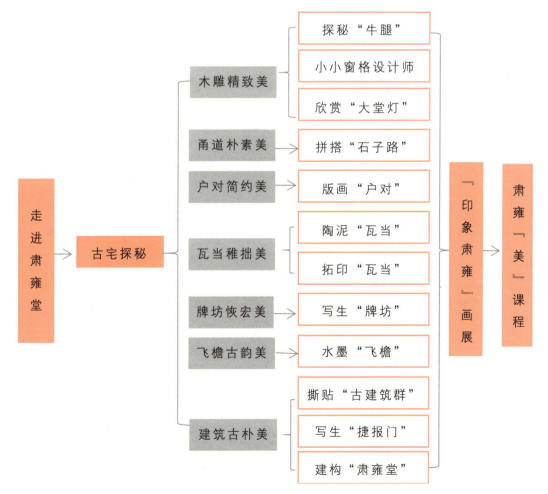

图1　走进肃雍堂内容架构

飞檐、彩珠串成的大堂灯……一幅幅美丽的画面跃然纸上。于是，我们重新踏入肃雍堂去踩点，从儿童的视角去探寻古宅文化，把孩子的好奇演绎为一场神秘的古宅探秘之旅；再用审美的眼光去审视肃雍堂的美，原来肃雍堂里飞檐、门窗、瓦片、石子路里到处都有美丽的图案，从而挖掘出黑瓦白墙的古朴美、飞檐翘角的古韵美、门当户对的简约美、石雕牌坊的恢宏美……让孩子感受古建筑群的艺术魅力，建构属于孩子的肃雍"美"课程。

四、组织实施

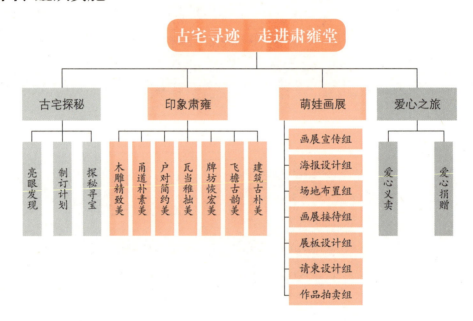

图2 组织实施路径

（一）古宅探秘

肃雍堂是一个时代的文化标本，在喧嚣的城市中凸显着它的古朴典雅。幼儿园以儿童为中心，以孩子的兴趣为出发点开启神秘的探究之旅。

1. 亮眼发现"孩子眼中的肃雍堂"

组建项目管理小组，给孩子分发任务调查表，请孩子寻找兴趣点，画一画，说一说"眼中的肃雍堂"。从孩子的角度重新审视肃雍堂，挖掘适合孩子发展的价值点。用笔记录了国光门、肃雍堂、世雍堂、爱日堂、树德堂等值得孩子走访的点，用相机拍摄了牌坊、飞檐、窗格、牛腿、名人、大堂灯、石子路等值得孩子寻找的古宅文化，用审美的眼光寻找木雕、砖雕、石雕、瓦雕等值得孩子表达、表现美的视角。

2. 详细制订"古宅探秘"活动计划

项目组老师多次聚集在一起进行思维碰撞，制订好玩的、具有传统文化特色的"古宅探秘"活动计划。首先确定活动目标：孩子探寻肃雍堂古宅宝贝，感受古建筑之美，激发孩子热爱家乡的情感。其次，将踩点时观察、收集到的艺术瑰宝转换为孩子探秘的宝贝，制作一本既符合孩子的年龄特点，又具有神秘色彩，能激发孩子探索欲望，操作起来简单易行的探秘手册。最后，确定活动流程，以古宅探秘、小组自由组合的方式走访肃雍堂，以有奖竞猜、提问的方式自由言说，了解肃雍堂里门当、户对、瓦当等的秘密，了解古建筑的古文化。

3. 组织开展有趣好玩的探秘活动

对"古宅探秘"孩子们是非常期待的。活动当天他们自主结伴组建小分队，喊着口号，手拿探秘手册开启神秘的探秘之旅。大家分工合作；有的孩子看路线图，有的孩子寻找与自己小组探秘本上的照片一样的图案。在寻宝过程中，孩子们那种欣喜若狂，那种兴奋、惊喜和愉悦自然流露出来。在不知不觉中，他们深深地感受到肃雍堂木雕、石雕、砖雕的美丽。

图3 探秘

（二）印象肃雍

为了让孩子走进肃雍的艺术殿堂，真正感受艺术的魅力，从孩子的视角出发，结合艺术表现形式，把古宅的艺术特色活灵活现表达出来，形成"印象肃雍"主题课程。

1. 曲折甬道之朴素美

孩子们走在来回曲折的通道上、明堂里，像小鸟一样相互诉说着自己的发现。"老师，这里一个圆形。"我们循着孩子的发现聚在一块儿研究它的图案设计。"这个图案中间有一个小圆心，四周有很多半圆形。""这些石头是横着排列的。""这是竖着排列的。"……在互动中感受着铺石子路时的精细！走着走着，大家又有了新发现。他们找到了一朵花、一只鸟、六边形、棱形的石子路图案。回到园内，孩子们也当起了设计师，在小道上铺起了石子路，在多次合作后完成一个属于自己的作品，成就感满满的！

图4 石子路

2. 门当户对之简约美

"孩子们，这圆圆的石雕你们在肃雍堂的什么地方见过？"原来在肃雍堂每扇大门的两旁都有一对石雕，叫户对，与门上的四根门当相对应，就叫门当户对。"户对上面有什么漂亮的图案呢？"孩子们发现有荷花的形状，有代表吉祥的云纹、铜钱纹，还有狮子、龙这样的兽纹。"一块普通的石头，工匠们也能把它做得如此美丽。今天就请小朋友也来制作一块户对，放在这圆形的 KT 板上。"果果从中间向四周画上自己最喜欢的龙，两条龙中间还画上了火龙。丁丁设计了一朵扇形花瓣的花，四周有花边，给人感觉一种古典美……大家再用木刀刻出深痕，滚上油墨，一幅幅简约大方的户对版画就展现在了我们眼前。

图5 户对

3. 黑瓦白墙之古朴美

远观肃雍堂，那黑瓦白墙给我们留下了关于明清古居古朴美的印象。"孩子们，前几天刚游览了肃雍堂，你们知道它都有什么特点吗？"有的孩子说："它的屋顶是黑色的，它的墙壁是白色的。"有的孩子说："它的屋顶都是翘翘的。"老师问："为什么我们只能看到黑色的屋顶呢？""因为它们都遮住了，重叠了。"孩子们用黑色卡纸撕出屋顶，白色铅画纸撕出屋身，运用重叠的方式粘贴出建筑群，最后用记号笔画上门窗、游客、花草，长长的古建筑群画卷就形成了。

图6 黑瓦白墙

4. 飞檐翘壁之古韵美

肃雍堂的飞檐翘壁与现代的建筑风格完全不同。"肃雍堂的房子与我们住的房子有什么不一样？""它们都是矮矮的房子。""屋角都是翘翘的。""那叫飞檐，许多檐角都是不同的，都有哪些呢？"孩子们在欣赏比较中感知了鱼尾、龙尾、凤尾等飞檐的美，皇宫飞檐上神兽的气派。在掌握浓墨和淡墨的基础上，勾勒出具有层次感的局部建筑。小乐说："我的飞檐有三层的檐角。"凯凯说："我画的飞檐有两幢楼。"豆豆说："我看到了很多的房子叠在一起，所以有很多的飞檐。"最后运用彩墨点缀古建筑群，使整个画面变得那么柔和、美妙。

图7　飞檐

5. 精雕细琢之精致美

在肃雍堂里到处能感受到古代大师的精湛雕刻艺术。在探秘中孩子们发现，每个大堂里的窗格设计非常独特，有不同形状的格子，配有花草图案、鸟兽图案、人物故事等装饰。大堂里柱子上、大梁上有木雕的物品，特别是牛腿上的狮子、神兽、古装人物雕刻得栩栩如生，就连天花板上都是铜钱状、祥云状木雕图样。于是，孩子们当起了小小窗格设计师，设计出了一幅幅精美图案。

图8　窗格

6. 石雕牌坊之恢宏美

孩子们找到了连续排列的三座牌坊，就在这儿进行了牌坊写生。孩子们提出了三个问题："牌坊是由什么制作而成？从上到下它是怎么排列的？上面有什么图案？"孩子们亲手抚摸了石头雕刻的牌坊，你一言我一语，了解了它们从大到小的排列顺序，寻找了上面的狮子、大象、鹿，还有飞檐上的龙头鱼尾状神兽，好一派恢宏的气魄。孩子们找了一个适合的位置坐下，慢慢地用自己的表达方式记录了石雕的美。

图9　石雕

7.瓦当拓片之稚拙美

屋檐上的瓦当形状各一,孩子近距离欣赏时,就会发现上面雕刻着花草、蝴蝶等。老师把它们拍摄下来制作成PPT。"哇,原来瓦当也可以这么美,都有些什么形状呢?""有圆形的、扇形的、三角形的、长方形的瓦当。""圆形的瓦当里面藏着美丽的花朵。""三角形的瓦当上好像有一只蝴蝶。""除了屋檐上有,屋顶上也有,围墙上也有,每一处瓦当上面的花纹设计也不同。请你们也来设计一块瓦当吧!"你瞧!孩子们用陶泥设计自己喜欢的图形,再用搓、压、团、刻等技法捏出独特的瓦当。

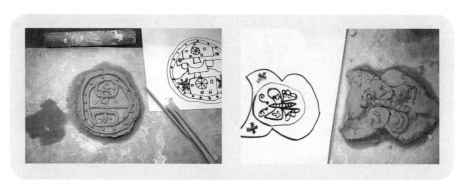

图10　瓦当

(三)萌娃画展

萌娃画展来源于孩子的需要,从孩子的日常生活中生成。通过"办画展需要什么"等问题、情景让孩子们展开深度学习,从而发展孩子的合作能力、交往能力、展现自我能力等。

1.项目生成

走进肃雍堂"古宅探秘"之后,教室的作品坊里挂满了关于印象肃雍的作品,孩子时常会拉着妈妈的手指着说:"这是我画的。"对于自己一幅得意的新作品会恳求老师:"老师,能不能带回去?"各种形式的肃雍作品太多了,区域里已经放不下,墙上已挂满,教室里已容不下了,怎么办呢?还是孩子有想法:"那就放到外面吧!""是呀,不如我们就在幼儿园里办一个画展吧!"孩子们拍手赞成,就这样萌娃画展生成了。

2.小组合作

开画展需要干什么?需要哪些材料呢?小不点们召开画展主题会,有的说要用大板把画挂上去,有的说要请爸爸妈妈一起来看,还有的说放到大门口好了,大家都能看到。"那谁来看我们的画展呢?"果果说:"发广告纸就可以了。""画展结束了,这些画有什么用呢?"孩子们想到了义卖捐赠,"对呀,把我们的作品卖掉,赚来的钱就可以捐赠给他们。"通过这样的大讨论,幼儿自主报名,分工合作,最终成立了七个小组,各个小组分工明确，并开始行动。

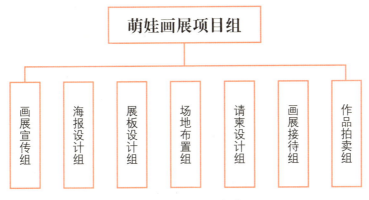

萌娃画展项目组

| 画展宣传组 | 海报设计组 | 展板设计组 | 场地布置组 | 请柬设计组 | 画展接待组 | 作品拍卖组 |

图11　小组分工合作

3. 全园联动

项目小组在行动过程中遇到重重困难，经历了无绪—挑战—达成三个阶段，大家分工合作，最终完成自己认领的项目。如请柬设计组在区域里寻找材料，有的画上肃雍堂的线描画，有的贴上爱心写上一段话，有的贴上一朵花、打个蝴蝶结，形式多样的请柬就制作好了。展板设计组把一次性水杯剪成两半，刷上油墨，叠制成黑瓦，在老师的帮助下终于完成了任务……画展宣传组想出了动人的语句，在弟弟妹妹们的班级里进行宣传。这样富有意义的活动在全班联动起来，在全园的大班联动起来。

图12　请柬

图13　画展

（四）爱心之旅

每个孩子都有一颗友善之心，他们把印象肃雍的作品进行爱心义卖，所得善款进行爱心捐赠，将爱的种子撒满孩子的心田。

1. 爱心义卖

拍卖会上，孩子们上台流利地介绍自己班里的作品，主持人气势高昂地主持叫卖：

"现在拍卖的是1号作品，起拍价是10元，请叫价……"现场气氛高涨，家长们争相竞买，短短的几个小时，200多幅作品全部被买走。

图14　义卖

2. 爱心捐赠

有一种爱叫翻山越岭的爱。我们的爱心义卖款从幼儿园越过九曲十八弯来到东阳三单幼儿园（被称为东阳的"西藏高原"）和建德偏远农村幼儿园。这份爱心感化了三单的孩子们，他们的父母特意拿来了不少土豆和番薯粉以表感谢。我园的孩子们品尝了美味的土豆，并把一些土豆种在幼儿园的农庄里。土豆作为爱的种子在幼儿园的沃土里生根发芽。建德的孩子们用画图的方式给我园孩子写来了一封感谢信，表达他们发自内心的感谢。通过爱心捐赠，孩子们从小懂得善良、友爱，这是一份大爱，是对中华优秀传统美德"仁爱"的传承。

五、亮点分享

古宅探秘经过多次探索研磨逐渐走向成熟。它以探秘的形式开展了孩子喜欢的探宝活动，以艺术创作的方式给孩子们留下了关于肃雍堂的美好印象，以自主创生的方式承办属于自己的萌娃画展，以爱心传递的方式延续传统的仁爱。

（一）古宅探秘·家国情怀

孩子们以古宅探秘、小组自由组合的方式走访肃雍堂。他们边翻看探秘手册边仔细观察对比，发现古宅里的甬道、明堂里都是用石子铺成的美美图案，有花朵状的、花环形的……天花板上的祥云、窗格上的花鸟、屋檐下的瓦当、门庭里的户对、围墙上的砖雕都是那么具有古典艺术美，在不知不觉中发现了古宅的木雕美、石雕美、砖雕美……孩子们每找到一处就在手册的表格上打一个钩，成功的喜悦在眉间展开来。

这么萌萌的、好玩的古宅探秘活动深受孩子们喜欢，热爱家乡、热爱祖国的种子很自然地根植在幼小的心灵。

（二）肃雍创想·多元创作

孩子们有了身临其境的探秘体验和对细节的感受，那形式多样的表现手法使孩子们"印象肃雍"作品创意无限。孩子们用泥巴条搓出了童趣稚拙的泥房子，用撕贴的方式表现了黑白古建筑群，用粗细不一的线条创意地描绘出古宅的真迹，用以形写神的水墨勾画出了江南烟雨美。孩子们富有创造力地用鹅卵石铺成一段蝴蝶、火车轨道、大树的石子路，用五谷杂粮在陶泥上镶嵌一幅精美的图案，用轻质黏土在纸盘上揉搓一块图案。孩子们的奇思妙想正是我们所追求的。肃雍堂里的木雕精致美、石雕恢宏美、户对简约美……在孩子们的眼里更显魅力。

（三）创生画展·自主发展

萌娃画展来自孩子们的需要，"印象肃雍"作品太美了。孩子们迫切想让爸爸妈妈看看自己的作品，于是在谈话间自主生成画展，通过"印象肃雍"萌娃画展的形式展现稚拙美的作品。老师协助孩子召开主题研发会，通过自发的表达，自由组建小组成员，分工合作，克服困难，共同完成各项任务。如作品拍卖会上，孩子们自己上台流利地介绍作品的制作过程，呈现一幅幅美丽的作品，自己气势高昂地主持叫卖。这一场由孩子主导的画展，发展了孩子的合作、交往、自主、自信等能力。

（四）爱心传递·传承美德

好玩的古宅探秘活动带领孩子走进肃雍堂，使他们好奇地寻找古宅的艺术瑰宝，并用自己独特的艺术表现手法呈现古宅历史踪迹。紧接着孩子自己主导开展萌娃画展，自主爱心拍卖作品，将所得爱心善款捐赠于山区农村幼儿园的困难儿童，用自己的零花钱给他们买小礼物，走进农家小院，感受他们的朴素生活。山里孩子们被城里来的朋友所感动，用写感谢信、回赠特产的方式真情回馈爱心。幼儿园帮孩子们搭建爱心之桥，把古宅足迹演化为一场大爱，这是孩子们情感的升华，是孩子们爱心的飞跃，是中华传统美德的传承。

（沈群英　楼美英　徐丽超）

第四篇

地域资源

紫阳小伢儿的庙会

杭州市紫阳幼儿园

在信息化和全球化的大背景下，西方文化逐渐渗透到大多数家庭，传统的生活习俗、民风民情渐行渐远，因此运用地方资源开展园本课程建设，在孩子幼小的心灵埋下家乡优秀传统文化的种子是我园吴山文化特色课程建设的重要内容。紫阳小伢儿庙会是我园"吴山文化童心体验"课程下的一个特色项目。从伢儿"逛"庙会到伢儿"办"庙会，突出了幼儿是活动的主人。筹备和举办庙会的整个过程，不仅促进了幼儿责任感、礼仪、秩序、合作、分享、劳动等品质的发展，更是在亲历老底子浓浓杭州年味的过程中，让传统文化扎根于孩子幼小的心灵。

一、资源分析

我园地处清河坊南宋历史文化街区，面向太庙遗址，背靠紫阳山，周边有着丰富的自然与人文资源。走进周边的小巷里弄、南宋御街和河坊街，随处可见带着南宋气息的古代历史建筑、传统民俗和杭州特色的小吃、茶楼等，能够充分感受到具有吴山地域特色的本土文化和市井民风。2009 年，我们依托省教研规划课题"吴山文化园本课程的设计与操作"，通过对周边自然和人文资源的科学开发，在走进自然、走入社会、自主探究和实践的过程中，拓展幼儿学习空间、转变幼儿学习方式，让幼儿获得更为真实、丰富、多样化的体验，在自我经验不断建构的过程中逐渐积累自己对杭州传统文化的理解和感悟，从而萌发幼儿爱家乡的情感。

二、目标设计

（一）总目标

（1）了解本土文化，感悟富有杭州特色的本土生活。

（2）体验社会角色，在活动中促进责任感、礼仪、秩序、合作、分享、劳动等品质的发展。

（3）喜欢不同表现形式和风格的杭州传统文化，尝试用自己喜爱的方式去表现、表达。

（4）逐步萌发爱家乡的情感，在幼小心灵留下关于杭州的童年味道，从小厚植家国情怀。

（二）分年段目标

1. 小班

（1）喜欢参加幼儿园的"小伢儿庙会"活动，能和同伴、父母交流庙会内容。

（2）尝试运用多种感官或动作探索身边感兴趣的事与物。

（3）初步萌发爱家乡的情感。

2. 中班

（1）积极参与庙会活动，尝试自主申报参加"小伢儿庙会"岗位工作。

（2）大胆尝试运用语言、舞蹈、表演、手工制作等多种形式表现自己的想法、想象和创意，发现关于杭州的传统小吃、民俗工艺、艺术等特色内容。

（3）喜欢家乡传统节日活动，体验节日快乐。

3. 大班

（1）乐意成为"小伢儿庙会"的工作人员，并大胆开展岗位工作。

（2）乐意承担任务与挑战，能通过自主协商、分工合作等方式，自行尝试解决活动中遇到的问题。

（3）能用多种工具、材料或不同表现手法连贯、清晰地表达自己的感受和想法，并尝试与他人相互配合，小组合作进行表现与创造。

（4）喜欢杭州的传统文化，萌发爱家乡的情感。

三、内容架构

在"吴山文化润童心，和谐教育促发展"课程理念引领下，2016 年开展了第一届紫阳小伢儿庙会活动。为了更好地实践《3—6 岁儿童学习与发展指南》精神，努力让课程回归儿童，我们创新了 2018 年小伢儿庙会，提出了伢儿"办"庙会的理念。

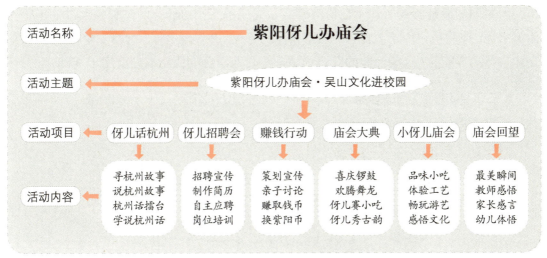

图1　紫阳小伢儿庙会架构图

四、组织实施

小伢儿"办"庙会需要幼儿对周边传统文化有充分的感性认识，如果脱离这些知识和经验，幼儿就会成为庙会的过客和旁观者。因此在庙会的前几个阶段，我们从多条路径入手，让幼儿在参与吴山文化园本主题活动、"小河坊"混龄游戏中，不断发现和探索周边富有地域特色的人和事物，获得多种感官和体验，让孩子在其中得到充分的熏陶和浸润，从而为小伢儿办庙会积累经验和情感的基础。

（一）通过园本特色活动，让幼儿感悟传统文化

1. 以园本主题为源头，建构对家乡的理解与感悟

在主题开展过程中，孩子们不断地在发现问题、探究问题的过程中获得直接的感性经验，在小组和集体活动中提升经验、获得主动发展。例如在大班"巷里巷情"主题活动中，孩子一次次带着好奇走进历史悠久的燕春里小巷去观察。他们发现了很多小巷建筑的特点，比如小巷的路很窄很长、小巷的房子有很多是木结构的、老房子里有天井……这些在我们现代建筑中都是看不到的。于是在"伢儿话杭州"活动中，孩子自编自演《燕春里儿歌》。诸如此类，还包括《定胜糕的故事》等，都来源于孩子们曾经开展过的园本主题活动，激发了孩子对传统文化的兴趣。

2. 以小河坊游戏为载体，在角色扮演中增进体验

孩子们走入河坊街观察茶楼服务员的言行，品尝茶的味道；与武大郎烧饼铺的师傅对话、交流，观摩烧饼的制作过程；参观胡庆余堂，看老中医把脉，体验传统制药工艺……这些慢慢引发了孩子们角色模仿、亲身体验的需要，为此我们创设了以"小河

坊"为主题的混龄游戏。幼儿在扮演游客、完成各工作坊任务的过程中，进一步感受传统文化，体验杭州传统美食、手工艺和传统游戏，并发展合作、分享、爱心、责任心、交往、劳动等能力。这些经验的获得为紫阳小伢儿庙会的成功举办奠定了基础。

（二）通过庙会系列活动，让杭州味道植入心田

1."伢儿话杭州"活动设计

（1）设计框架。

表1 "伢儿话杭州"活动设计框架

活动目标	活动流程	活动内容	负责人
1.初步感受杭州话、老底子童谣、故事的魅力。 2.乐于运用多种形式大胆表现杭州童谣及杭州老底子故事。	宣传启动	总体要求，动员幼儿、家长参与推广活动。	年级组教师
	活动实施	家长与幼儿收集素材，寻找杭州童谣及老底子的故事，将作品拍摄成视频。	各班幼儿
	正式比赛	分组进行杭州话童谣展示及杭州老底子故事展示，大班幼儿做大众评委。	全园幼儿
	成果总结	成果一：将作品汇编成《伢儿话杭州》； 成果二：将视频和音频编辑二维码制成紫阳书签，提供给家长扫码视听； 成果三：优秀作品在庙会大典中展示。	年级组教师

（2）设计说明。

● 和幼儿一起走进周边环境，通过用杭州话做游戏、讲故事等形式，在潜移默化中自然学习并使用杭州话，真正萌发寻找、创编的乐趣。

● 对教师要求一定要从活动中来，到活动中去，结合日常园本主题加深孩子对杭州话以及杭州老底子故事的感知。

● 充分调动家长资源，激发家长的过程参与，唤起家长对杭州话童谣、儿歌以及民间故事的学习、推广和传承。

2."伢儿招聘会"活动设计

（1）设计框架。

表2　"小伢儿招聘会"活动设计框架

活动目标	活动流程	活动内容	负责人
1.加深对周围人和不同工作岗位的了解和体会。 2.激发主体参与意识，不断创造自我学习和发展的机会，挑战自我。	招聘宣传	张贴宣传海报，了解招聘的内容；开展"我最喜欢的工作岗位"讨论活动，帮助幼儿认识各种职业。	年级组教师
	亲子讨论	家长和孩子一起讨论应聘岗位，亲子共同设计制作应聘简历。	家长孩子
	现场招聘	中、大班幼儿亲历应聘过程，选择工作坊，充分展现自我。	中、大班幼儿
	培训实习	各坊主带领应聘成功的孩子熟悉场地，集体培训工作内容、工作要求，进行岗位实习。	工作坊教师
	上岗工作	由工作人员进行岗位工作榜样示范，接受个别指导。实习达标幼儿开始上岗工作。	工作坊教师

（2）设计说明。

● 幼儿通过体验感悟将自己的喜好和选择与社会的需求相结合，锻炼自我选择、自我决策的意识，清晰地了解岗位的规则和要求，从而认识社会，理解劳动。

● 改变教师的主导地位，由以往的"委派"到幼儿的自主选择，让更多的幼儿主动、积极地参与其中，体验不同角色。

● 激发家长把孩子带到大社会中去观察大人的劳动，增进孩子对不同工作岗位的了解。

3."赚钱行动"活动设计

（1）设计框架。

表3　"赚钱行动"活动设计框架

活动目标	活动流程	活动内容	负责人
1.通过自己的努力，采取不同的形式，赚得庙会钱币。 2.在赚取的过程中，体验钱币来之不易，并珍惜使用。	赚钱宣传	让家长和孩子了解活动目的，通过劳动的方式获取钱币。	年级组教师
	策划行动	根据各年级年龄特点，以家庭为单位，制订赚取庙会钱币的方案，并开展活动。	中、大班幼儿
	班级展示	各年龄段开展班级分享活动。	各班教师

（2）设计说明。

● 策划这样一场"赚钱"的活动，目的是希望孩子意识到收入是与自己的劳动息息相关的，不能成为一个只知道享受的"消费者"。

● 要赋予幼儿极大的自由度，使幼儿能够按自己的意愿，自主选择，自主操作，把生活中难以实现的愿望，通过特定的情景去实践或再现。

● 引导家长培养孩子形成正确的"消费观"。

4."庙会大典"活动设计

（1）设计框架。

表4 "庙会大典"活动设计框架

活动目标	活动流程	活动内容	负责人
1.能用不同的表现形式大胆地展示自己。 2.感受传统文化，学习传统美德。	活动策划	师生共同进行大典活动策划，征集意见，确定大典活动内容。	年级组教师
	活动宣传	师生共同讨论设计、制作活动海报，宣传大典节目内容。对家长发放"善孝明礼实践体验"、杭州话擂台等活动通知。	年级组教师
	演员比拼选拔	大典各节目负责老师制订设计招聘方案，招聘演员，进行选拔。	节目负责人、中大班师生
	大典演出	喜庆锣鼓、欢腾舞龙、杭州话擂台、伢儿秀古韵、大典仪式。	全园师生、家长
	活动总结	各班收集"善孝明礼"家庭活动感悟，各班进行交流分享。	各班教师

（2）设计说明。

● 将庙会大典从单纯的演出转变为文化内涵的浸润，把更多的传统文化融入其中，成为全园孩子共同关注的话题。

● 改变以往庙会大典中少数孩子表演、大部分孩子观看的形式，人人参与，增加参与感和融入感。

● 从展现结果到关注过程。

5."小伢儿庙会"活动设计

（1）设计框架。

表5 "小伢儿庙会"活动设计框架

活动目标	活动流程	活动内容	负责人
1.尝试自主策划、选择，创设自己的迎新庙会。 2.亲身感受传统节日的喜庆快乐。 3.促进责任感、礼仪、劳动、合作、分享等能力的发展。	项目选择	师生共同策划庙会活动，通过投票征集意见，确定庙会商铺的内容和名称。	全园师生
	摊点策划	各商铺摊点师幼和家长志愿者共同准备材料、设计宣传招牌。幼儿园根据需求聘请各类民间艺人，做好后勤支持服务。	各商铺摊点负责人
	正式活动	幼儿持兑换的紫阳币到各个庙会商铺摊点中体验。	全园幼儿及家长

（2）设计说明。

● 让幼儿在真生活、真体验、真经历中感受和触摸传统文化的同时也体验到老底子年的味道。

● 鼓励幼儿成为多元整合、积极主动的学习者，尝试劳动和为他人劳动、相信自己独立思考、学习如何与人协商合作、学习参与庙会需要的各种生活和交往技能。

五、亮点分享

我们认为紫阳小伢儿庙会是努力让课程回归儿童的具体表现。如何让儿童真正站在课程的中央，我们有以下几点思考：

（一）紫阳小伢儿庙会真正顺应孩子的需要而开展

小伢儿庙会摒弃了以教师为中心的传统，强调儿童学习过程的连续性和经验的链接，注重儿童操作能力和自我管理的培养。这一活动模式真正顺应儿童的需要，成为儿童自主发展、快乐成长的个性选择。

案例：

2017年庙会以后，我们就面向全园的孩子和家长针对庙会项目、内容喜好度进行调查，采取了末位淘汰的方法进行内容调整，将票数较低项目换成孩子们喜欢的项目。孩子们还提出要有一些互动项目并制作自己的小礼物。于是2018年庙会我们增设了猜灯谜活动，猜对就可获得一份小礼物 —— 紫阳书签。每一张紫阳书签上都留下了孩子们自己的声音和笑脸，只要用手机扫一扫二维码，就可以听到小朋友讲杭州民间故事或者看到小朋友讲杭州话童谣。

图2　杭州话童谣书签

图3　传统的猜灯谜

（二）庙会形式有趣好玩，充分体现"做中学、生活中学"

在办庙会的过程中，幼儿能充分地接触有价值的早期学习经验。在这里幼儿是一个多元整合、积极主动的学习者，他们尝试劳动和为他人劳动，学习如何与人协商合作及学习各种生活技能。

案例：

庙会活动资金需由孩子们自己筹备，来换取紫阳游戏币。孩子们的能力让人惊叹。有个中班幼儿回老家打小工翻袜子，翻300双袜子挣到10元钱；有个小班的幼儿以视频的方式在微信上兜售自己制作的新年礼物；还有幼儿以小队活动的形式到太庙广场去售卖自己的玩具，探索发现推销对象很重要，要找年龄相仿的小朋友或者找带着孩子的父母大胆介绍自己的产品，并学习使用支付宝扫码收款。

图4　中班幼儿帮大人翻袜子赚钱

图5　组成小队在太庙广场售卖玩具

（三）真正做到了让课程回归儿童，让儿童站在课程的中央

教师积极关注儿童的真正兴趣点，通过基于问题推进式的园本教研，发现问题，解决问题。根据儿童的兴趣、需要和意向去建构课程、完善课程，让儿童在所处的环境中积极活动，真正成为学习的主体。

案例：

根据活动现场情况，老师们发现幼儿更偏爱小吃，对传统手工艺兴趣不大。通过与孩子们的交谈，发现有的孩子说"做手工太难了，来不及"，有的孩子说"光做做有什么意思"……针对孩子们的各种想法，老师们讨论原因，分析调整。手工艺区尝试邀请手艺高超的家长或艺人来为孩子们现场示范，让他们感受传统手工艺的神奇和有趣。教师们也针对材料缺乏层次和选择性不多的问题进行了丰富和调整，燕春里剪纸区和灯笼铺受到了孩子们的喜爱。

图6　剪纸艺人在现场展示

图7　灯笼铺人气很旺

（四）唤起了家长对传统文化的兴趣，转变家长的育儿观念

正像专家和家长所说，小伢儿庙会连接了两代人的童年，唤起了家长们对童年的回忆，也引起了家长对传统文化的重视。让家长们从关注孩子的知识教育转变为关注幼儿身心的全面发展；从重视单一课堂教学转变为重视幼儿的社会实践。

案例：

有一位参与了三届庙会的大班家长说："从小班到大班，每一次庙会对孩子来说都有不同的体会，孩子的角色也在悄悄发生变化。从小班只是在庙会中吃吃玩玩到中班开始当工作人员，现在大班当上了武大郎烧饼铺的宣传队长，孩子利用角色扮演进行社会体验和互动交流，明显增强了她的责任感和交往能力。"孩子经历三届庙会的成长历程是教室里学不到的，因此也深深地让家长认识到大自然、大社会对促进幼儿身心健康发展的重要性。

图8 亲子共写"福"字　　　　　　　　图9 亲子一起猜灯谜

（五）巧妙融入社会主义核心价值观，让传统文化扎根于孩子幼小的心灵

小伢儿庙会的一系列活动让孩子们时时浸润在传统文化的环境中，真实地、切身地从小处着手，不断了解和感悟传统文化的各种表现形式，在自主参与互动的过程中，建构属于自己的对传统文化的理解和感悟，从而萌发爱家乡的情感。

案例：

庙会前期举办了小伢儿话杭州的活动，会说杭州话的孩子开展杭州话打擂台说民间童谣；不会说杭州话的孩子讲讲杭州民间故事。这个活动很好地将方言融入幼儿园教育，通过讲方言、说民谣、玩绕口令，让孩子们更好地感受方言诙谐、生动的可取之处，培养孩子们对杭州方言的亲近、热爱。也让孩子们对杭州老底子的故事产生了浓厚的兴趣，在活动中还渗透了对爱家乡、讲文明、友爱、诚信等价值观的培养。

图10 幼儿展示自己创作的杭州工艺　　　图11 "伢儿话杭州"之小吃擂台赛

紫阳小伢儿庙会让传统文化变得更加立体、更加生动、更加丰满，进一步发挥教师作为活动过程中的隐性推手作用，最大限度地满足了幼儿的发展需要，让幼儿主动地探究发现，感悟和体验。我们期望孩子在真生活、真体验、真经历中不断地感悟和触摸传统文化，将传统文化扎根于他们幼小的心灵。

（孔英萍　唐亮）

民间土棋玩玩乐

宁波市奉化区第二实验幼儿园

　　民间土棋是指民间创编并在民间代代相传的棋类游戏，如城堡棋、时钟棋、百格棋、猫捉老鼠棋等。这些游戏因活泼有趣、与生活联系密切、活动方式灵活、群体娱乐性强等特点，深受孩子的喜爱。且玩这类棋有一个好处，棋盘、棋子很容易就地取材而成，随时随地就能玩起来。幼儿在玩棋时每走一步棋都要动脑筋，在想想玩玩中发展观察力、注意力、记忆力、分析判断力、逻辑思维能力等。因此，我园开启了"奉化土棋"园本特色课程建构历程，让幼儿认识并玩土棋，使具有本土特色的土棋文化得以承传与创新。

一、资源分析

　　宁波市奉化区有着丰富而独特的民间文化，民间土棋则是民间文化中的精品，适合幼儿学习和活动，所以我们对民间土棋传统游戏认真加以挖掘，作为幼儿园宝贵的教育资源纳入课程体系之中。我园家园协作密切，有丰富的家长资源，特别是爷爷奶奶辈有玩土棋游戏的经历，对土棋有更深的认识和研究，经调查，60—65 岁的老年人知道土棋的比例占 68.7%，他们支持幼儿园工作，这也有利于土棋项目活动的实施。再者，教师们有课程开发的意识，前期参与土棋搜集，与本土长辈访谈，查看相关文献资料，并从中挑选、整理适合学龄幼儿的土棋，这些非常有利于土棋游戏的开展。

二、目标设计

（一）总目标

（1）在说一说、画一画、学一学、做一做、玩一玩、赛一赛等形式中认识土棋、学习棋规，丰富有关土棋的感性经验，感受本土特色的土棋文化。

（2）通过"1＋X"跳蚤式、"亲亲家园"式、"走读"式、"四区一盟"式等多种实践活动，提高棋趣、棋艺、棋品，促进良好的意志品质及个性的形成。

（二）年段目标

1. 小班

（1）感受浓厚的土棋特色文化环境氛围，萌发对土棋的兴趣，喜欢玩土棋。

（2）知道上棋游戏中棋谱、棋子、棋规的具体含义，认识跳跳棋、格子棋和时钟棋并学习棋规。

2. 中班

（1）进一步萌发对土棋游戏的兴趣，建立初步的土棋规则意识，知道"观棋不语""落子无悔""摸子走子"等对弈棋规。掌握百格棋、城堡棋、登山棋、石头剪刀布棋、独子棋、猫捉老鼠棋6种土棋游戏规则。

（2）通过学习民间土棋，养成良好的玩棋习惯，培养尊重他人、愿意与他人合作和沟通的意识。

3. 大班

（1）初步建立棋手的好棋品，能享受下棋的乐趣，建立较强的规则意识，知道"观棋不语""落子无悔""摸子走子"等对弈棋规。掌握靶棋、西瓜棋、数字棋、鸡毛蒜毫棋、小猪吃奶棋（屙坑棋）、牛角棋、大斜方棋7种土棋游戏规则。

（2）通过探索、体验、表达、竞赛等多种实践活动，积极参加各种土棋棋赛，勇于和同伴对弈，养成积极开动脑筋、独立思考问题的良好习惯，形成良好的心理素质和个性品质。

三、内容架构

（一）课程内容预设

在进行土棋游戏的前审议中，教师秉持儿童本位的理念，将土棋游戏活动分年龄段进行适当调整，发现在玩的过程中，伴有儿歌、童谣、数数等内容，这就要求参与游戏的幼儿既动脑又动口。这不仅丰富了幼儿的游戏活动，而且达到了开发智力、发展多种能力的目的。有些土棋需要幼儿具备一定的数学知识、推理能力和足够的耐心才能玩，那么在小班和中班就很难开展，放在大班合适一些，如数字棋和独子棋。还有一部分土棋玩法看似很简单，却需要多次游戏经验积累才可以真正掌握规则和玩的技巧，否则玩起来就很没意思。这就需要游戏的孩子具有一定的耐心、细心以及具备一定的积累经验、灵活应变的能力，适合在大班开展。将不同类型的民间土棋按幼儿的年龄特点进行了适配（见图1）。

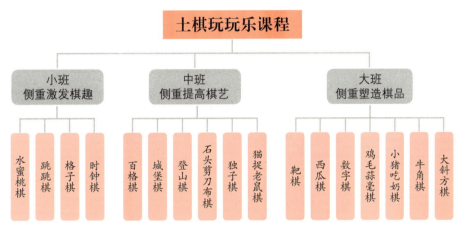

图1　土棋游戏框架

（二）土棋游戏开展思维导图

根据上述内容，我园预设的土棋游戏开展思维导图见图2。

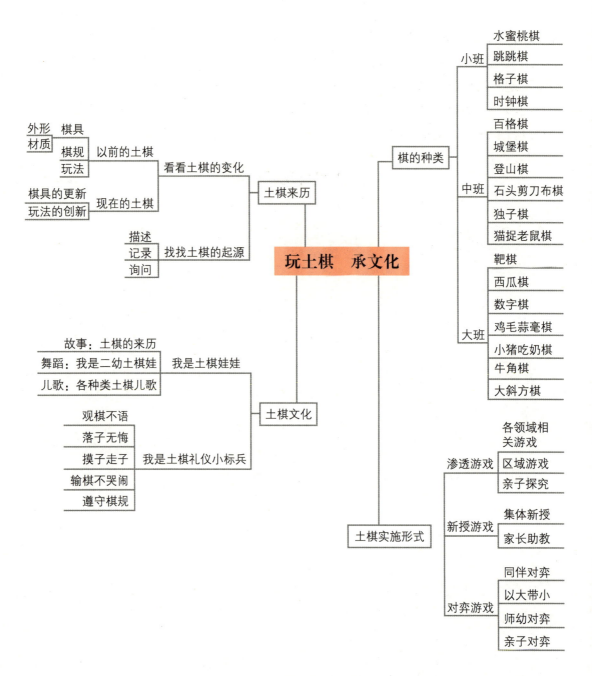

图2 土棋游戏开展思维导图

土棋游戏开展以年级组为单位，根据孩子的兴趣及土棋的适宜性来选择相应的土棋内容。每种土棋开展结合五大领域，棋种不同导致最终呈现的活动行进图也各不相同。

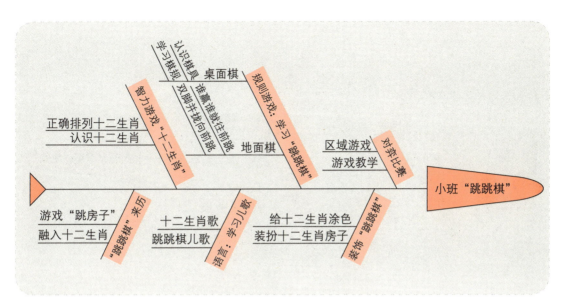

图3 小班"跳跳棋"的实际活动脉络图

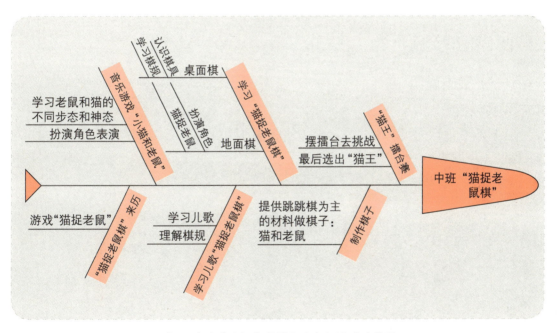

图4 中班"猫捉老鼠棋"的实际活动脉络图

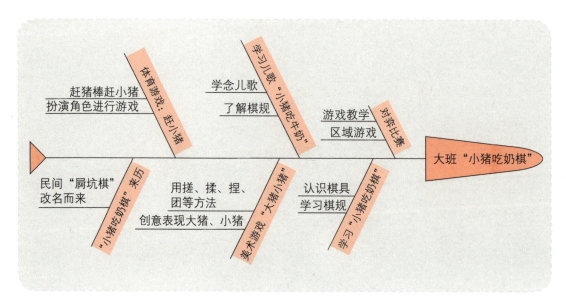

图5　大班"小猪吃奶棋"的实际活动脉络图

四、组织实施

（一）实施说明

1. 实施模式

土棋游戏活动的实施主要分3步，分别是与活动相关的渗透游戏、新授游戏和对弈游戏。（见图6）

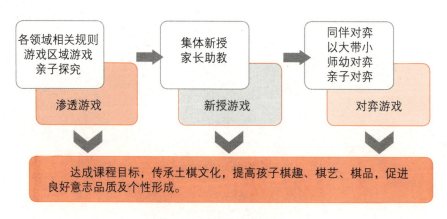

图6　土棋游戏实施模式

（1）渗透游戏：①各领域相关规则游戏。是指一系列有关土棋前期经验的规则游戏。如：中班玩土棋游戏"猫捉老鼠棋"前，会开展音乐游戏"小猫和老鼠"、纸工游戏"大猫和小老鼠"等，通过角色扮演、棋子的制作充分调动幼儿参与学习的兴趣，帮助幼儿轻松掌握游戏玩法。②区域游戏。在班级中开设土棋区，让孩子在平时区域游戏中探索土棋规则，激发孩子对土棋的兴趣。③亲子探究。孩子和家长一起在家进行土棋的棋具制作，通过制作对棋产生兴趣，尝试进行对弈，为开展土棋教学游戏做铺垫。

（2）新授游戏：①集体新授。即教师有目的、有计划组织的集体活动，让幼儿掌握土棋的名称、基本玩法，建立基本规则，并体验集体游戏的乐趣。②家长助教。发挥家长资源，请熟悉民间土棋玩法和规则的家长走进课堂，把土棋知识传授给孩子，丰富教学路径。

（3）对弈游戏：学会土棋游戏后进行对弈游戏，对弈游戏对象多元，主要有：①同伴对弈；②以大带小；③师幼对弈；④亲子对弈，提高幼儿的棋艺和棋品。

2. 实施时间

每月一种棋类。小班上学期以参观为主，下学期起"一月一棋"。

3. 实施班级

全园。

（二）实施路径

为了让土棋游戏更加匹配幼儿的年龄特点和学习兴趣，教师首先进行民间土棋的搜集工作。通过走访当地老人等，向他们搜集当地典型民间棋，很快就搜集到了三十多种当地民间土棋。其中最典型的有"牛角棋""屙坑棋""地雷棋""猫捉老鼠棋""西瓜棋"等。其次，教师创设浓浓的土棋氛围，让孩子们对土棋游戏产生兴趣，然后根据幼儿的年龄特点确定适合的土棋，制定目标，进行一系列的土棋游戏教学，让幼儿在说一说、画一画、看一看、玩一玩中体验土棋乐趣，并以集体教学、区域活动、土棋文化周等多种活动形式，在丰富多彩的游戏中提高幼儿的棋趣、棋艺、棋品，丰富幼儿有关民间土棋的感性经验，促进幼儿良好意志品质及个性形成。具体实施路径见图7。

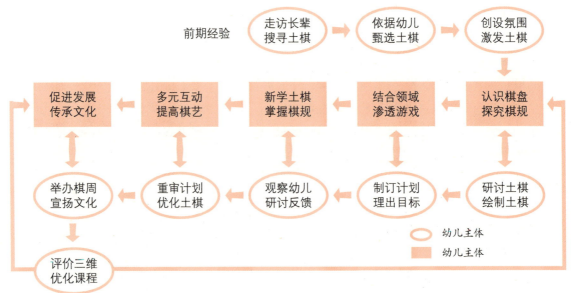

图7　土棋课程实施路径图

（三）环境创设

　　土棋环境主要是墙面土棋互动环境和棋区室环境。将大厅和走廊设置为土棋文化长廊，悬挂民间土棋的棋盘与棋子，供幼儿互动玩。园区走廊转角和各班设有土棋区。此外，还有土棋教室，呈现各种土棋棋盘、棋子，供幼儿游戏专用。墙面上展示幼儿园研究民间土棋的轨迹，从"如何邂逅—如何牵手—如何孕育—如何深发"四个方面阐述了民间土棋的背景及教师的获奖情况。同时，开发家庭和社区的资源，共同创建家庭土棋角和社区土棋旅行社。通过多项联动在幼儿身边营造出浓浓土棋特色氛围，走进幼儿园的每个人都仿佛置身于土棋王国。

（四）土棋文化周

　　土棋文化周是土棋项目活动开展的重要活动之一，每年都举办一次，开展形式丰富多样。从首届较为单一的桌面棋擂台赛、第二届好玩又有趣的面棋竞赛、第三届的三代同堂玩土棋到第四届的旅行式土棋，土棋游戏的开展形式相当丰富。文化周主要呈现的活动见图8至图11。

图8 首届土棋擂台赛

图9 第二届地面棋竞赛

图10 第三届三代同堂玩土棋

图11 第四届土棋旅行

五、亮点分享

（一）游戏课程化 —— 课程观的改变

土棋游戏不光是学棋，准备前期会让五大领域的学习渗透在一日生活之中。教师会审议土棋游戏的目标、内容、实施及评价，改变原有单一照本宣科的教学，发展教师的课程意识。游戏中通过画一画、赛一赛、玩一玩等认识棋具，学习棋规，在熟悉游戏后创编新的规则，以儿童本位理念相互协商制订规则。教师的教育观也在变化，不是光学会土棋，还要发现游戏规律，创新游戏规则。

案例：登山棋

在开展"登山棋"游戏前，挖掘幼儿的生活经验，探索中山公园，进一步了解中山公园山的外形和景点。师幼一起计划出游攻略的思维导图（见图12），布置"出游图"亲子设计活动（见图13）。实践亲子出游，画下自己登中山公园的路线图和路途中有价值的建筑。在开展新游戏"登山棋"时，教师一出示棋谱，就有孩子说："这是我们爬中山公园的路线图吧。""是呀，是我们爬的中山公园！"瞬时孩子们对"登山棋"产生了极大的兴趣。

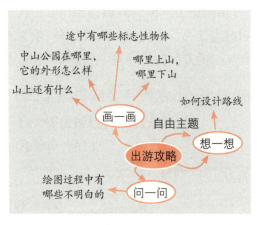

图12 出游攻略思维导图

图13 出游路线图

"这个'登山棋'到底该怎么走呀?""上面的数字是什么意思呀?""怎样能够到达小红旗处呀?"……于是教师针对幼儿的问题,进行了探讨和解答,孩子们对"登山棋"的棋谱有了进一步的了解。"登山棋"第一次新授活动中,由于之前孩子们已经有了充分的经验准备,在我们告知他们相应的棋规后,孩子们很快就融入下棋的氛围中去。三个人在一起玩,最多只能出示"3",最小出示"0",三个人的数字加起来是"几",那么就是哪个小朋友向前走"几"步,直到登顶获得红旗。

孩子对"登山棋"的兴趣越来越高。有一天晨间活动,思思和谦耀、图图三个人把抓尾巴的绳子连了起来,拼成了一座山。从图图的口述中,可以展现出这三个孩子对于"登山棋"的了解:我们用这些绳子拼成了一座"登山棋",他们两个负责拼,我负责形状,要使这些绳子变成一个三角形,我们两边的绳子都是比过的(长短),这样两边才能一样长,会变成一个三角形。他们自己创设了"地面"登山棋(见图14),教师紧跟孩子的创意,提供适当的引导与帮助,孩子们成功创设地面棋,开心地玩起来。幼儿园支持幼儿的创意,也在户外场地创设幼儿喜欢的棋谱,让他们进行地面对弈。

"登山棋"整个游戏中,教师的课程观发生改变,始终追随孩子的兴趣点,体现儿童本位,以课程形式开展土棋游戏。

图14 小朋友自创登山棋

（二）棋具本土化 —— 文化观的提升

棋具是幼儿土棋游戏的重要载体。在棋具设计上，我们立足本土，根植家乡文化进行设计优化。如：奉化溪口是江南历史文化名镇，也是蒋介石的故乡。我们把喜乐和谐文化渗透到棋具上，在百格棋棋谱上设计溪口的文化圣地（见图15）等。又如百格棋棋谱设计六镇五街道，在这张棋盘上还绘制了每个乡镇独有的文化特色，如尚田草莓、江口服饰、西坞水桥、萧王庙蜜桃、裘村红旅等。通过棋具的文化设计让家

图15 溪口文化圣地百格棋

乡的本土文化根植于孩子的心中，激发幼儿对家乡的热爱之情。

（三）对弈多元化 —— 社交圈的拓展

土棋对弈不单单是两人之间的游戏，我们实行多元化对弈方式，从单一的同伴走向不同群体、从幼儿园走向社区、从桌面玩棋到地面玩棋等，拓展孩子的社交圈。

案例一："1＋X"跳蚤模式下的园内土棋旅行

"1＋X"跳蚤模式旅行指1人作为擂主，其他小朋友可以对其进行挑战，可以同龄也可混龄，即园内土棋旅行形式为平行跨班旅行和交叉跨龄旅行。可在幼儿在园的各个环节游戏，如来园、离园、餐前、餐后。在餐后，幼儿拿着棋盘可到别的班级去旅行，这样班级里的"棋王"可以找到自己的"竞争对手"，能力弱的中大班幼儿能帮助小班幼儿，较任性、悔棋的幼儿会谦让小班的弟弟妹妹，俨然是一个充满竞争、充满友爱的小社会。土棋混龄活动体现了幼儿之间的互动、合作行为，有助于他们建立更大的"社交圈"。（见图16）

图16 "1＋X"跳蚤模式旅行

案例二："亲亲家园"模式下的家庭土棋旅行

提倡每户家庭创设家庭土棋角，利用离园后、晚上或是双休日时间，到其他几户家庭中玩棋。同时，请家长在旅行卡上签章，并填写好旅行单，对对弈双方孩子进行评

价。在反馈、研讨的过程中孩子的社交能力得到提高，胆量得到锻炼，在提高孩子棋艺的同时增进亲子间的情感。（见图17）

案例三："走读"模式下的社区土棋旅行

让幼儿走出课堂，进入社区，开展"走读"模式下的社区土棋旅行。幼儿给社区中的爷爷奶奶、叔叔阿姨们指导土棋游戏规则，然后进行土棋对弈。此模式使土棋游戏变得更加生动、有趣，让幼儿接触到不同类型的玩伴，拓宽幼儿的社交圈，为土棋游戏注入了新的活力。幼儿在这个过程中不仅巩固了土棋的游戏规则，同时养成良好的行为习惯，如礼貌交友、耐心讲解。（见图18）

图17　家庭土棋旅行

图18　教爷爷奶奶下棋

案例四："四区一盟"模式下的园际土棋旅行

"四区一盟"模式是以我园为盟主，以周边1千米内的4个园所（龙津幼儿园、锦溪幼儿园、盼盼幼儿园、江滨幼儿园）为区开展园际土棋旅行，拓宽幼儿的园际社交圈。其间我园孩子们带上自己熟知的棋具走进4所幼儿园，带其他孩子们认识棋具，学习棋规，尝试对弈，发挥我园土棋游戏的优势，带动周边园所土棋游戏的开展。（见图19）

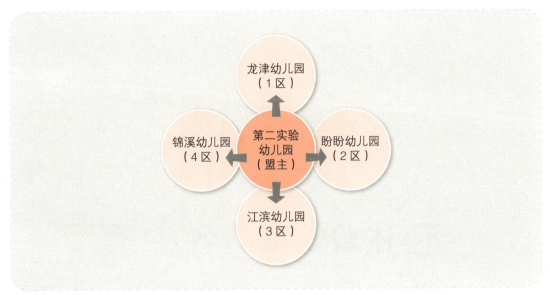

图19 "四区一盟"模式图

总之，民间土棋游戏课程开展以来，我园以土棋游戏为载体，通过渗透游戏、新授游戏和对弈游戏的模式激发幼儿的棋趣，提高棋艺，塑造棋品，促进幼儿的逻辑思维、合作交往和抗挫能力的发展。幼儿传承与创新奉化本土特色的土棋文化，提升对本土文化的认同感，使传统民间土棋文化得以传承且成为我园一张亮丽的名片。（见图20）

图20 二幼土棋娃娃

（司徒聪丽 王佳雯 竺维波 袁琴娜 夏挺娜 吴东）

体验馆里品名点

宁波市镇海区实验幼儿园

一、资源分析

（一）"十大名点"文化资源背景

宁波不仅山清水秀，自古还以"四香"（米香、鱼香、书香、墨香）名扬天下，物产极为丰富。在中国传统文化的倡导下，我们从宁波本土文化出发，从易于制作、幼儿熟悉、材料方便的角度，通过幼儿投票的方式，选取了"汤团、春卷、灰汁团、宴面、豆酥糖、金团、油簪子、米馒头"这8项内容，开展幼儿的食物体验馆探究活动。

（二）食物体验馆的来源与资源

儿童体验馆之父史巴克说过："儿童体验馆，在框架上兼具文化和教育，以儿童为中心，是服务社区与学校的媒介。"体验馆建立儿童与"物"之间的联系，可以向儿童播种兴趣的种子、激发儿童思想的火花。儿童体验馆结合各年龄段儿童的特点，给儿童带来感官刺激，并能吸引儿童进行体验馆体验，鼓励儿童直接与物品接触，通过观察、探索、互动、体验的学习模式促进儿童与体验馆的相互作用。

（三）我园在此方面的优势与特点

本园进行幼儿园生活教育课程已有4年多，其中"依托童食工作坊，有效实施幼儿生活教育的实践模式探索"在宁波市立项，结题报告《让童心在童食的制作与流通中绽放》获得宁波市教育科学二等奖。原来课题着重于制作与流通环节在学前教育方面的培养，随着课题的深入展开，教师们的科研能力、实践能力、活动组织能力有了不小的提升，许多老师在美食制作、食育营养、食育文化教育等方面有独到的方式，堪称独树一帜。孩子们对食物的制作与文化背景的了解，已经有了基本的认知。这为本方案的实施奠定了良好的基础。

此外，我园地处宁波镇海，附近有九龙湖风景区、十七房风景区、招宝山风景区、镇海鼓楼等著名文化与自然资源相结合的景区，其内有微型体验馆、美食美点一条街，同时毗邻宁波帮体验馆，孩子们对体验馆与宁波"十大名点"比较熟悉。

二、目标设计

（1）以儿童主动学习能力为核心，鼓励儿童在合作中发展，促进儿童对自然、生活、食物的广泛关注与高度热情。

（2）促进儿童的主动探究与艺术表征合二为一，实现儿童的快乐学习，全面发展。

（3）运用多元的方式进行发展性评量，促进儿童发展，达成教师的专业化发展。

三、内容架构

（一）主题内容

赫尔巴特提出了课程组织的两大原则，一是集中原则，二是相关原则。基于这样的理论背景，我们围绕一个主题深挖和拓展。我们从宁波本土文化出发，以幼儿为活动的主题，通过幼儿投票的方式，选取了"汤团、春卷、灰汁团、宴面、豆酥糖、金团、油簪子、米馒头"这8项内容，进行幼儿的食物体验馆探究。

（二）"十大名点"素材对接

经过了显性的物品记录和印象的故事走访调查，我们将孩子关于"十大名点"的印象进行了梳理，并在核心经验的指导下与老师预设的内容知识进行了对接。梳理内容如下：

表1 "十大名点"素材对接表

维度		幼儿发现	核心经验对接	教师梳理	幼儿共鸣
"十大名点"食物味道	种类	油籫子、糕点、生煎、面条、水晶油包等，点心和小吃特别多。	科学领域：认知各种各样的食物，以及其食材组成。	老街坊美食种类	个别化学习探究制作步骤
	外形	方形和圆形比较多。有些糕上面有图案。	科学领域：认知食物的制作步骤。	老街坊美食制作	
	味道	甜味、咸味都有，不少是有馅的。			
	包装	油纸或者纸袋、纸盒装的，有长长、弯弯扭扭的花纹，有梅花、兰花、竹子、菊花、莲花、如意、岛、蝙蝠、人物等图案。	科学领域：认知包装、纹样，以及其中的寓意。艺术领域：进行包装。	老街坊美食包装	
"十大名点"店铺美景	布局	路很窄，路两边是店铺，有些人挑着担卖东西。	艺术领域：色彩搭配、雕花的纹样等，进行幼儿表征。科学领域：传统的街道布局以及房屋结构。	老街坊环境	个别化学习进行艺术表征
	材质	木头和石头最多，木头都是很老旧的颜色，很多都雕花了。			
	色彩	房子很多是白色的或者黑色的木头，屋顶是黑色的瓦片。	社会领域：角色中角色意识与角色认知。	老街坊的角色	角色贩卖游戏
	人物	店里的人都穿着古代的衣服，卖东西的人说话很大声、很热情。			
"十大名点"文化传统	故事	各种美食的由来或者是如何流传开来的。	社会领域：文化由来。	老街坊的美食故事	表演游戏进行展现
	童谣	朗朗上口，方便流传。	社会领域：如何传承。	老街坊的美食流传	

（三）"十大名点"内容梳理

从幼儿的视角挖掘"十大名点"资源。在内容方面我们以"品味馆"为阵营，搭建"十大名点"游戏模式，并逐步扩大到班级区域、幼儿园其他场地。主要有以下8方面主题内容：

表2　"十大名点"主题内容一览表

主题	集体活动	区域活动	主题	集体活动	区域活动
汤团	健康:"小汤团"训练营	角色区:小小汤团店; 美工区:彩色汤团; 科学区:汤团与元宵的区别。	豆酥糖	社会:宁波特产豆酥糖	科学区:好玩的秤; 语言区:宁波童谣; 美工区:我的豆酥糖。
	科学:搓汤团			科学:会变的黄豆	
	社会:元宵节			健康:炒黄豆	
	音乐:卖汤团			科学:糖从哪里来	
	语言:汤团一家			美术:好看的包装纸	
春卷	健康:炸春卷	美工区:黏土春卷; 角色区:香香的春卷。	龙凤金团	社会:金团印模	科学区:松花粉; 美工区:甜甜的糕点; 表演区:喜洋洋。
	社会:春卷的馅料			科学:制作金团	
	美术:野菜书签			科学:金团的花纹	
	社会:野菜春卷品尝会			美术:面粉游戏	
	语言:过新年吃春卷			语言:金团的来历	
	音乐:包春卷				
灰汁团	语言:幸福灰汁团	语言区:灰汁团的故事; 科学区:碱的妙用; 美工区:红糖画。	油赞子	美术:好玩的水油分离	美工区:油赞子、包装变变变; 科学区:面粉游戏; 语言区:排排坐,吃赞子。
	科学:磨米粉			健康:面食有营养	
	音乐:甜甜的灰汁团			科学:油赞子和麻花	
	社会:制作灰汁团			数学:有趣的排序	
	美术:包装盒			社会:好吃的油赞子	
宴面	社会:我会做面条了	科学区:做面条; 语言区:面条的故事、面条歌。	米馒头	社会:大米从哪里来	科学区:各种各样的米馒头; 表演区:炒米花; 语言区:宁波老话,米馒头的家乡。
	科学:有趣的面粉			科学:好玩的发酵	
	美术:面条画			音乐:捏面人	
	音乐:面条舞			美术:漂亮的盘子	
	语言:长长的面条			语言:家乡特产美名扬	

（四）"十大名点"主题框架

根据每种名点的不同内容，我们进行梳理和分类，形成主题网络图，以下是米馒头和油簪子的主题网络图。

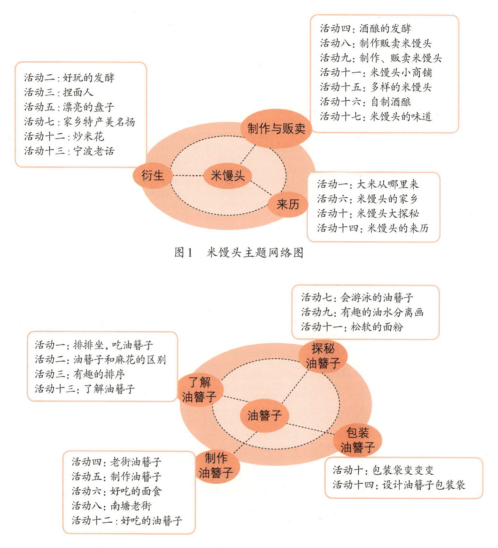

活动四：酒酿的发酵
活动八：制作贩卖米馒头
活动九：制作、贩卖米馒头
活动十一：米馒头小商铺
活动十五：多样的米馒头
活动十六：自制酒酿
活动十七：米馒头的味道

活动二：好玩的发酵
活动三：捏面人
活动五：漂亮的盘子
活动七：家乡特产美名扬
活动十二：炒米花
活动十三：宁波老话

制作与贩卖

衍生 —— 米馒头 —— 来历

活动一：大米从哪里来
活动六：米馒头的家乡
活动十：米馒头大探秘
活动十四：米馒头的来历

图1 米馒头主题网络图

活动七：会游泳的油簪子
活动九：有趣的油水分离画
活动十一：松软的面粉

活动一：排排坐，吃油簪子
活动二：油簪子和麻花的区别
活动三：有趣的排序
活动十三：了解油簪子

探秘油簪子

了解油簪子 —— 油簪子

制作油簪子

包装油簪子

活动四：老街油簪子
活动五：制作油簪子
活动六：好吃的面食
活动八：南塘老街
活动十二：好吃的油簪子

活动十：包装袋变变变
活动十四：设计油簪子包装袋

图2 油簪子主题网络图

四、组织实施

（一）环境方面的创设

我们选取大班八个班级所在的一幢楼，提供多元的材料，采用师幼互动的模式，将中国传统文化与各个班级的风格相结合，激发孩子进行有创意的设计。比如：大二班总体环境是以江南扎染布的风格为主，因此通过与孩子们讨论和商量，确定了将区域打造成宁波老建筑的风格。由孩子们设计区域图纸，一起进行创设布置，最终形成江南韵味浓厚的班级环境。

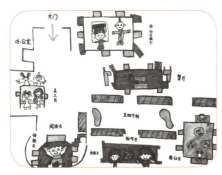
图3　幼儿设计图

图4　幼儿制作图

（二）材料方面的研修

1.分解食材

食物对孩子来说是熟悉的，食材就不同了，于是我们将每种食物进行细化。究竟食材是怎么变成食物的呢？孩子们通过品尝猜测，探究验证，获得关于食材的准确知识。比如：大四班孩子知道面条是从面粉变来的，可是孩子们从超市采购来的糯米粉、面粉以及生粉，从外形上看根本没有什么区别，于是孩子们开始了"和面"的实验探究，最终发现生粉没办法做成面团，而糯米

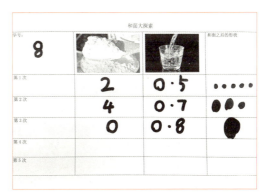
图5　幼儿操作记录表

粉做的面团很黏，不能压成皮、切成丝，加深了面粉的了解。

2.食材多元探秘

（1）特殊食材的科学探究。

孩子们对食物的认识是具体的，而"十大名点"中，有些材料是孩子不那么熟悉的，因此我们充分挖掘食材本身的价值，让孩子们进行深入的探索。比如："灰汁团"中的碱，孩子们比较陌生，在发现问题后，我们将食用碱投放到了班级科学区内，通过玩一玩、试一试，让孩子们对碱有了一定的认知。

（2）普通食材的营养探寻。

食材中蕴含了大量的潜在知识，这是孩子不易获得的。于是我们将幼儿所需的营养知识以显著的颜色为标记做了多彩食物营养配比图（见表3）。

表3　多彩食物营养配比图

颜色	白	黄	红	绿	黑
食物	米、面以及杂粮	豆类和豆制品	畜禽肉类	新鲜蔬菜和水果	黑色动植物
营养	淀粉等	植物蛋白质	动物蛋白及脂肪	维生素，膳食纤维和矿物质	纤维素、蛋白质、不饱和脂肪酸及多种维生素
作用	提供热量	易吸收消化	供给人体热能	参与机体的新陈代谢	清除人体有害菌、美容护肤

　　通过画一画、点一点的游戏，让孩子们在不知不觉中习得有趣的营养学知识，比如要荤素搭配、干湿结合等。

（三）制作的探索

1. 老工具的新感知

　　工具是孩子所陌生的，但却是食物制作的关键。制作龙凤金团需要用到的印模、豆酥糖需要用到的石磨、汤团芝麻馅要用到的捣臼等，都是传统的老街坊工具。我们采用了对比的方式进行探究。比如：豆酥糖的制作，需要把大豆打成粉末，孩子们拿来了破壁机，也拿来了老的石磨。孩子们梳理了优缺点，发现石磨的优点：①磨的过程非常香。②磨的粉虽然不如破壁机碎，但是有些颗粒的口感，做成豆酥糖反而更加好吃。③磨的过程中很安全，不危险。于是在之后的制作中，大部分孩子选择了更古老的石磨。

2. 老制作的新步骤

　　制作是"十大名点"不可或缺的部分，对于操作步骤的认识，我们也采用让孩子边操作边认识的模式。比如：宴面的制作，孩子们由于没有关于面条制作的经验，更别提知道拉面、搓面和切面三种方法，因此我们放手让孩子探究，孩子们发现拉面很难，搓面太粗，而切面最合适。

3. 老味道的新想法

　　孩子们对老味道有着自己的理解，在游戏的过程中，孩子们的新想法尤为突出。"汤团店"一开始顾客络绎不绝，但是随着活动的发展，孩子们发现生意变差，于是调整了不同馅料的汤团，由于在外形上与传统汤团无差异，生意并没有起色，最后，增设了火龙果汤团以及青菜汤团，粉色和绿色的新鲜汤团一下子吸引了客人的目光。

（四）文化背景的架构

童谣是孩子们最喜欢的内容之一，但是童谣的形式比较单一，怎么样让孩子们更好地理解童谣、表现童谣呢？通过以下几条路径达成目标。

图6 幼儿制作创新汤团

1. 童谣故事表征制书

通过亲子制作图书的形式表现对童谣和故事的理解。一开始幼儿表征仅仅局限于比较难以理解的内容，比如：儿歌《大公鸡》中的红绣球，《十二月子歌》中的"雪子"，后来随着对儿歌内容的深入理解，越来越多的孩子将内容画在本子上，形成比较完整的故事或者儿歌。而这样的"故事书"被投放到了图书角、"品味馆"等。

2. 童谣故事节目展演

随着活动的开展，越来越多的小朋友对"小舞台"心生向往，于是大家决定，在传统味道浓厚的"品味馆"表演传统的儿歌、童谣。孩子们通过准备、表演、拉票，层层筛选，最终选出人气最高的几个内容。随着活动的开展，孩子们对班级主题的故事背景有了越来越深入的了解与好奇，老师抓住这样的契机，进行了引领。大四班老师们通过故事的方式讲解食物起源，之后孩子们用自己的形式制作了幼

图7 幼儿生动的表演

儿自制图书。大五班通过文化讲解的新形式 —— 说书的模式进行文化的传递，还有的班级通过歌舞表演的形式进行再演绎（如图8），生硬的文化知识通过孩子们的再创作变得有趣。

（五）五部曲的活动开展形式

我们依照计划与决策、探究与表征、寻访与体验、回顾与反思、评量与收藏的五部曲形式开展主题活动。计划与决策旨在给予儿童表达他们想法和意图的机会，让儿童能根据自己的意愿作出独立的决定和判断。探究与表征阶段需要孩子们收集、整理和展示，儿童对将要开展的主题积累了初步的经验，并产生期待研究的问题，用艺术化的方式呈现自己对问题的理解和研究成果。之后通过寻访与体验，通过各个体验馆之间的参访、体验、探究、合作和艺术创作，让孩子在不同的主题环境中探究学习、拓

展经验。接着通过回顾与反思让孩子们更有目的地发现问题、解决问题、积累经验、提升经验、运用经验，使儿童完成学习。最后作为活动的尾声，基于对儿童真实学习过程的记录、作品收藏、展示和发布等有价值的信息，教师与儿童、家长、社区共同开展学习与发展的评价。

（六）班级内部跨区域的结合

随着区域活动的开展，我们发现孩子们对食物的热情，不仅仅局限于食物的制作步骤、分类、食材等，还包括食物的文化，如，为什么我们宁波人喜欢这些点心？这些点心到底是在宁波的哪些地区吃得比较多呢？于是我们通过食育区域与其他区域的贯通，进行跨区域的结合。比如：我们将对食材的探究重点放在科学区，对文化的认识放在图书区，食物的包装与美观放在美工区，等等（见表4）。每个班级根据孩子的兴趣与需求，将食育区域与不同的区域进行贯通，加深孩子对自己班级名点的认识。

表4 "十大名点"区域以及材料投放

班级以及内容	区域整体照片	主要区域		辅助区域	
		材料投放	支持策略	区域	内容
大一班：汤团		食育区		美工区：汤团创意绘画及宣传海报；图书吧：汤团绘本制作体验和汤团传说演出；科学区：和面；建构区：缸鸭狗新店。	
		面粉、馅料、锅碗瓢盆、水壶、茶吧、服装、花瓶、宣传单、海报、讲解员、号码牌、汤团留言板、价目表。	根据幼儿已有经验，请小组讨论作迎宾员、文化讲解员，用图示法引导幼儿看汤团制作过程图。		
大二班：春卷		食育区		美工区：野菜书签；科学区：春卷的馅料；图书区：制作春卷图书。	
		春卷皮、茼蒿菜、豆腐干、金针菇、盐、油、电磁炉、盘子、筷子、上菜铃、花瓶装饰、扎染方巾、海报、讲解员、号码牌、春卷爱心记录纸。	幼儿商量后，自主选择工作职务，根据春卷的制作步骤图学习制作春卷，讲解员和服务员要礼貌接待，并能进行文明沟通。		
大三班：灰汁团		食育区		美工区：红糖画；图书区：灰汁团的故事创编；科学区：食用碱大探秘。	
		米粉、红糖、冰糖、碱、电磁炉、盘子、宣传单、厨师服、榨汁机、收银台。	幼儿自主选择工作任务。引导幼儿在接待过程中文明礼貌待客。学习灰汁团的制作方法。		

续表

班级以及内容	区域整体照片	主要区域		辅助区域	
		材料投放	支持策略	区域	内容
大四班：海鲜面		食育区		海星创意：面条真好吃；水母书屋：面条的故事；海豚智慧：原料大探秘与和面；海上建筑城：建构老宁波面馆屋。	
		面粉、盆、擀面杖、硅胶垫、塑料刀、盘子、电磁炉、锅、汤勺、面条配料、勺子、筷子、菜单、号码牌、收银机、厨师服、宣传单、海报。	幼儿自主选择工作，如：面点师、厨师、服务员等。面点师和厨师需要根据面条的制作步骤图，运用各种工具制作面条。		
大五班：豆酥糖		食育区		美工区：包装设计；科学区：分量称重；图书区：说书《石磨的演变》。	
		黄豆、石磨、麦芽糖、刮板刀、砧板垫、擀面杖、小动物模子、蛋糕盆、小盆子、包装袋、宣传单、号码牌、服装。	工作人员制作宣传单，能够大方得体地介绍豆酥糖的来源和简单配料。顾客领取号码牌依次进入餐厅，避免消极等待。本店设有打包区，更加贴近生活。		
大六班：金团		食育区		美工区：绘画金团的花纹；科学区：金团分一分；语言区：龙凤金团故事、自制图书。	
		糯米粉、粳米粉、垫板、勺子、盘子、叉子、碗、电磁炉、蒸锅、厨师服、菜单、宣传单、海报、馅料、松花粉。	通过对龙凤金团的宣传，使幼儿有了一定的前期经验，在开展美食区时引导幼儿自主选择自己喜欢的工作。能够用礼貌的话服务顾客、吸引顾客。		
大七班：油簪子		食育区		美工区：设计包装袋；科学区：水油分离；建构区：南塘老街；图书区：了解油簪子。	
		面粉、鸡蛋、矿泉水、垫板、电子秤、爆炸锅、擀面杖、保鲜袋、塑料小碗、外卖盒、银行卡、梦想、菜单、厨师服、服务员服。	幼儿自主选择角色：制作师、服务员、顾客等，学习运用揉、搓、拧等方法制作"油簪子"，服务员会使用"你好、欢迎光临"等文明用语。		
大八班：米馒头		食育区		美工区：米馒头创意画；科学区：发酵实验；图书区：米馒头的来历；建构区：米馒头铺子。	
		酒酿、米糊、蒸锅、厨师服、贩卖台、纸币、餐具、桌布、服务员服、外卖盒、保鲜袋、磨具。	能结合磨具制作出新颖的米馒头造型，并且根据顾客的要求进行现场售卖和外送服务。		

（七）班级混班模式的研讨

随着区域活动的开展，孩子们的兴趣转向了对其他班级的点心的认识。同小区的孩子相互讨论：你们班做的是什么？我们班做的是什么？孩子们对其他班级食育区的好奇越来越浓厚，于是我们开展了混班模式的探讨。

第一阶段，是和隔壁班开展混班，这样既保证了趣味性，又保障了安全性。孩子们首先竞选工作人员，然后讨论销售模式。为了让自己班级的食物受欢迎，孩子们还探讨有趣的招揽生意模式。

第二阶段，六个班级进行混班。在这个过程中，我们发现楼道中有安全问题，于是增加了楼梯管理员。孩子们不清楚每个班的工作任务，于是我们制作了整体的导引地图和放在每个班级门口的海报。最后孩子们提出需要投诉和问询，于是又增设了问询台。

在整个研讨中，我们一路追随孩子的脚步，为孩子的探索、发现做好充分的准备与积极的支持。

五、亮点分享

以汤团主题体验馆为例，提提去了缸鸭狗店，跟朋友分享："我去缸鸭狗吃了猪油汤团，可好吃了。"娜娜说："我也去过，但是妈妈说我不能吃太多，不好消化。"老师听到了这些问题，开始和孩子们讨论："你吃过的汤团是什么样子的？味道又是怎样的呢？"通过讨论，老师发现孩子们只知道我们生活中有汤团，但是对汤团和元宵的区别、汤团背后的故事知之甚少。为了发现更多汤团的秘密，孩子们提出要和老师、爸爸、妈妈一起动手收集各种各样的汤团，了解汤团的秘密，同时结合元宵节活动，开展食物主题体验馆"汤团"的研习活动。

（一）计划与决策

在确立了食物主题体验馆"汤团"之后，幼儿在爸爸妈妈的帮助下收集了关于汤团的资料，包括汤团粉、馅子、汤团图书、汤团音像作品等，为开展主题活动提供了物质支持。

孩子们欣喜地分享各自带回来的汤团。面对孩子们收集回来的资料，老师和孩子们一起交流讨论，梳理"汤团"的主题网络图（见图8）。

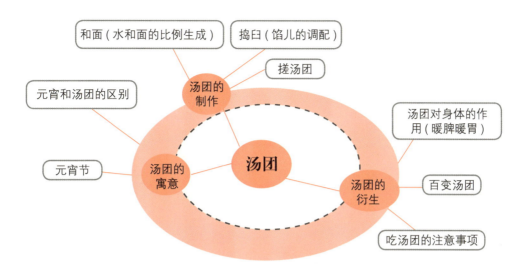

图8　师幼共同梳理的主题经验网络图

（二）探索与表征

在班级环境中营造汤团文化氛围，创设"缸鸭狗"环境。布置"汤团"主题墙，展示不同口味的汤团，请幼儿进行汤团海报及宣传的设计，并在同年段其他班级里进行宣传。

1. 集体教学

通过小汤团训练营、搓汤团、元宵节、卖汤团、汤团和元宵的区别、汤团一家、设计汤团宣传单、彩色汤团、缸鸭狗、小小汤团店、包汤团、汤团后传等丰富多样的活动，孩子们对汤团的材料、外形、典故等有了更加深入的了解和认知。

2. 区域活动

在美食区中投放电磁炉、锅、糯米粉、水杯、当季的新鲜水果，引导幼儿自己开店做生意，进行采购、和面、制作汤团等一系列活动（见图9）。在科学区投放乒乓球、竹篮、筷子，请幼儿按数夹汤团。投放面粉、糯米粉、生粉、蛋糕粉、量杯等，请幼儿以粉和水的不同比例来和面，并观察记录用不同粉和出来的面的差异及口感的区别。在建构区投放缸鸭狗的图片，激发幼儿建构的兴趣。

图9　美食操作区

（三）体验与寻访图

1. 集体参访

在老师的带领下，孩子们去周围班级的食物体验馆参观，倾听馆内老师和小导游讲解经验知识和特色活动，感受和体验不同的体验馆。

2. 自由寻访与体验

为期一周的集体参访活动后，孩子们从老师和小导游的介绍中了解到了每个体验馆的环境、馆内的重点知识经验和特色研习活动，从第二周开始进行互访活动。每天区域活动中，孩子们进行互访计划，选择自己想要去的主题食物体验馆进行体验。

（四）回顾与反思

体验馆活动结束后，老师和孩子们一起运用带回来的作品或者老师拍摄的照片，回忆他们参与活动的有趣过程。孩子们表达了这个主题中自己喜欢的活动，老师也帮助孩子统整学习经验，同时对经验进行总结。

（五）评量与收藏

汤团主题体验馆结束后，老师们进行了多维度的评价，通过个别化操作区与创造性游戏区的评价梳理，对主题活动的开展进行参与式评价。"汤团"主题来源于生活，幼儿有一定的经验，对生成活动充满兴趣。在这个过程中，老师们引导幼儿注意并发现周围事物的多样性，感知和发现汤团的特征，从而了解和体会汤团以及人与汤团的关系。

图10　跨班参与活动

（宓丹颖　杨舒渝　郑雯雯　刘丹　宓晨叶）

 舌尖上的台州特色小吃

台州市椒江区海门街道中心幼儿园

元宵吃汤团、端午吃粽子、过年吃饺子……中国的传统节日总是离不开吃。婚丧嫁娶要吃、联络感情要吃……中国的人情味儿总是伴随着美味。各地有各地的美食，同样的美食各地有各地的吃法，中国人的乡愁往往寄托着对固有味道的念想。说是舌尖上的中国真是最贴切。台州作为富庶的鱼米之乡，内涵厚实，民风浓郁，不同的地方饮食在漫长的历史岁月中逐步形成了独特的个性和风味。在幼儿园开展"舌尖上的台州特色小吃"主题活动，传承的不仅是味道本身，还有家国情和民俗风。

一、资源分析

（一）台州地域文化和饮食文化

台州地处浙江沿海中部，境内有名山、有平原、有大海，丰富的地理资源形成了丰富的区域文化。由于地理环境多样，物产资源不同，民俗风情、饮食习惯也有较大差异，素有"十里不同风，百里不同味"的说法，也形成了"一方水土一方菜"的特点。"海鲜菜""沿海平原菜""山区风味菜"组成了台州菜。椒江作为台州市府所在地，汇集了各地的美食。对幼儿来说，他们平常接触最多、最喜欢的就是具有台州饮食文化特色的风味小吃。

风味小吃一般分为两大类：季节性的和地方性的。季节性的如元宵的糊糟羹、冬

至的冬至圆等。地方性的如椒江的姜汤面、糖心糕，黄岩的番薯庆糕、马蹄酥，路桥的方糕、洋糕饼，温岭的嵌糕、生炒绿豆面，天台的肉丸糊麦饼、咸羹，仙居的菜肉麦饼、泡泡响，三门的麦焦、蒸包，临海的扁食、麦虾……在椒江的大街小巷，老字号特色小吃店琳琅满目，不管你来自台州哪里，总能找到最正宗的口味。

（二）园内资源分析

幼儿园地处城乡接合部，有着浓厚的乡土氛围，大部分幼儿的家里有自留地，他们的爷爷奶奶保留了自耕自足的生活习惯。靠山吃山、靠海吃海，爷爷奶奶有些是农民，有些是出海的渔民，有些则是传统特色小吃手艺的传承人和小吃制作者。幼儿可以直接了解到各种新鲜食材的来源，也可以直接观看特色小吃的制作。爸爸妈妈和老师们也都心灵手巧，他们遵循着民俗习惯，乐于在节日里制作各种特色小吃，这也为幼儿园开展主题"舌尖上的台州特色小吃"提供了有利的人力资源。每到传统节日时，幼儿园各类特色小吃的制作、品尝活动就热热闹闹地开展起来了。

二、目标设计

（一）总目标

（1）知道自己是台州人，感知不同节日里的特色小吃，了解台州的饮食文化。

（2）利用各种工具制作家乡小吃，乐于交流自己的发现，体验同伴合作的快乐。

（3）萌发热爱家乡、热爱家乡美食的情感。

（二）具体目标

1. 了解小吃相关知识和背景

（1）通过各种调查体验活动，评选出幼儿最爱的台州小吃。

（2）在活动中学会调查、统计、记录的简单方法。

（3）乐意用自己独特的方式表达对美食的喜爱。

（4）通过实地参观和欣赏民间故事，萌发对家乡、对民俗、对传统小吃的情感。

2. 尝试制作特色小吃

（1）了解某些传统美食来源、认识相关食材，了解制作的方法。

（2）尝试按步骤制作美食，掌握制作要领。

（3）在操作中用说明性讲述、绘制图示、美食品尝等方式进行操作流程展示和分享美食。

（4）萌发对美食制作的兴趣、对传统小吃的喜爱和对家乡的热爱之情。

3.分享美食，交流情感

（1）了解台州不同地域、不同传统节日的美食相关知识。

（2）通过传统节日庆祝活动、班级区域活动，增进交流与分享。

（3）用合适的方法交流表达自己的想法和情感。

（4）促进合作互助、提升亲社会能力。

三、内容架构

本活动贯穿整个学年，从实施路径分为调查研究"我的最爱"、深入活动"美味进行时"、分享交流"美食美磕"3个方面。主要的内容架构和途径见下图：

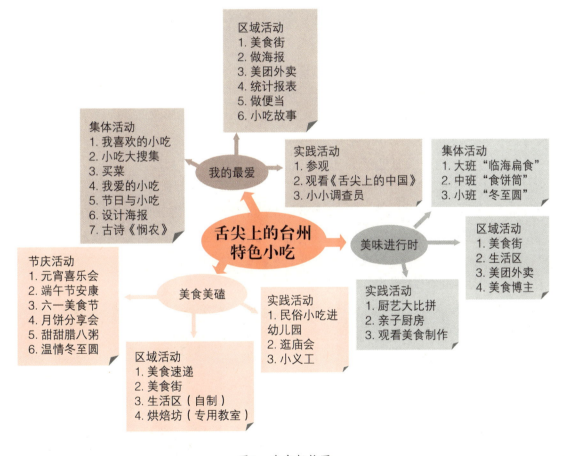

图1　内容架构图

四、组织实施

每个人都有一颗吃货的心，吃的乐趣通过各种活动被无限放大。台州特色小吃丰富多样，孩子们在不同的节日里能感受到不同的小吃文化，在不同的传统老店里能品尝到不同的小吃美味。我们抓住孩子们对小吃的兴趣和探索的欲望，以多种形式给予支持，通过吃吃、做做、玩玩在孩子的童年记忆中留下家乡的味道。

（一）抓住兴趣、收集资源、拓展内容

1.吃货初体验 —— 台州才有的梅花糕

在"甜甜蜜蜜"主题中，幼儿对梅花糕产生浓厚的兴趣，了解到梅花糕是台州的特色小吃，是清朝乾隆皇帝下江南最爱的小吃。幼儿园特地请本地有名的梅花糕手艺传承人来园给孩子们现场制作梅花糕（见图2）。洋洋说："梅花糕又好看又好吃！"朵朵说："我想把美味的台州小吃都吃遍！"一时间，小朋友们七嘴八舌罗列着自己吃过的台州小吃以及下阶段想品尝的台州小吃。

图2 幼儿观看梅花糕制作、品尝梅花糕

有幼儿提议："我们来个'舌尖上的台州小吃'吧？"小朋友们欢腾起来，都说这个想法好。

本土传统文化是极为重要而难得的教育资源。它活泼生动、动态传承，洋溢着极为浓郁的生活气息，与幼儿生活贴近，容易激发幼儿的兴趣。老师决定顺应幼儿的兴趣点，开展"舌尖上的台州小吃"主题系列活动，充分挖掘主题中所蕴藏的教育元素，培养幼儿主动探索学习的能力和热爱家乡、热爱家乡味道的情感。

2.吃货大出动 —— 我最爱的台州小吃

既然是舌尖上的台州小吃，当然是最能代表台州的传统文化和民俗特色的。哪些小吃历史悠久？哪些小吃最受幼儿青睐？哪些小吃最有地域特色？哪些小吃适合进一步探索？带着这些问题，我们开展"台州特色小吃大调查"活动，发动老师、家长、幼儿一起出动，收集相关的信息资源。

每个家庭得到一张《台州小吃大调查》表格（见图3），里面有三个项目——"我知道的台州小吃""我找到的台州小吃店""我还想知道的台州小吃"，让幼儿带回家和家长一起寻找、粘贴、绘画。

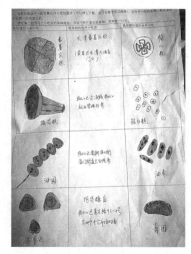
图3 幼儿和家长一起完成的调查表

在调查中，幼儿会关注身边的特色小吃，一个个化身为"小小美食家"，搜寻到了很多有特色的小吃摊点或小吃店，如青少年宫后边的吕氏泡虾店、江城南路上的詹记蛋饼、然香姜汁、轮渡路上的老牌肉粥等。小吃货特性展露无遗，他们最津津乐道的就是"我今天找到了什么小吃""我知道端午节要吃什么""我最喜欢吃肉炊饭了"，教室里每天都是与小吃相关的话题和活动。

教师组织集体活动，共同商议以公平投票的形式，梳理出调查统计的正确方法（见图4），幼儿选出了喜欢的台州小吃和最想进一步了解的小吃。

图4 评选我最爱的台州小吃

教研组开展主题前审议活动，根据幼儿的兴趣点，结合台州传统文化和地域特色，制订活动方案，为主题高效有序推进奠定基础。

3. 吃货在揭秘 —— 原来是这样

清明节为什么要吃青团？腊八节的腊八粥又是怎么来的？食饼筒为什么这样包起来吃？然香姜汁的做法为什么叫仙人烧？正月十五，为什么台州有的地方吃汤团，有的地方吃甜粉糊，有的地方吃咸糟羹？……随着调查、体验活动的开展，幼儿接触到的台州小吃越多，提出的问题也越多。

老师让幼儿化身为小记者，开启了探秘之旅。很多台州传统小吃都有着历史的典故在。有的班级组织幼儿去戚继光纪念馆参观（见图5），了解抗倭英雄戚继光的英雄事迹，感受英雄的魅力，幼儿知道了原来台州端午吃食饼筒的风俗是因为传说戚继光要带兵打仗不能回家过端午节，老百姓把家里的好饭好菜都拿出来，用食饼皮包起来，这样将军和士兵在外也能享受到美食。吃食饼筒不仅是吃食物，更要品味的是军民之间的深情。

图5 参观戚继光纪念馆

有的班级老师组织幼儿欣赏民间故事，其生动曲折的情节、神奇的色彩都是满足幼儿好奇心和发展幼儿语言的好材料，在对幼儿进行小吃文化教育的同时，还有利于培养幼儿对民间艺术和民间文学的兴趣。

有的班级引导孩子和爸爸妈妈一起找寻小吃背后的故事，回到幼儿园画一画（见图6），再和小朋友们一起分享。有的班级，家长带着孩子到小吃馆进行采访，将食材采购、食品制作方法、小吃名称的由来等问题，拍成视频，制作成了本土版的《舌尖上的中国》，和小伙伴们一起分享。有的班级开展实践活动，带着孩子们走进超市、菜场，体验了

图6　画一画台州小吃的故事

一把"买菜乐"。还有的班级，组织身怀绝技的奶奶、婆婆们来园展示包粽子、做乌饭麻糍、制面糖的绝活。

精彩纷呈的吃货揭秘之旅，变成了一场奇趣温暖的文化之旅。幼儿了解了台州小吃背后的故事，感受到文化传统的魅力，感受到家乡的美好。

（二）解锁美食、亲身体验、发展技能

老师根据幼儿的投票，让幼儿初步尝试制作冬至圆和临海扁食。

冬至圆制作的第一关 —— 揉粉。

揉粉对于中班的幼儿来说就不太容易了。通过观看阿姨的揉粉示范，幼儿再自己操作。细心的幼儿会发现：阿姨揉面团是边揉边少量加水的！在失败之中，幼儿获得更多鲜活的直接经验，获得了很好的生活体验。我们也把对面粉和水的比例关系的探究延伸到科学区，将材料放在那边供大家自己尝试。

在制作冬至圆时，要把面团搓圆也不容易。小小的面团要搓得圆圆的，还要戳一个小洞洞，让它的肚子变空空，再将大拇指和食指变成"小钳子"，沿着边边捏一圈，让这个圆慢慢变成一个"小碗"，还要把上面这一圈包回来。幼儿自己尝试，终于做完一个。最开心的环节就是揺圆了，看着烧好的圆出锅了，大家都要自己给圆揺上粉，看着白白的圆变成了红红的，孩子们不自觉地说："好香呀！"（见图7）

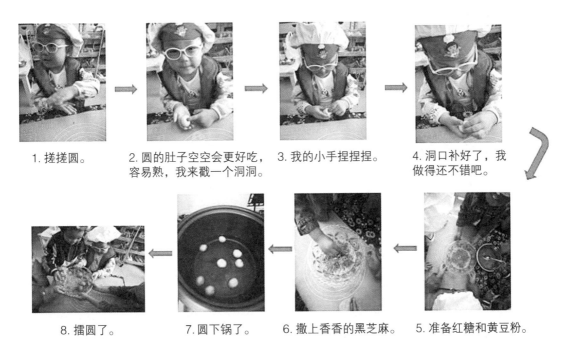

1. 搓搓圆。

2. 圆的肚子空空会更好吃，容易熟，我来戳一个洞洞。

3. 我的小手捏捏捏。

4. 洞口补好了，我做得还不错吧。

8. 搓圆了。

7. 圆下锅了。

6. 撒上香香的黑芝麻。

5. 准备红糖和黄豆粉。

图7 老师记录幼儿做冬至圆的过程、孩子们品尝冬至圆

在这个活动中，老师的角色也在不断转变，需要充当引导者、记录者和观察者，幼儿专心又开心，在实践中了解了特色小吃背后的文化，体验了特色小吃的制作方法，品尝了特色小吃的美味。

还有一个班的幼儿体验了包临海小吃 —— 扁食。

临海扁食是台州临海的传统小吃，跟饺子、馄饨很像，但馅料更为讲究！在台州临海，每逢大年初一，扁食是必不可少的美食。扁食的样子像元宝，表达着人们对美好生活的向往。

孩子们了解了扁食背后的小故事后，先看老师的示范。孩子们都看得很仔细，一个个睁大眼睛，生怕自己看漏了哪一步。看到老师完成的扁食，大家都意犹未尽、跃跃欲试（见图8）。幼儿从一开始的不熟练、状况百出，到后来包得还挺像模像样。经过这样的操作，幼儿对小吃的制作有了进一步认识，知道小吃制作的不容易，也感受到每一门传统手艺背后的辛苦。

手心上摊好皮，放上馅料，对折再对折，两端沾上一点水。

好看的扁食完成了。

这样对折好像不对，我再换一换。

图8　孩子们包扁食的步骤图

（三）节日活动、区域游戏、分享交流

1. 节日活动，精彩不容错过

幼儿园利用各种传统节日，开展美食分享或体验活动。如元宵喜乐会，组织亲子一起制作元宵、现场煮元宵、吃元宵活动。如追思清明节，开展品尝青团、缅怀先烈活动。端午节组织亲子包粽子比赛。中秋节开展月饼分享会活动，幼儿自带月饼和小伙伴分享。六一儿童节开展美食节，每班一个摊位，家长孩子齐上阵，从小吃选定、海报绘制、食材采购、食品制作到美食展示都由孩子主导、家长协同完成，全园师生、家长共享盛宴（见图9）。

图9　六一美食节

2. 区域游戏，好戏每天上演

开展"舌尖上的台州小吃"活动以来，幼儿已经不能满足"假"游戏了，班级生活区里的材料都是真材实料的。包饺子、搓圆子、贴土豆饼、做糖葫芦……孩子们在生活区的反复操练中习得了更多制作美食的本领（见图10）。

图10　班级区域活动

志同道合的小伙伴还合作开店，制作"老陈饺子馆""詹记蛋饼"等招牌，把娃娃家、理发店变成了美食街。做的美食太多怎么办？幼儿想到了可以外卖。于是，他们推着小车将美食送到各个区域甚至别的班级去销售（见图11）。

图11　外卖

五、亮点分享

（一）兴趣作良师，玩中学、玩中乐

都说"兴趣是最好的老师"。兴趣是活动的来源，也是进一步推进活动的契机。聚焦孩子学习和生活中的"哇"时刻，发现可以进行深入探究的生长点，这需要教师具有较好的洞察力和分析力。尊重孩子，关注孩子，观察活动进程中孩子兴趣波动的情况，及时抓住活动契机，调整活动行进速度是高效推进主题的重要策略。

（二）环境作支撑，有探索、有挑战

创设和利用良好的环境是促进全体幼儿在原有水平上得到发展的有力措施。在本次主题开展中，我们借助主题墙、各区域环境墙饰等的创设来支持幼儿的学习。主题墙上面有主题活动的进程，帮助孩子们理清探究的思路，也留下了孩子们的学习轨迹，孩子们的调查表、小吃大搜集、节日与小吃等都直接上墙，这是孩子们与环境的对话，帮助孩子们学习和思考。

在生活区，不同的班级根据孩子经验水平的不同，布置了不同的区域墙饰。有的班级墙面伴随着孩子们的讨论"面粉能变出什么"添置了相关的图片，还有"食物的分类"和制作彩色面皮、水饺等方法图，让孩子们自由制作自己想做的小吃。有的班级在自然角布置小麦、水稻的生长图供孩子们观看，提供好养护、易生长的菜籽、豆芽等给孩子们观察生长过程。由此，在台州小吃的大主题下，也衍生出很多其他相关的活动，拓展了主题的范围。

（三）文化作灯塔，挖内涵、促传承

开展"舌尖上的台州小吃"主题活动，不仅是吃一吃、玩一玩，更深远的意义是让幼儿感受到家国情和民俗风，激发对劳动者的敬意，萌发传承优秀文化的意愿。教师选材要有取舍，过程实施要有侧重点。历史悠久、传统节日、故事背景、地域特色、便于制作体验等都是考量要素，内涵越丰富的内容，越是要深入挖掘，多元化开展。如台州特有的食饼筒，教师通过组织民间故事欣赏、参观戚继光纪念馆、邀请家长义工现场做、菜场买食材、生活区练刀工、集体活动制作食饼筒、家庭食饼筒盛宴等一系列的活动，使幼儿产生鲜活的、饱满的对食饼筒的认识。

（四）家庭作后盾，学得深、走得远

家庭教育与幼儿的心理健康、认知发展、个性和社会发展有着密切的关系。在这个主题中，我们充分利用了幼儿园周边的社区、家长等资源，来助推主题的开展和孩子的学习。孩子和家长一起去搜寻台州小吃店、品尝特色小吃，了解小吃的故事完成

调查表。家长带着孩子们去菜场，买菜、认识食材，了解购买过程。在周末，几户家庭结伴亲子游，带孩子去农场看瓜果蔬菜的生长、小猪的饲养等，一起结伴去参观博物馆。孩子们不光在幼儿园尝试制作美食，在家里也和父母一起提升制作能力、研发新口味……主题活动不会随着幼儿园活动的结束而结束，而是融入社区，延伸到家庭生活中，充实在情感中，使孩子学得更深、受益更多。

总之，"舌尖上的台州小吃"活动还在继续，不同的节日、不同的班级、不同的家庭都会产生新的兴趣点，延伸出新的活动。在这个过程中，孩子们深刻地感受到台州小吃的魅力，萌发对传统手艺继承的强烈愿望，增进对家乡的热爱之情。

（王彬芬　郑禧　陈丽萍）

有趣的绍兴"三乌"

绍兴阳明幼教集团

绍兴是浙江省历史文化名城，越文化绵延几千年，在民风习俗、审美情趣、环境形态等方面积淀了深厚的底蕴。如何弘扬越文化？让我们的年轻一代从小打上越文化烙印，成为新一代质朴、悍勇和开拓进取的吴越传人，从小了解家乡，热爱家乡，寻访、体验、传播家乡优良的风俗文化传统是一条有效的途径。

一、资源分析

"风俗"作为一种与节日、节气、日常生活相关的活动，以其独特的方式传承文化，并延伸出丰富的文化内容，如文学、科学、健康、艺术等教育形式。因此，依托绍兴丰富的民间风俗文化资源进行幼儿园课程资源的开发和利用，一方面可以让幼儿在耳闻目睹、亲身实践中了解家乡优秀的地域文化、传统习惯，促进能力发展，自然而然形成对家乡的美好情感；另一方面可以利用家庭、社区联动等形式，拓展弘扬优秀越地文化，传播优良的吴越精神。

古越大地 —— 绍兴保存了大量的历史文化遗产，具有深厚的文化积淀，其中数"三乌"文化最具特色。这种独特的文化不仅构成了绍兴的鲜明特色，还带来了越来越大的社会效益。让优秀的民俗文化资源进入幼儿园，让幼儿在真实的情境中"看得见、听得懂、摸得着、做得来"，在欣赏、体验、探索、合作中潜移默化地接受家乡优秀传统文化的熏陶是我们这次主题活动的核心。

二、目标设计

（1）通过开展风俗主题教育活动，萌发对家乡传统文化的兴趣，增强民族自豪感和归属感，培养热爱家乡的情怀，继承发扬家乡优秀的民俗文化。

（2）通过实践风俗教育的内容，愿意和他人交流自己了解到的"三乌"文化，利用游玩、访问等专项活动，了解"三乌"的由来、制作、功用等，感受绍兴的传统风俗，促进学习和社会生活的联系。

（3）促进教师对有关民俗内容的认识与教学方式的多重探索，逐步学会积累、设计、实践、反思民俗教育活动内容，并积极对外交流、宣传、展示。

三、内容架构

本主题以要素为线索来构建主题网络图，对活动的线索和内容进行了预设和生成，为主题活动开展提供目标指向、主要活动内容和相关资料，为主题实施提供通道，同时，主题设计将预设和生成相结合，让设计路线成为一个动态的过程，及时把握幼儿的兴趣需要和产生的新问题，使主题活动的设计灵活、充满弹性。

表1 有趣的"三乌"文化主题

主题名称	有趣的"三乌"文化
主题来源	孩子们从小感受着绍兴的一些民俗文化，在生活中经历着这些民俗活动，逐步积累了一些经验。比如晒干菜，对这些民俗孩子们有很强烈的熟悉感，当他们看到幼儿园种植区的一片芥菜地时，便纷纷叫嚷起来："这个可以做乌干菜……"可见，孩子们对绍兴传统民俗文化既有浓厚的兴趣，又具备了一定的生活经验，这正契合我们开展有趣的"三乌"主题活动的生活化原则。
关键经验	目标的设定包含情绪情感、能力、技能三大目标。活动不再被看作是特定知识体系的载体，而是视为师生共同参与探求知识的活动。
主题环境 材料准备	1.创设风俗文化外部环境，展现风俗整体美。 2.开辟具有风俗文化特色的区域环境，展现风俗个性美。 3.开设风俗文化工作室，展现综合美。

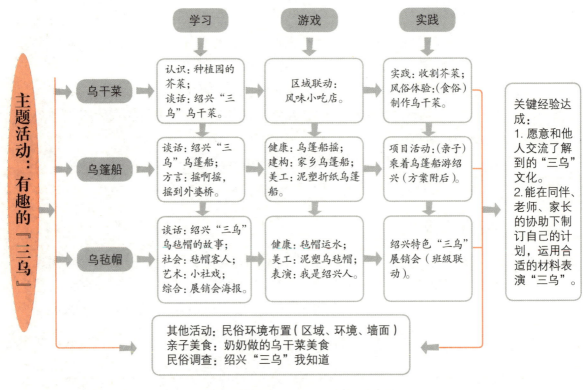

图1　有趣的"三乌"主题网络图

1. 中班主题"有趣的'三乌'"情境脉络

"有趣的'三乌'"情境脉络实施说明：本主题由种植区观察开始，幼儿通过收割、制作、品尝等活动，积累相关经验。同时在系统活动中引申出项目活动，使活动进一步拓展。

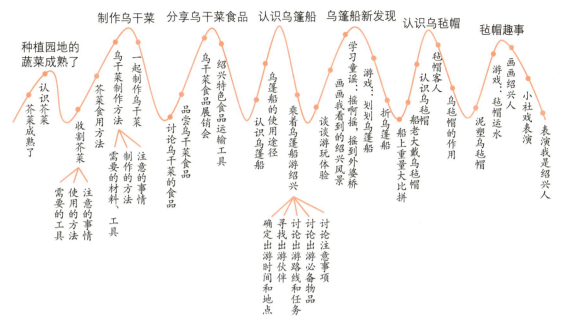

图2 中班主题"有趣的'三乌'"情境脉络

2. 项目活动"乘着乌篷船游绍兴"

项目活动是一项持续自主的活动，是主题的重要组成部分。本次项目单独开展，为幼儿提供了真实的学习现场 —— 鲁迅故里。真实情境有利于幼儿主动学习，并按照规则完成任务。现场中幼儿的行为是真实的，更有利于建构知识，提升经验。可分别制订幼儿和教师两份方案。方案前期讨论结构图：

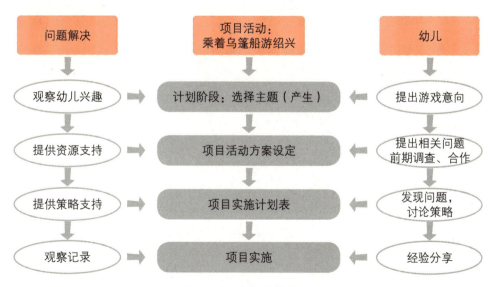

图3 项目活动：乘着乌篷船游绍兴

3. 项目活动开展顺序

表2　项目活动开展顺序

项目顺序	准备、开展。
项目活动地点	鲁迅故里。
项目活动前	收集与活动有关的资料及活动中可能需要的材料，给予幼儿一定的知识经验和活动材料的支持。
活动可能的线索	可能遇到的问题，并寻找解决问题的方法。
所具备的材料	各班设立资源箱，和家长共同收集。
项目时间安排	由于是现场活动，邀请家长参加活动，一般安排在周末。
项目实施	共同确定工作内容，小组人员分工。
项目完成后续	应采用各种方式记录项目活动的发展。

四、组织实施

（一）实施说明

1. 实施模式

主题实施以单元教学法为主要方式，通过单元主题活动、日常生活、联动活动、招募活动等途径架构主题课程并让幼儿在真实情境中"看得见、听得懂、摸得着、做得来"。

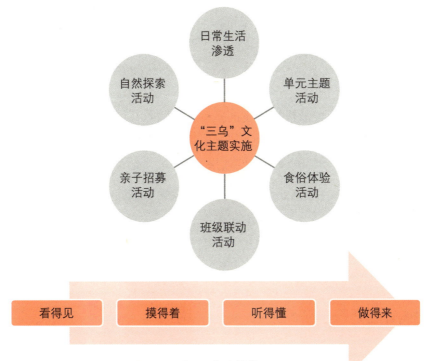

图4 实施模式

单元主题活动：本单元主题是"我爱家乡"主体课程中的第二个小单元，内容的选择要动静兼顾，注重文化的传承与介绍。让幼儿通过该单元的系列活动，获得与主题有关的较为完整的经验。其中课例包括体能游戏"划划乌篷船"，认知拓宽"认识乌篷船""乌毡帽"，尝试活动"小社戏"，创意设计"折乌篷船"，观察探索"好吃的绍兴菜"等。

食俗体验活动：在食俗体验中我们将"参与体验、尝试探索、体验乐趣"作为主要目标，包括利用诗歌、风俗故事体验习俗活动和参与食俗制作活动，营造一种生活中的学习氛围。培养幼儿积极乐观的心态，积累幼儿的生活经验，促进幼儿对人与自然关系的认识。比如食俗推荐活动：好吃的绍兴菜、干菜蒸肉等。

班级联动活动：通过班级联动，引导幼儿相互参观学习，寓教育于生活、游戏中，既"为幼儿提供用信表达想法的机会"，"让幼儿通过整合的活动接触这个领域的知识"，更是贯彻《幼儿园教育指导纲要（试行）》的需要。

亲子招募活动：家长是幼儿园重要的合作伙伴，应本着合作、平等、尊重的原则，争取家长的支持和主动参与，通过家园合作，更有效地促进幼儿的发展。在这次亲子招募活动"乘着乌篷船游绍兴"中，活动不再被看作特定知识体系的载体，而被视为师生共同参与的探求知识的活动。

自然探索活动：在教师观察介入、语言引导、美术推进、音乐渗透等有效策略下，在亲自然的环境中，幼儿通过自主学习、探究，了解传统文化内容，产生幼儿热爱大自然之情。自然探究活动如：制作乌干菜。

（二）主题课程评价

在主题活动结束后，教师根据一定的指标，对幼儿在活动中所反映的情感与态度、能力、知识等各方面的发展情况进行评估，了解幼儿在活动中的投入程度、经验获得、能力发展状况等，有利于教师测评活动的效果，为下一个活动实施提供相关依据与标准。

表3　中班主题活动"有趣的'三乌'文化"的幼儿发展评估表

指标	评价项目	★★★	★★	★
情感与态度	1.愿意和他人交流自己了解到的"三乌"文化。			
	2.积极投入制作"三乌"的工作，并乐在其中。			
	3.喜欢坐乌篷船、戴乌毡帽、尝乌干菜菜肴，愿意表达自己的体验与感受。			
	4.喜欢结伴游绍兴，切身感受绍兴的"三乌"文化。			
能力	1.能在同伴、老师、家长的协助下制订自己的计划，选用合适的材料表现"三乌"。			
	2.能大胆地提出有关"三乌"的问题，并寻求答案。			
	3.能认真完成"三乌"风俗文化的调查等各项活动。			
	4.能主动寻找、观察生活中有关的"'三乌'文化"。			
	5.用讨论、询问、合作等策略完成专项活动任务。			
知识	1.利用游玩、访问等专项活动，了解"三乌"的由来，感受绍兴的传统风俗。			
	2.了解乌篷船的结构名称、作用。			
	3.了解乌毡帽的制作工序、作用。			
	4.品尝乌干菜菜肴，知道乌干菜的制作方法。			

（三）环境创设

为了让这个主题能够更好地深入孩子的心中，我们进行了一系列的环境创设。

1.风俗文化外部环境，展现风俗整体美

图5　园内环境一

图6　园内环境二

　　老师和孩子一起整理家乡的特产、传统节日的见闻等乡土文化资源，用图片形式布置于走廊和过道。尊重孩子需求，利用家庭和社区中的民俗教育资源开辟工作室，拓展幼儿的经验，丰富幼儿的学习生活，使其感受民俗文化魅力。

2.开辟具有风俗文化特色的区域环境，展现风俗个性美

图7　角色区域——绍兴特产专卖店

图8　种植区——芥菜

　　各班根据实际情况进行小环境的创设，一起制作具有本土文化气息的用品、图片等，从视觉、听觉、触觉等多维度促进幼儿感知和热爱本地的乡土文化。

五、亮点分享

（一）运用信息技术，提高教学水平

近几年，随着互联网的发展和数字教育时代的来临，微课逐步进入了老师的视野。它是以短小视频的方式记录教师讲解某个知识点的教学方式。微课不仅符合幼儿的认知水平，能够在很大程度上提高幼儿的自主学习能力，而且能够提高教师的教学水平，开阔教师视野。为此，我们制作了"有趣的'三乌'文化"微课程。

案例一：折乌篷船

本活动旨在通过学习乌篷船的折法，感受水乡乌篷船的美。在传统的教学工作中，一般教师在上面讲解、演示一遍，然后孩子们操作。这可能出现的问题就是老师操作时不能让每个孩子都能直观地看见，最终无法展现出有效的教育成果。而微课这种教学形式可以改变这种情况，将如何折乌篷船的过程制成视频，再通过视频讲解指导或者幼儿在教师和家长的指导下自主学习和操作。

图9　乌篷船折好了，不错吧

案例二：认识乌篷船

乌篷船是绍兴的"三乌"之一，是绍兴有名的交通工具，但随着时代的变迁，现在孩子很少看到乌篷船，除了景区。我们可以利用家长资源，请家长在休息日带孩子们去东湖风景区、鲁迅故里、柯岩风景区等地方看看，认识乌篷船。孩子们在去之前对乌篷船还是很感兴趣的，不时来问：

"老师，上面黑黑的篷是干什么的？"

"为什么一个用脚一个用手？"

"坐起来舒不舒服？"

"乌篷船大不大……"

图10

于是老师们找寻资料，结合孩子们的年龄特点制作了微课程，帮助解决疑惑。在休息日出去感受体验时，孩子们还给爸爸妈妈当起了讲解员呢！（图10）

附：微课程（共9个视频）

①追寻越韵民风，感受古越文化 —— 绍兴传统"三乌文化"主题课程

知识点：课程简介。

②认识乌篷船

知识点：了解乌篷船制作材料与方法，知道乌篷船的用途。

③划划乌篷船

知识点：发展幼儿手脚并用划的动作。

④折乌篷船

知识点：学习乌篷船的折法，感受水乡乌篷船美态。

⑤摇啊摇，摇到外婆桥

知识点：通过图谱理解，念童谣感受乌篷船摇啊摇。

⑥乌毡帽的故事

知识点：了解乌毡帽的优点、来源及制作过程。

⑦认识乌干菜

知识点：知道乌干菜是绍兴著名特产，是"三乌"之一。

⑧风味乌干菜蒸肉

知识点：知道乌干菜烧肉属于绍兴特色菜之一。

⑨有趣的"三乌"文化 —— 亲子实践之品味"三乌"

知识点：通过开展亲子实践定向活动，使幼儿在活动过程中进一步品味"三乌"文化。

（二）感受乡土情怀、传承绍兴文化印记

将本土文化渗透到幼儿园的教育活动中，根据绍兴特有的地方性文化资源来选择和调整活动内容、开展主题探索活动，有助于增强本土文化的吸引力。不仅能充分调动起幼儿的探索兴趣，激发幼儿对美好事物的向往，还能培养幼儿爱家乡的情感，同时对家乡特有文化做积极的推广。

案例一：晒乌干菜

在食俗体验中我们将"参与体验、尝试探索、体验乐趣"作为主要目标，认识乌干菜 —— 让孩子们知道乌干菜是绍兴著名特产，是"三乌"之一。大家带来了自家制作的干菜。绍兴有句话叫："抢着吃好吃点。"孩子们品尝着不同的干菜，有些是新晒的，有些是存了很久的，香气扑鼻，有些是包心菜、大白菜晒的，有些是加了笋干的。

这时好好说："老师，我们来晒干菜好吗？"

好多孩子立刻举手赞成，说干就干。

师：晒干菜的菜哪里有？

桢桢：老师，我奶奶家里有种芥菜，可以让奶奶帮我们拿来。

师：好的。晒干菜的工具呢？

妹妹：老师，我看见幼儿园后面有好多竹筐，我们洗洗干净可以晒。

师：晒干菜还需要盐，那老师来提供。另外还有一项很重要的任务，你们会用刀切菜吗？（孩子们摇摇头。）

师：今天回去练习下，请你的爸爸妈妈帮帮忙，学习如何正确使用刀具，如果你练得不错，明天请你来帮忙。

安排完工作，第二天，晒干菜开始了。大家分工合作，井然有序，加上天气好，干菜晒得很不错哦！

图11 闻一闻它们的气味

图12 一起晒干菜

案例二：定向运动实践品味"三乌"

这是"有趣的'三乌'文化"主题的最后一个亲子实践活动，让幼儿通过定向运动，品味"三乌"文化。

什么是定向运动呢？定向运动是指幼儿根据地图上的标示，在较短时间内找到相应的物品或记录符号的一种活动。这里主要是让幼儿找到"三乌"文化，所以我们选择了最有"三乌"文化代表性的"鲁迅故里"作为本次亲子活动的地点。

孩子们在活动中积极寻找乌毡帽、乌篷船、乌干

图13 乌毡帽戴戴

菜，还找到了很多绍兴美食，如：黄酒、苋菜梗、绍式三鲜、臭豆腐、干菜饼等。孩子们不仅找到了美食，还知道了很多关于鲁迅爷爷的故事，比如："早"字的故事、鲁迅爷爷和闰土的故事。虽然孩子们对这些故事的内涵

还一知半解，但这些有趣的故事还是深深打动了孩子们。

案例三：嚼嚼韧韧的茴香豆

● 活动一：制作茴香豆。

在开展"有趣的'三乌'文化"主题课程中，我们在区域活动开设了"绍兴美食"的小店铺，投放了绍兴的很多民间闲食，有香糕、云片、橘红糕、霉干菜、茴香豆……其中孩子们对嚼起来韧韧的茴香豆产生了浓厚的兴趣。"老师，这个豆子咸咸的真好吃。""白白的是什么？""老师，茴香豆是用什么豆子做的？""老师，我爷爷喝酒的时候就是吃这个豆子的。"……既然孩子们对"茴香豆"那么感兴趣，为了满足他们的求知欲，我们就来做一做"茴香豆"吧。

那如何制作茴香豆呢？老师和孩子们通过问家长、上网查资料，知道了制作茴香豆需要用干蚕豆，要把干蚕豆在冷水中浸泡 3 小时，清洗干净沥干备用，加适量冷水一起煮开，用大火煮 15 分钟，待豆皮微微破开，放入各种调料，用小火煮 15 分钟，水分基本煮干后放凉，一道香气浓郁、咸而透鲜的茴香豆就做好了。

图14 一起来做茴香豆

图15 一起尝尝茴香豆

● 活动二：给茴香豆代言。

做好了茴香豆，这时孩子们又有了想法："老师，我们可以把这些茴香豆卖掉吗？"

师：当然可以。那怎么卖？卖多少钱？

玥玥：我看茴香豆要包装一下，分成一小包一小包，外面画标签，以前我们不是设计过吗？

师：我们先把这些茴香豆分成小包，你们去设计商标好吗？

"好！"孩子们立马行动，迫不及待地想卖掉这些茴香豆。

图16　我们设计的茴香豆标签

图17　包装好的茴香豆

　　我们利用丰富的民俗文化资源和形式来激发幼儿的学习兴趣，使孩子们从小感受到家乡传统民俗文化的博大精深，并将幼儿喜爱的文化资源和形式，贯穿在幼儿的生活之中，在引领幼儿感受民俗文化魅力的同时，发挥其教育功能。在以后的课程中，我们将继续用"心"体验，用"意"创造，用"情"耕耘，让民俗文化走进幼儿园，让民俗文化在孩子们身上得到更好的弘扬和传承。

（高建琴）

走进畲乡

景宁畲族自治县实验幼儿园 景宁畲族自治县澄照幼儿园

　　民族文化是每个民族在长期的生活和生产过程中，不断提炼出来的劳动结晶，也是民族地区进行课程开发所具有的素材优势。畲族是具有悠久历史的少数民族。人称"千年畲乡"的景宁，有着灿烂辉煌的畲族传统文化，民间文化极具特色，有畲族特色村落文化、民间艺术文化、服饰文化、特色饮食以及民间游戏等。我们利用现代的教育理念、教育条件和教育手段，把畲族地区丰富的文化资源整合起来，进行具有本园特色的畲族文化课程资源的开发，让畲族文化的精髓与幼儿园教育教学有机结合，意在传承和发扬畲族的传统文化，丰富幼儿园课程，构建具有自身特色的园本文化，形成独特的民族幼儿园教育特色。

一、资源分析

（一）畲族文化底蕴深厚

　　景宁于明景泰三年正式设县，取"景泰缉宁"之意。1984 年经国务院批准设立景宁畲族自治县，是目前全国唯一的畲族自治县。这里的畲族传统文化历史悠久，风情浓郁，是畲族历史文化的重要研究基地。在漫长的历史长河中，勤劳善良的畲族人民以自己的勇敢和聪明才智创造了丰富的具有鲜明民族特色的文化艺术。这里有风趣热闹的赛歌，引人入胜的风俗，古朴淳厚的舞蹈，喜乐祥和的畲族婚嫁，自成一格的畲族年节，古老鲜艳的畲族服饰，令我们引以为豪的畲乡名茶和民间工艺品，处处闪耀着畲乡文化的动人风采，是民族文化宝库中的一份宝贵财富。

（二）社区家园畲情弥漫

近年来，畲族文化已作为非物质文化遗产得到大家的高度关注，其深厚的文化内涵，成为国内外史学研究的重要课题。当前景宁县政府大力推进全国畲族文化发展基地建设，通过城市建设、畲寨建设、创畲族风情小城，将畲族特有的文化元素、符号融入城市建筑、街道景观等"城市细节"建设当中去，通过畲族服饰、畲族彩带、畲族银饰、畲族山哈酒等特色民族手工产业，带动非物质文化遗产的传承与发扬。"中国畲乡三月三"节庆品牌逐步打响，中国（浙江）畲族服饰设计大赛成功举办并走向常规化，《畲山风》《畲家谣》《千年山哈》等一批文艺精品获得国内国际多个奖项，为畲族民歌、畲族体育、畲族医药等17个非物质文化遗产设立保护传承基地等一系列举措，将景宁畲族文化成果，进一步推向品牌化、精品化。

（三）园所环境畲趣促动

我园一直致力于畲族文化课程的实践研究，将地方文化融入幼儿园教学中，让幼儿能从小接触家乡文化，了解家乡与众不同的地方，传承和发扬畲族的传统文化，丰富幼儿园的课程，使幼儿感受家乡人民用聪明才智创造出的灿烂文化，培养他们对地方文化的认同和喜爱，增强他们的乡土情怀和爱国主义情操，树立民族自信心和自豪感，激发幼儿对畲族文化的了解和热爱，并逐步形成具有地方特色的园所环境、特色课程等，形成幼儿园办园特色。

二、目标设计

（一）总目标 —— 培养"自信、自豪、自强"的智慧儿童

（1）自信 —— 感受畲乡景宁的独特风情和历史文化，探寻、发现和欣赏畲乡生活中特有的风情，提升表现和创造畲乡独特美的综合能力，培养幼儿的民族自信感。

（2）自豪 —— 体验乡的风土人情，了解家乡的古迹、特产等，知道畲乡景宁是全国唯一的畲族自治县，为自己是一名畲乡人而自豪。

（3）自强 —— 在畲乡人文熏陶中加深对家乡独特人文的喜爱，逐步萌发热爱畲乡的美好情感，愿意为建设美好的新畲乡而自强努力。

（二）分年龄段目标

表1　分年龄段目标

年龄段	课程目标
小班	1.知道自己是畲乡景宁人，能说出县名的全称，知道在我们身边有很多畲族同胞。 2.运用多种感官主动探究，喜欢参加加工、制作等活动，并能用多种形式表达表现。乐意表达自己的想法，提出自己的问题。 3.通过参观、体验等活动，开阔视野，初步体验畲乡自然、人文之美，感受与人交往的快乐。
中班	1.了解家乡的主要物产及主要景观，了解畲族人民主要的生活方式和农作方式。 2.主动参与调查、访问、参观等实践活动，提高社会实践能力及与人合作的意识。
大班	1.了解家乡的自然景观、人文景观、民俗风情等，体验家乡文化的丰富内涵，形成"山哈"特有的民族自尊。 2.用自己的方式主动探究，通过鉴赏、评议等方式感受畲族民间艺术的美，并尝试表现美和创造美。 3.感受畲乡的美好，萌发热爱畲乡的情感和成为畲乡一员的自豪感。

三、内容架构

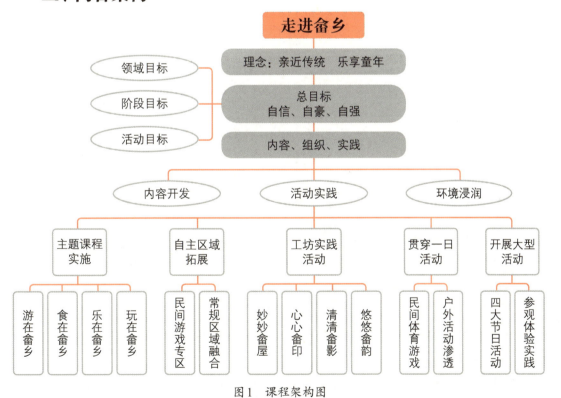

图1　课程架构图

表2　课程内容

课程名称	一级主题	二级主题	具体内容
走进畲乡	游在畲乡	走进畲乡村落	畲家咸菜尝一尝；东弄——木耳变变变；双后岗的香菇；美丽的家乡——景宁。
		大际、大均风情游	好看的大际罐；大均古街；参观畲族婚嫁表演；家乡游；畲乡特产。
		惠明问茶	参观"茶叶基地"；体验采茶、制茶。
	食在畲乡	美味的山珍	畲乡特产。
		家乡的小吃	豆腐娘；米果香香，米酒飘香；层层米糕；麻糍；可口的粉皮；美食总动员。
	乐在畲乡	好玩的民间游戏	玩蔑球；跳竹竿；畲乡舞龙；抄杠；摘果子。
		茶山山歌唱起来	山歌的来历；茶山对歌；敬茶歌；敬酒歌；畲乡茶歌。
		百变的稻草	参观水稻；稻草用处大；稻草围裙；军事演习；稻草拼画；勇敢的解放军；稻草人；稻草舞会；编草裙；展示会。
	玩在畲乡	三月三风情节	话说三月三；茶山对歌；米果香香；畲乡小吃；篝火晚会；米酒飘香；畲龙飞舞。
		独特的畲族服饰	美丽的民族服饰；奇特的畲族头饰；畲族服饰多样化；美美的畲族包；畲娃时装秀；漂亮的彩带；美丽的绣花鞋；小小采购员；我是服装设计师；服装博览会。
		精美的畲族彩带	精美的畲族彩带；彩带探秘；彩带的妙用；设计彩带；彩带舞；彩带工艺品展示会。

四、组织实施

（一）整合各方资源，铺垫课程内容

畲乡文化来自民间、流行于民间、升华于民间，具有地方性和民族性，所以，开展民间文化教育活动，必须从社区及周边环境中收集素材。我们从畲乡人文自然景观中探索乡土文化，从大型的民间庆祝活动中挖掘畲乡教育活动素材，及时关注本地报纸、杂志及电视新闻，收集本地民间文化题材。充分利用家长资源，充实活动资料，充分利用家庭资源，使家长积极参与其中，如帮忙收集素材，带领孩子走进身边的畲族文化等。尤其是在文化局、旅游局、报社等单位工作的家长，我们取得了他们的支持，让他们为我们提供主题开展中所需的资料和材料。我们还请对于畲族文化有相关研究的家

长为课题组老师做相关培训，开展助教活动等。

（二）多渠道找落点，构建课程内容

畲族文化蕴含着如此独特的价值和丰富的内涵，对于畲族地区的幼儿具有无与伦比的重要性。我们根据幼儿的发展规律和学习特点，系统、有效地进行开发和传承，确立了"亲近传统，乐享童年"的教育理念，让幼儿通过活动及课程的实施，亲近畲族的民间传统，感受民族文化，在民族文化的熏陶下享受快乐的童年。根据幼儿园课程设计方案，架构了"走进畲乡"的课程框架图。

1. 从五大领域整合寻找连接点

在前期的收集、整理之后，按照五大领域各自的核心价值，将收集到的自然资源、具有浓郁乡土气息的事物与各领域联系起来，根据幼儿的年龄特点和发展需求，结合《3—6岁儿童学习与发展指南》中的五大领域，秉持着"取其精华，去其糟粕"来挖掘教学素材，对涉及的本土文化内容、范围等进行梳理、总结、归纳，分别从五大领域设计活动教材，有效地将本土文化转换、预设生成相应的主题内容，逐渐形成符合本园实际的课程内容体系。

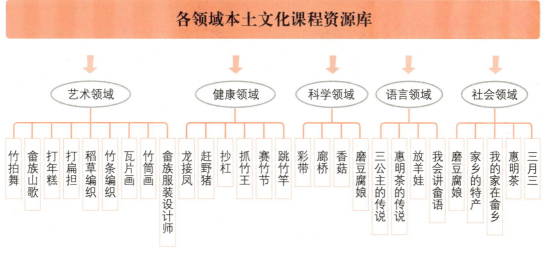

图2　各领域本土文化活动课程内容

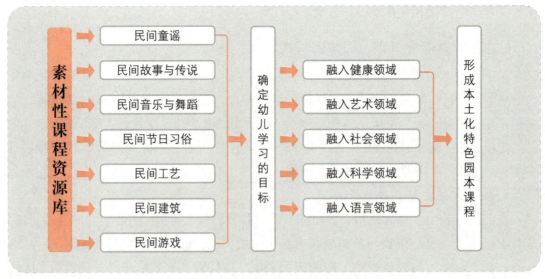

图3　本土课程信息资源结构图

2. 从主题活动出发寻找融合点

在确定主题后，围绕主题筛查活动内容。如在三月份的主题"畲乡惠明茶"活动中，教师们就根据活动的主题寻找相关的本土素材内容，逐步将这些内容渗透到主题下的教学活动中。如主题活动"百变的稻草"，由县城周边农村常见的本土素材，在艺术领域分别设计"编草裙""编草鞋""有趣的稻草""漂亮的稻草娃娃""稻草舞会""草绳舞"等系列活动，构建主题内容。在主题活动的开展中，我们培养幼儿运用多种感官看待事物，用多元的思想分析问题，用不同方法感受本土文化内容，真正让幼儿在生活中学习，在学习中体验生活。

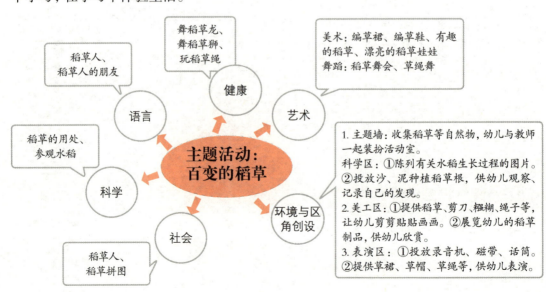

图4　主题网络图

3. 从社会实际延伸寻找发展点

幼儿园四周农田、茶树环绕，农作物极其丰富，还有畲族博物馆等，有着得天独厚的生态环境、独特的民俗风情，孩子们亲近自然有着得天独厚的条件。为了充分利用身边的资源，我们带领幼儿走出幼儿园，走进乡村、走进大自然，让孩子和老师真实地感受乡土文化的内涵。让孩子们在原生态的自然和人文环境中操作、探索，去体验畲族人民及乡土农村的各类活动，从而根据幼儿的兴趣点开展主题活动内容。

（三）多元评价提升，开展课程实践

1. 课程实施注重实践体验

我们的目标是把畲族地区丰富的文化资源按照教学的要求整合起来，形成系统的主题，将古老的畲族民间文化引入幼儿活动，适应课程多元化发展的需要，走出适合本园特色的课改之路，以传承畲族文化和习俗。本着课程为幼儿发展服务的教育理念，确定"体验活动、集体教学、区角活动"为课程实施的载体，具体是：体验活动 —— 积累感性经验；集体教学 —— 梳理整合获得新的经验；区角活动 —— 迁移并运用经验。

2. 课程评价关注多元整合

课程评价是对课程的价值做出判断的过程。我们的课程评价主要包括两方面内容：一是对教师的"教"进行评价，二是对幼儿的"学"进行评价。通过对民间文化素材进行挖掘、改编，形成适合幼儿的教育教学活动，然后通过实践实施，作用于教师和幼儿，再通过教师和幼儿的反馈来不断调整、改进，完善我们的课程体系。我们通过课程评价的过程，提高课程编制的水准，从而更有利于原有课程的完善或新课程的开发和发展。

五、亮点分享

（一）在一日生活中渗透畲族文化

为了让幼儿充分感知畲族的传统文化，我们把畲族彩带、纹样字符、畲族服饰图片、风景名胜、山珍特产等通过各种形式进行布置展出，并把收集到的相关故事、儿歌、图片资料等以文字或绘画的形式在墙面上张贴，为幼儿营造一个别具特色的畲族大家庭氛围。同时，我们从现实生活中可感知的民族文化元素入手，择其精华，对幼儿进行民族文化教育，把有关的内容有机融入一日生活各个环节中，通过游戏、歌曲、绘画、折纸、故事等活动方式，让幼儿轻松自如地了解掌握有关知识。

图5　民间体育游戏"赶小猪"　　　　图6　民族特色的环境布置

（二）在主题教学中展现畲族文化

为了更好地传承畲族文化，将畲族元素和乡土特色融入课程建设中，幼儿园通过收集和整理畲族文化遗产来丰富孩子们的教学活动，生成如"我爱家乡景宁"等主题活动，让幼儿通过唱歌、念儿歌、讲故事、收集家乡的民俗风情图片、土特产和设计畲族彩带等，进一步了解了我们美丽的畲乡。

我们将畲族音乐、舞蹈元素融入幼儿的早操中，利用竹节创编了竹筒操《快乐小山哈》；在户外投放利用稻草制作的"稻草龙""稻草狮子"，供幼儿进行游戏体验；在公共区域提供竹篾、石磨、石臼、年糕模具、瓦片、彩带等，供幼儿亲自体验和操作。经过不断积累和创设、改编，形成了具有本土特色的园本课程，丰富了幼儿的学习、游戏，更好地补充和完善了幼儿园教育课程，逐渐形成富有畲族文化特色的幼儿园课程文化。

图7　集体教学：磨豆腐娘　　　　图8　畲族头饰制作及展示

（三）在游戏区域中体验畲族文化

区域游戏中幼儿通过扮演角色，操作材料，创造性地反映个人生活印象，活动的主题、结构、情节、使用的材料均与社会生活有关。为了让区域活动真正成为孩子探索、游戏、成长的摇篮，教师结合畲族本土文化特色，根据幼儿的年龄特点、兴趣及已有经验，通过环境的创设，为孩子们还原了畲族的生活情境，提供民族的、原生态的材料，让他们进行角色扮演，体现畲族人民的生活习俗。

我们有效利用幼儿园班级区域进行规划，每个班级推出以"畲乡情、畲乡味"为主要特色的区域，如畲乡风情的"畲味小吃街""畲艺坊""体验区"，开发民间游戏"赛竹节""抓竹王""跳竹竿"等。这里的材料都是老师和孩子们一起利用废旧物品制作的，也有来自生活的原汁原味的材料，跟孩子们的生活息息相关。巧妙运用各种本土资源，以生活化的形式灵活融入游戏中，满足了幼儿多方位的认知需求。幼儿根据自己对社会生活的种种印象对游戏的情节进行设计和安排，并按照自己的愿望、兴趣和能力来进行游戏，在情境游戏中观察生活、认识生活、体验生活。

图9　区域游戏制作

（四）在园本节日中感受畲族文化

本着"传承民族文化、活动回归自然、多途径体验"的指导思想，一学年我们开展四大节日体验课程，为孩子提供展示和锻炼的机会，让每个孩子以自然的状态参与其中，感受民族文化及自然人文的魅力。"夏梦"艺术节活动中，畲族的歌谣、童谣、舞蹈、表演等民间艺术成为活动的主打内容，畲语儿歌、畲族舞蹈等通过唱、演、说、画、讲等形式展开。"秋思"制作节结合农村常见的农作物资源，让幼儿通过亲身感受、动手体验、创造表现等，开展不同主题的制作活动。如以"稻草"为主题的亲子制作活动中，各类稻草的工艺品、运动器械就在孩子们和家长的手中诞生。"冬趣"运动节里，让孩子们接触、展现畲族的民间体育游戏，通过集体、个人的展示或是比赛活动，加深幼儿对传统体育游戏的理解，使他们感受畲族民间文化的灿烂。

图10　体育节：民间游戏"跳竹竿"

图11　民间游戏"摇锅"

图12　艺术节：亲子制作

（五）在实践体验中传承畲族文化

县城周边即为民间村落，农作物产极其丰富，有着良好的生态环境、独特的民俗风情，幼儿园以回归本土文化为理念，把教育活动同幼儿的生活紧密结合起来，让幼儿在原生态的自然和人文环境中探索、感受，去体验畲族人民的各类活动。如园内开展了以"家乡的惠明茶"为主题的园本课程研讨，大班的孩子进行了"走进茶园亲子同乐"亲子体验活动。孩子们背着小背篓到茶园体验探索，回园后，家长带领孩子手工制作茶叶。通过体验活动，孩子们更加真切地感受到了茶农的辛苦，了解了惠明茶，体会了惠明茶的魅力。充分结合有利资源，带领孩子们走进生活、走进田野，让孩子们在真实的情境中体验活动，真切地感受畲族风情及乡土文化。

图13　幼儿和家长走进茶园采茶体验

图14　制作畲族香包

"创民俗特色之环境，展民间文化之瑰宝，增中华民族之气节"，幼儿期是进行民族文化教育的最佳期和关键期。《幼儿园教育指导纲要（试行）》指出："教育要充分利用社会资源，引领幼儿实际感受祖国文化的丰富与优秀。"多年来，我园在上级主管部门的领导下，根据"以人为本，生活为源"的理念，让孩子从小感受璀璨的中华民族传统文化，在心中深深地打上"中国娃""畲乡娃"的印记！

（刘香慧　梅慧娟）

亲亲曹娥江

绍兴市上虞区爱弥儿幼儿园

曹娥江，上虞母亲河，一条具有悠久历史文化的江河，以孝女曹娥命名，曾感天动地，世代相传，更因此而衍生了本地许多的节日、民俗文化；曹娥江，一条沉淀着璀璨文明的江河，青瓷由此起源，古运河由此延伸，如今更被列入中国大运河申遗项目、第七批全国重点文物保护单位。

面对曹娥江如此丰富的历史文化价值，我们一直在思考：我园拥有坐落于曹娥江畔的独特地理位置，历年来孩子们自主选择的春游地点也多在曹娥江附近，却一直只关注曹娥江的现代文明，对其历史文化比较忽视。我们是否可以充分挖掘曹娥江这一贴近孩子生活的地域文化资源，在园本课程的实施过程中加以开发与利用，并发扬其文化传承的价值呢？

基于此，我们开启了"亲亲曹娥江"的主题探索之旅……

一、资源分析

（一）幼儿经验分析

主题的实施离不开孩子的已有经验。大班孩子情绪体验日益丰富，情感逐渐从家人、同伴、老师转向周边环境。《3—6岁儿童学习与发展指南》（以下简称《指南》）社会目标"具有初步的归属感"中也提出：大班幼儿"能感受到家乡的发展变化并为此感到高兴"等。只是，孩子们日常的生活经验决定了他们对家乡、祖国的关注更多着眼在现代文明上，对于曹娥江悠久的历史文化，很难体会。让人高兴的是，在为期一周对曹娥江的摸底调查中，我们发现孩子们已经在慢慢地关注曹娥江的历史，只是这种好奇与关注还处于无意识状态，如：这条江为什么叫曹娥江？（由来）曹娥江为什么这么宽这么深？（古运河）为什么我们上虞人总是吃米饭？（鱼米之乡）……因此，这是一个很好的契机，可以此为推手，在主题活动中促进孩子们对曹娥江历史文化的了解与传承。

（二）主题资源分析

针对孩子们的问题，我们对主题资源进行了思考，看其是否能支撑主题的实施，并寻找可以支撑传统文化传承的相关内容。

表1　大班"亲亲曹娥江"主题资源类型、经验线索及利用梳理

资源分类	资源名称	条件分析	经验链接	《指南》主要经验对照	活动规划
自然资源	曹娥江	幼儿园地处曹娥江畔，步行6分钟即可到达江边。地理位置便于幼儿多次参观调查。江边有大量人文造景，课程有外延性。	*了解曹娥江的由来及其与人们生活的关系。	*能连续行走1.5公里以上（途中可适当停歇）。 *愿意与他人讨论问题，敢在众人面前说话。	远足、调查访问、观察、欣赏。
	江边的田野	曹娥江边种植有稻谷、玉米、毛豆、番薯、油菜、萝卜、四季水果等，这些农作物都是幼儿生活中最常见的。	*了解曹娥江畔田野中的农作物，探索曹娥江的灌溉作用，了解米的生长过程及相关民俗文化。	*初步了解人们的生活与自然环境的密切关系，知道尊重和珍惜生命，保护环境。	观察、比较、记录、劳动、绘图、美工制作。
	上虞各类展览馆、古迹	曹娥孝女庙、孝德文化园距离幼儿园10分钟车程，里面有专业讲解员，可给幼儿提供曹娥故事、上虞孝文化讲解。	*了解孝女曹娥与曹娥江名称的由来，拓展对上虞孝德文化的认识。	*听不懂或有疑问时主动提问。 *在成人帮助下能制订简单的调查计划并执行。 *愿意用图画和符号表现事物或故事。	亲子参观、调查访问、艺术表现。
		青瓷博物馆、文化馆、制作体验馆围绕在幼儿园周边。各个馆里有灿烂的中华青瓷史、丰富的青瓷作品、聘用的青瓷文化大使，可提供讲解和实践指导。凤凰山青瓷窑址是幼儿园社会实践基地。	*对家乡传统文化与艺术感兴趣，了解其与人们生活的关系。 *尝试设计、制作、宣传，乐意为传统文化的弘扬而努力。	*能连续行走1.5公里以上（途中可适当停歇）。 能使用简单的劳动工具或用具。	社会实践、参观访问、观察记录、艺术设计、动手制作。

续表

资源分类	资源名称	条件分析	经验链接	《指南》主要经验对照	活动规划
自然资源	上虞各类展览馆、古迹	古运河史料馆里有曹娥江关于古代大禹治水、近代围海筑坝、现代十八里景观带的发展史文本、影像资料，能借阅，让幼儿多方位感知。	*了解大禹治水的历史和曹娥江的演变发展史。	*能感受到家乡的发展变化并为此感到高兴。 *在集体中能注意听老师或其他人讲话。 *活动时能与同伴分工合作，遇到困难能一起克服。	调查访问、观察欣赏、艺术表现、综合建构。
社会资源	与曹娥江有关的古诗词、本土童谣、民间故事	李白《忆东山二首其一》、释宝昙《过曹娥江》、陈鹤《曹娥江寄京口诸友人》、释云釉《曹娥江泊舟二首》、邵梅溪《曹娥江》等能让幼儿欣赏聆听、感受表演。曹娥、大禹等民间故事流传已久，《打荞麦》等本土童谣口耳相传。	*初步了解古代诗人对曹娥江美的欣赏，进一步感受曹娥江的诗词文化。 *喜欢朗诵古诗词、传统童谣，尝试用不同的方式演绎。	*能初步感受文学语言的美。 *艺术欣赏时常常用表情、动作、语言等方式表达自己的理解。	欣赏感受、理解感知、朗诵表演。
	社区家长	有家长在污水处理厂、水利监测站工作，能为幼儿提供社会实践的场所，现场讲解水质监测、污水处理的方法、过程、结果。	*感受保护水资源的重要性，形成节水、护水的意识。 *了解污水处理、节水护水的方法。	*有问题愿意向别人请教。 *爱护身边的环境，注意节约资源。	亲子社会实践、观察、访问记录、科学实验。
		有家长在曹娥江大闸工作，可为幼儿提供实地参观的场地、曹娥江治理的讲解。	*了解曹娥江治理的方法、历史。 *了解防洪方法。	*知道一些基本的防灾知识。 *能用数字、图画、图标或者其他符号记录。	社会实践、观察、访问记录、沙水建构。
	桥	曹娥江上有人民大桥、彩虹桥、铁路桥、九狮桥、跨海大桥，这些桥的变化也是时代发展的缩影。这些桥就在幼儿生活的周围，便于幼儿观察、表现等。	*了解江上桥的外形特征及其不同功能。 *了解桥的发展史，感受桥的演变给人们生活带来的便利，并尝试表征、设计。	*知道国家一些重大成就，爱祖国，为自己是中国人感到自豪。	调查访问、观察、绘画、用各种不同材料方法建构、探索桥的承重结构。
	船	曹娥江连接京杭大运河，江上有很多运货的船，从古至今，一直发挥水上运输的作用。	*了解曹娥江在京杭运河中所起的作用。 *探究船的运输。	*能通过观察、比较与分析，发现并描述不同种类物体的特征或某个事物前后的变化。	观察比较、测量、制作船、探究船的运输、学看地图。

续表

资源分类	资源名称	条件分析	经验链接	《指南》主要经验对照	活动规划
社会资源	民间米制品传统作坊	围绕着曹娥江,有"梁湖麦果""梁湖年糕""梁弄印糕""粽子"等多种米制品传统作坊。这些食品幼儿在日常生活中时常品尝,在特定的传统节日,家中很多长辈都会制作。	*了解家乡传统米制品,感受其与节日相关的民俗文化。 *体验传统米制品的制作过程,尝试用不同方式表征发现。	*能有序、连贯、清楚地讲述一件事情。 *能用多种工具、材料或不同的表现手法表达自己的感受和想象。	社会实践、参观记录、动手操作、品尝。

从表中可以看到,围绕曹娥江,有着丰富的自然资源与社会资源,可以为主题的顺利开展提供有效保障。其中,更蕴含着丰富的有地域特色的历史传统文化,极具传承价值,如下表:

表2　主题资源内容

资源分类	资源名称		蕴含的传统文化价值
自然资源	稻谷	不同的播种、收割工具。	古老的播种、收割文化(人力犁田、牛力耕田;插秧、抛秧;镰刀收割、人力打谷、扬谷)、古老的田间工具(犁、镰刀、打谷板、蓑衣等)。
		由米而生的传统美食:印糕、粽子、麦果、年糕。	不同的美食对应不同的传统节日文化:印糕——端午(衍生端午风俗,如挂香包、吃五黄、划龙舟等);麦果——满月剃头(衍生相关剃头文化,如分米胖、豆胖,寓意小孩白白胖胖)。
	曹娥江	杭甬运河的一部分、京杭大运河的延伸。	古运河在古代运输中的价值;海上丝绸之路。
社会资源	桥	古老的桥、特殊的桥。	我国有名的桥梁文化;历史上有着特殊意义的桥梁,如赵州桥、卢沟桥等。
	民间米制品传统作坊	梁湖麦果坊、梁弄印糕坊、梁湖年糕坊。	民间传统手工艺的制作方法(与上述由传统美食而衍生的节日、民俗文化对应)。
	上虞各类展览馆、古迹	青瓷制作体验馆、孝德文化园、博物馆、青瓷文化馆、古运河史料馆、越剧馆等。	中国最早的瓷器——越窑青瓷,被誉为"母亲瓷";古运河的历史;中国孝文化的源头;大禹治水的历史;民间童谣。
		曹娥江畔的青瓷窑址、孝女庙。	
	各类民间传说童谣	曹娥江由来、大禹治水、孝女曹娥、打荞麦等。	

续表

资源分类	资源名称	蕴含的传统文化价值
社会资源	各类与曹娥江有关的古诗词	唐李白《忆东山二首其一》、宋释宝昙《过曹娥江》、明陈鹤《曹娥江寄京口诸友人》、宋释云岫《曹娥江泊舟二首》、宋邵梅溪《曹娥江》……	曹娥江的古老诗词文化；古诗词的传承。

二、目标设计

在"亲亲曹娥江"的主题中，我们结合陈鹤琴先生"做中学，做中教，做中求进步"的思想，以及《指南》"直接感知、亲身体验、实际操作"的儿童学习特点，分析大班幼儿"爱学、好问、求知欲强""合作意识增强""开始掌握学习的方法"等年龄特征，围绕曹娥江丰富的课程资源及蕴含的传统文化价值，提出了以下主题目标：

（1）了解曹娥江畔依江而生的特色历史文化及发展变迁，感受曹娥江水域的治理及其对人们生活的影响，萌发对家乡母亲河的热爱之情，产生保护曹娥江的愿望。

（2）能积极围绕疑问有目的地进行调查、讨论、探究，学习与同伴合作制订、实践、调整相关计划，并能在集体面前大胆、连贯地讲述自己的探究过程、结果及发现。

（3）感受曹娥江多彩的文化艺术特点，乐意用绘画、诗词、音乐表演等不同表征方式大胆地表现，表达对家乡母亲河的敬爱之情。

三、内容架构

我们运用情境分析式的方法，围绕孩子们感兴趣的关键情境，初步确定了主题脉络：

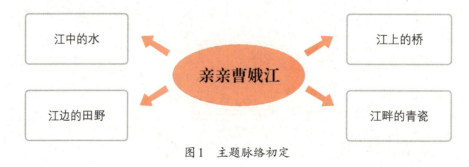

图1　主题脉络初定

依据主题脉络、围绕主题资源，我们确定了"亲亲曹娥江"的主题内容框架，其中，深蓝色的块面是围绕地域特色的传统文化重点展开的内容，并在具体实施过程中，鼓励各班根据孩子的兴趣与实际需求进行调整，具体如下。

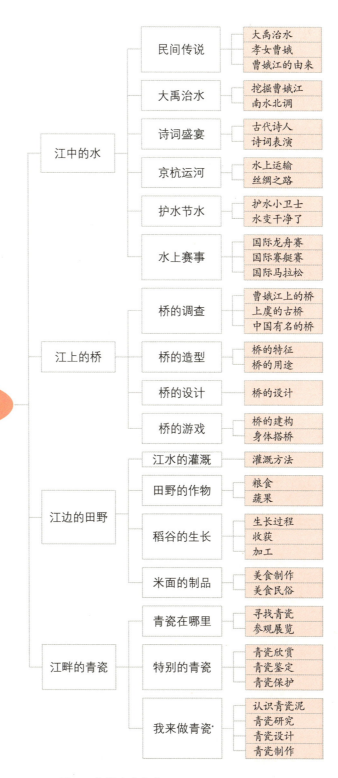

图2　主题内容框架

四、组织实施

课程的实施是达成目标的关键。《指南》《幼儿园教育指导纲要（试行）》一直强调"一日生活皆课程"的理念，因此我们在课程实施路径中，一方面体现一日生活皆课程的理念，围绕主题目标，从集体活动、日常活动、区域游戏、环境创设、家园联系五大块面并肩推进，并努力体现路径的多元化；另一方面减少集体活动的比重，优先考虑区域活动、游戏活动、环境创设、日常活动等。以下即"亲亲曹娥江"几个小线索在一日活动中的实施路径表。

表3 大班"亲亲曹娥江"主题线索一"江中的水"实施路径表

集体活动		日常活动	区域活动	环境创设	家园联系
基本内容	其他内容				
科学调查：曹娥江的由来。 社会：我是护水小卫士。 综合建构游戏：南水北来灌溉。 综合：京杭大运河。 语言：大禹治水的故事。 科学：曹娥江水变干净了。 语言：曹娥江的唐诗之路。 综合：保护母亲河。 数学：江上的船。 社会：凶猛的洪水。	手工：纸船。 歌曲：《让我们荡起双桨》。 综合：参观污水处理厂。 社会：危险的水。 健康：赛龙舟。	日常渗透： 1.谈话中了解曹娥江大闸的作用。 2.盥洗、谈话中倡导孩子节约用水，了解水的再利用。 点名：以曹娥江流经重要城市及支流名称进行点名。 户外活动： 1.沙水游戏：母亲河——曹娥江，我来做大禹。 2.赛龙舟。 餐前：欣赏曹娥江宣传视频。 欣赏曹娥江之歌。 散步： 参观自己挖的曹娥江。	语言区：我是小小讲解员、曹娥的故事。 科学区：污水变干净了、运输船、小船飘飘、玩沙玩水。 建构区：引水入渠、防洪堤、曹娥江大闸、龙舟。 美工区：设计护水宣传单、防溺水宣传员。	1.呈现曹娥江全景图，标注发源地、入海口、流经城市及重要支流。 2.墙面呈现曹娥江过去及现在的比较图。 3.展示孩子们节水、护水的探究过程。 4.盥洗室呈现节水宣传图。 5.以护水为核心经验创设教室主题墙。 6.呈现孩子做龙舟、赛龙舟等活动过程。	1.亲子搜集关于曹娥江过去、现在的图片，以及曹娥江发源地、流经城市、重要支流等信息。 2.亲子共游污水处理厂，了解污水处理过程。 3.邀请家长共同参与护河行动，如宣传单分发、小甲鱼放生等。 4.共同寻找生活中的节水、护水标记。 5.亲子共同观看赛龙舟的现场。 6.参观曹娥江大闸，了解曹娥江水质、潮水变化原因。

表4 大班"亲亲曹娥江"主题线索二"江上的桥"实施路径表

集体活动		日常活动	区域活动	环境创设	家园联系
基本内容	其他内容				
社会：参观人民大桥。 科学：曹娥江上的桥。 写生：看桥去。 科学：桥的过去、现在和未来。 语言：桥梁之最。 健康游戏：身体搭桥。 艺术游戏：鸭子上桥。 建构：曹娥江上的桥。	健康：搭桥过河。 手工：我设计的桥。 综合：曹娥江两岸。	日常渗透： 1.谈话中和孩子聊聊桥的种类，比比曹娥江上的桥的异同。 2.引导幼儿观看、交流各自看的调查表。 点名：说说自己认识的桥的名称。 户外活动： 尝试用肢体动作来表示桥的造型，体验同伴合作游戏的乐趣。 大型建构：有用的桥。 餐前： 欣赏桥梁变迁的视频。 散步：和孩子一起走走自己建构的桥，感受桥的特点与用途。	语言区： 我是小小讲解员（介绍桥的过去、现在和未来）。 科学区： 纸桥承重。 建构区：我设计的桥（各种材料、方法搭出的桥）。 中国古桥。 音乐区：鸭子上桥（歌曲表演）。 美工区：制作美丽的桥（折、剪、画、捏）。	1.展览"曹娥江上的桥"调查表，鼓励幼儿互相交流。 2.收集、展览各种桥的图片、作品、图书等供幼儿观察、认识，丰富"桥"的知识经验。 3."桥"的视频欣赏。 4.展示孩子们在不同桥上游玩的照片。	1.和孩子一起去寻找曹娥江上的桥，了解桥的名称、外形特征等。 2.和孩子一起通过网络、书籍等方式收集中国过去、现在的桥的资料，帮助孩子丰富关于桥的相关知识。 3.亲子制作：各种各样的桥。 4.参观章镇斜拉桥，比较和人民大桥的区别，了解斜拉桥的发展。

表5 大班"亲亲曹娥江"主题线索三"江边的田野"实施路径表

集体活动		日常活动	区域活动	环境创设	家园联系
基本内容	其他内容				
综合：参观米店。 语言：悯农。 艺术：拾穗者。 数学：米粒家族。 健康：运粮忙。 社会：调查传统美食与民俗。 综合：奶奶进课堂——学包粽子。 科学：彩色面团。 音乐：鼓上的小米粒。 科学：曹娥江边的农作物。	社会调查：江边田野的粮食。 参观体验活动：家乡的传统美食（亲子参与）。 美食制作：印糕、麦果、粽子、年糕等。	日常渗透：点心时请孩子品尝家乡传统美食。谈话时说说自己了解的各类传统美食。 户外活动： 游戏：丰收忙。 沙水游戏：灌溉田野。 餐前：和孩子一起欣赏家乡、中国的传统美食，感受中国的传统饮食文化。 散步：参观园内小农田、小菜园，体验种植、丰收的喜悦。	语言区： 我是小小讲解员：介绍家乡、中国的传统美食。 美食一条街：设计、制作、宣传家乡、祖国的传统美食。 美工区： 设计传统美食广告、招牌等；自制各类传统美食。 科学区：揉面团。 角色区：传统美食大展销。 表演区：悯农。	1.创设传统美食一条街，展示、品尝家乡、中国的传统美食，并呈现孩子设计的宣传介绍海报。 2.以主题墙的形式呈现孩子探究、体验传统美食的过程。 3.呈现各类亲子收集资料展，了解粮食对人们生活的重要性。	1.带领孩子一起探寻家乡、中国各地的主要农作物，以及相应的传统美食，体验中国的美食文化。 2.收集浙江鱼米之乡的富饶，体验身为浙江人的幸福。 3.收集中国由古至今因粮食而引起的灾害，体验粮食与人们生活的关系。 4.亲子制作家乡传统美食。

表6 大班"亲亲曹娥江"主题线索四"江畔的青瓷"实施路径表

集体活动		日常活动	区域活动	环境创设	家园联系
基本内容	其他内容				
科学：青瓷鉴定会。 科学：保护青瓷。 社会：青瓷的历史文化。 唐诗欣赏：秘色越瓷。 社会：走访顾氏青瓷工作室。 数学：认识青瓷泥。 艺术：我来做青瓷。 科学：青瓷研究会。 艺术：我是青瓷设计师。 艺术：我的青瓷我做主。	社会：走访青瓷博物馆。 艺术：欣赏青瓷作品。 艺术：青瓷打击乐 绕 口 令《青瓷盆和青瓷瓶》。 音乐：泥娃娃。 社会：上虞骄傲。	日常渗透： 1.收集生活中的瓷器。 2.点名：青瓷作品、给自己设计的青瓷取名字，并以该名字点名（如双身瓶）。 户外活动： 杂技：顶碗。（塑料盘进行顶碗，走平衡木等锻炼平衡能力） 餐前：欣赏制作青瓷视频；幼儿介绍瓷器餐具。 散步：参观青瓷展。	科学区： 和泥（泥水比例）；考古。 美工区： 有趣的印章（欣赏、拓印）；设计有上虞特色的青瓷LOGO；制作青瓷。 角色区：茶社。	1.布置青瓷展。 2.展示幼儿在鉴别、制作青瓷中的问题及发现（表征），鼓励幼儿互相交流。 3.展示青瓷历史图片。 4.设计图表征。 5.幼儿青瓷作品展。	1.请家长带领孩子关注、收集、欣赏生活中的瓷器。 2."爸爸科学团"带领孩子走访顾氏青瓷工作室，了解青瓷的历史文化。 3.请家长带幼儿参观青瓷遗址、工作坊、展览馆等，了解青瓷工具及制作过程。 4.引导孩子用不同的表征方式展现成功的感受。

　　如上表所示，表格中各块内容都有黑、红、灰三种不同颜色，黑色是教师预设的内容，把控传统历史文化的比例；红色是主题开展中因孩子兴趣而特别衍生的，以满足孩子兴趣、质疑、探究的不同需要；灰色正好相反，是预设内容中孩子不感兴趣，因而删减的。三种颜色的内容是预设与生成在主题中的碰撞结果，也体现了主题推进的痕迹。

五、亮点分享

（一）创设真实情境，支持发现真问题

　　在主题的实施中，我们通过创设具有真实性、情境化、行动化、发展性的生活"实习场"，模拟或再现生活场景，让孩子在真实自然情境中，通过亲身体验、实践操作，获得有益的直接经验和感性认识。如在主题线索一"江中的水"中，孩子们在实地参观曹娥庙、发现大禹塑像后，进行了一系列调查，了解到大禹治水与曹娥江的联系，引发了孩子关于曹娥江为什么会发洪水的疑问，激发了孩子变身"大禹"自发"治水"的热情。感受到孩子们的兴趣后，老师结合孩子们的一个个疑问，创设真实的情境，引导孩子在真实的情境中感知、体验与操作，从而获得最真实的体验与认识。

案例：大禹治水

● 探究原因。

曹娥江为什么会发洪水呢？在问题的引导下，孩子们兵分两路，各显神通，去寻找曹娥江发洪水的原因。

第一路：查阅资料、家长协助。结果五花八门，如江中泥沙过多、江窄水流急时排水过慢、水道弯曲流水无法及时排出等。

第二路：专家解读、了解历史。豆豆的爷爷是上虞历史研究所的顾问，他来给大家详细解说，并解答大家查阅时的疑问。爷爷说，以前的曹娥江河道曲折，导致水流冲下的泥沙堆在河中，河道变浅变窄，从而引发洪水。

河道曲折怎么会泥沙堆积呢？带着疑问，老师和孩子们一起在玩沙池中挖了条弯弯曲曲的小"曹娥江"，并引水冲击河道转弯处。孩子们发现，冲下来的沙子并没有全都顺着流水冲走，大部分都沉在弯道边，终于明白了爷爷所说的话。

图3　实践验证、解答疑惑

● 初次治水。

了解曹娥江发大水的原因后，孩子们迫不及待地想要"大禹治水"，并自由结伴成几个小组，在一段时间的商量后，提出了各自的"治水方案"。

第一组：用铲子将弯道处的沙子铲掉，疏通"河道"，让"河道"变宽，从而解决"河道"被堵发"洪水"的问题。

第二组：让"河水"只冲到"曹娥江"上笔直的部位，而不冲到转弯处，这样泥沙就不会堆积了。

第三组：在"河道"的弯道处装上木板，防止沙子被冲下来。

确定方案后，孩子们在挖好的"曹娥江"上进行了实践，可在多方验证后，初次的治水方案都以失败而告终。

图4　不同治水方案的尝试

● 讨论调整。

是什么原因导致"治水"失败呢？老师组织孩子们进行了讨论。讨论中，孩子们自我否定了许多原因，一时无妙法。苦恼中，老师提出了一个问题：沙子为什么会流不下去而堆积在转弯处？豆豆说："因为曹娥江太弯了，直的话沙子就会被水冲下去了。"老师说："曹娥江太弯了，有没有办法改变这一点呢？"孩子们眼前一亮：曹娥江弯道很多，沙子流不下去就堆积了，我们可以将"曹娥江"太弯的地方变得不弯一点。

● 再次治水。

新一轮的"大禹治水"开始了，孩子们拿着铲子在"曹娥江"边忙碌着。在大家的努力下，"曹娥江"的弯道慢慢地减少了，整条河道平直了许多。他们拿来水管接上水龙头放水，结果发现弯道减少后，冲下来的沙确实少了，但是水流也变快了，两边的沙子仍会被冲下来。怎么办呢？

图5　裁弯取直

● 寻找方法。

晚上，孩子们带着问题回家去寻找解决方法。第二天，陆续有孩子提供新方案：在岸的两边装沙袋、建大闸将洪水分流、让河道变宽一点等。孩子们说，这是从书中、网上查来的资料，武警叔叔治洪水时经常这样做，曹娥江大闸也是水大时分流用的。

● 三次治水。

寻找到了新方法，孩子们又重新设计了治水方案，并分成了两组，一组修筑"大坝"建闸分流，另一组灌沙袋加固河道堤坝。在忙碌中，"大坝"渐渐成形，河道也快速加固，终于到了放水试验的时候了。河水"哗哗"地流经了堤坝、流过了大闸，"曹娥江"终于顺利通流不掉沙了……"治水成功了，治水成功了！"孩子们兴奋地跳了起来……

图6 修筑大坝　　　　　　　　　图7 灌沙袋

（二）关注探究方法，引发儿童真学习

《指南》科学目标"具有初步的探究能力"中，建议"支持、引导幼儿学习用适宜的方法探究和解决问题"。在主题实施过程中，我们同样非常重视引导孩子用科学的探究方法，在解决真实问题的过程中使经验实现螺旋式发展。

案例：南水北调

"治水"的成功让孩子体验到了极大的成就感，孩子们的话题时常围绕着曹娥江，更有孩子经常查找资料挖掘相关新信息。一天，栋栋带来一个新消息："爸爸说，曹娥江以前叫舜江，有人买我们舜江的水。真的吗？"得到老师认同后，孩子们吵翻了："他们为什么要买我们的水？""曹娥江的水是不是特别好？""水怎么买呀？""汽车运吗？""路上会不会漏光？"

● 尝试运水。

顺应着孩子们的问题，老师让孩子们自己去尝试运水。

孩子们选择了各种工具，如针筒、漏斗、管子等，进行了一系列尝试……大家发现了一个共同的问题：运水速度太慢了。

图8　用不同工具运水

● 寻找方法。

有什么方法运水又快又好呢？在孩子们茫然时，老师说："你们可以去调查一下，幼儿园、你们自己家里的水都是怎么运来的呢？"孩子们兴致勃勃地穿梭在幼儿园的各个角落，发现卫生间水龙头流出的水并没有连接缸或瓶之类的东西，倒是有许多管子连接着一个个水龙头，也有孩子想起从来没有看到有人往幼儿园里运水。回家调查中，孩子们也收集了各种信息，原来家里的水都是从自来水管道连接过来的，家里还装了水表记录自己家用了多少水。所有的信息汇总后，孩子们得出了一个结论：原来南水北调的水并不是靠汽车、工具运输的，而是运用各种管子渠道进行连接，让水可以流过去，北方水少，就把南方的水通过管道连接输送到北方……

● 南水北调。

了解方法后，有孩子提议：我们也来"南水北调"。这一提议得到了大家的响应。

于是，孩子们开始设计方案，在图纸上绘制了管道的材料、连接的方法等，并一一进行了尝试。

（1）挖小沟。一开始，孩子们在"曹娥江"边挖了一条分叉的小沟，发现水从"江"中往分叉的小沟只流了一点距离就不流了。经过讨论，孩子们认为小沟太高了，水是往低处流的，于是将小沟进行了调整，让其低于"曹娥江"。调整之后，水流成功到达了"北方"。

（2）装管子。孩子们找来PVC管、竹子等，将它们从"曹娥江"连接到"北方"，发现水流并不顺利。孩子们找来了许多支架，通过协商，将之从高到低排列后搁在管子下面，发现有的地方水流很顺畅，有的地方却漏水很多。经过观察，有孩子发现两根管子连接处，前面的管子搁在后面管子的上方不会漏水，反之则会漏水。于是孩子们对管子进行了检查与调整，顺利地完成了"南水北调"。

当然，也有不成功的，于是，孩子们开启了互相学习的模式。

图9　幼儿设计图

图10　南水北调

（三）链接真实生活，促进儿童真发展

立足真实生活的课程内容，渗透着孩子真实的情感思想，有利于孩子获得相应体验。课程的实施，在强调来源于儿童生活的同时，更需要体现应用于儿童生活的价值。因此在主题实施中，我们也一直关注课程与孩子生活之间的联系。如在了解了曹娥江的由来、历史文化、江两岸的发展变迁之后，我们抓住孩子们对曹娥江水变浑、变脏的关注点，引导孩子们尝试用自己的方法去探究原因、寻找解决的方法，从而激发孩子们联系生活实际保护曹娥江的愿望与行动。

案例：保护母亲河

有一段时间，曹娥江水位上涨，河水变得又黄又浑。不少家住曹娥江边的孩子发现了这一现象，并且在谈话时提出了自己的发现。借助孩子们的发现，老师提出了自己的担忧：曹娥江是我们的母亲河，给我们的生活带来了那么多便利，也让我们的家乡变得更加美好。如果曹娥江水变浑了、变脏了，就没人喜欢了，怎么办？这一担忧也引发了孩子们的讨论，大家决定要保护我们的母亲河。那么，怎么保护呢？孩子们纷纷提出了自己的看法，可是除了不乱扔垃圾，孩子们似乎并没有更好的办法。老师说："让我们去向别人学一些好办法吧！"

● 参观学习。

老师发动家委会进行了讨论，决定带孩子们参观污水处理厂，了解有关部门对污水的治理方法。发动家长参与后，孩子们在爸爸妈妈的陪伴下出发了。

在污水处理厂，孩子们了解了河水污染的危害，并且了解了许多治理污水的步骤与方法，叔叔们也向孩子们展示了一些净水的小妙招。孩子们的兴趣被激发了起来，纷纷讨论我们也要学着自己来净化水。

● 调查实验。

看到孩子们净水的热情，老师让孩子们自己去调查净水的方法。除了污水处理厂叔叔介绍的方法之外，孩子们在家长的帮助下调查、收集了许多净水的方法，如明矾沉淀、木炭净化、过滤等。同时，孩子们将收集到的方法在区域中进行了自主尝试，看到脏脏的水慢慢地变得干净了，孩子们的脸上绽放了灿烂的笑容，并且开心地在谈话时将自己的净水小故事向同伴进行介绍……

图11　参观污水处理厂

● 保护行动。

体验到净水成功的快乐之后，孩子们的快乐也在延续、扩散着……他们设计了各种各样的"保护母亲河"的宣传单，向弟弟妹妹、周边社区的爷爷奶奶等进行宣传。除了净化、宣传，还有什么保护曹娥江的方法吗？在老师的建议下，孩子们开展了节水大行动，每天都有孩子带来自家的节水小妙招：洗脸水冲马桶、淘米水浇花……班级里也掀起了一股节水风，水龙头开得小小的、将生活老师用过的水攒下来浇花……

图12　净水小实验

"亲亲曹娥江"的主题虽然已经告一段落，但并没有结束。随着主题的开展，曹娥江越来越多的历史传统文化正在被孩子们发现，如随着季节的变化，围绕着江边田野的传统美食与民俗呈现在孩子们的眼前，并引发了相关的民谣、民间游戏等。因曹娥江水

图13　分享节水小妙招

质变好及纪念孝女曹娥而在江岸、江中开展的曹娥江马拉松、国际龙舟赛等开始走进孩子们的生活，由此引发了孩子们对传统龙舟赛、马拉松的热情，从而衍生了爱幼马拉松、班级龙舟赛。由江边泥土而引发对青瓷的探究，从而建立班级青瓷馆等。上一届大班孩子关于曹娥江的情感传承，又将成为下一届大班孩子的文化起点……

（徐雅雅　董之燕　余昭君　潘桂英）

从鱼到渔　孕育海之乐

舟山市机关幼儿园

　　传统文化，民族繁衍生息的根基和血脉。中华优秀传统文化这一博大精深的中华文明和历史积淀，该如何在幼儿园落地？这需要我们尊重幼儿的年龄、尊重幼儿的生活经验、尊重幼儿的学习方式。我们充分挖掘舟山地域资源、捕捉幼儿探究兴趣、明晰文化教育价值、依托我园"海之乐"省精品课程，有效践行了"从鱼到渔"班本化线性主题方案，让地域传统优秀文化在儿童幼小的心田扎根滋长，成为其文明修养的基石，成为其文化认同的归因，进一步帮助其形成"我是舟山人"的认同感和自豪感。

图1　舟山渔港美景

一、资源分析

（一）地域优势

舟山是个海岛城市，四面环海，有着独特的海洋文化资源、多元的艺术教育资源和丰富的海洋文化底蕴。其中，舟山渔文化历史底蕴深厚、现实基础浓厚，这一文化又被称为舟山文化之魂。弘扬和传承舟山地域特有的渔文化是幼儿接受文化熏陶的首选和必选，贴近幼儿生活经验是遵循幼儿年龄特点和身心发展规律，并对幼儿成长和发展有价值的教育内容。

（二）园所优势

2015 年我园被评为中国教育学会"优秀传统文化进校园"项目首批试点学校。我们一直致力于以幼儿喜闻乐见的方式开展传统文化教育。同时，我园从 2003 年起借鉴瑞吉欧教学模式在全市幼教领域率先开启了探索性海洋教育活动，从散点式探索到主题式展开，立足本土资源，历经十多年的坚持与摸索，打造了"海之乐"省精品课程，获批了"海之乐"游戏课程市教育品牌孵化项目。

二、目标设计

基于"生活性、发展性、生命性"新课程理念，我们充分认识到舟山渔文化教育是一种社会性教育，它更应遵循儿童社会性发展的特点即情感为先（内驱力）、行为在后（行动力）、认知相随（认知力），结合幼儿的需求、核心素养等，我们进行了目标的设计。

（一）总目标

情感层面：初步产生对舟山渔文化的亲切情感，喜欢并热爱舟山传统文化，萌生"我是舟山人"的自豪感。

行为层面：养成食鱼、戏鱼、近"渔"、表现"渔"等良好行为。

认知层面：了解基本的"鱼"和"渔"文化常识，形成粗浅的文化积淀。

（二）分层目标

表1 分层目标

年龄段	情感层面	行为层面	认知层面
小班	喜欢食鱼，感受舟山的鱼鲜、鱼肥、鱼美，初步形成"我是舟山人"的意识。	获得吃鱼的技能和戏鱼的良好行为，能用语言、肢体动作等表现鱼。	初步感知舟山常见的鱼、鱼的烹饪方式以及"食鱼"的相关习俗。
中班	喜欢欣赏鱼童谣、参与鱼游戏，创作鱼饰品，初步感受渔文化的丰富，初步形成"我是舟山人"的自豪感。	能尝试用不同语言（普通话和方言）、不同形式的艺术创作表现自己眼中的渔文化。	初步了解渔文化，如经典鱼传说、民间鱼游戏、传统鱼饰品等。
大班	乐意亲近和探寻渔文化，形成"我是舟山人"的归属感和自豪感。	能用多元表征方式再现探寻到的基础渔文化。	初步了解渔文化，如渔民生活、生产、渔村文化等。

三、内容架构

在对舟山鱼渔文化进行甄别和筛选的过程中，我园坚持了两个原则：一是选择适合幼儿、易于理解、直观形象的内容，二是尽可能避免那些强调恭顺的内容，以免影响孩子的创造力、想象力。基于上述两个原则，在线性运行班本化主题活动中，我园通过小班"食舟鱼"主题来激发幼儿对于渔文化的初步兴趣；通过中班"品舟鱼"主题活动，来满足幼儿对于渔文化的初步感知和理解；通过大班"寻舟渔"主题活动，来增进幼儿对于多元渔文化的探究兴趣和学习欲望。

（一）线性主题网络

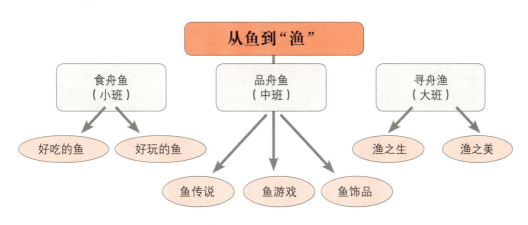

图2 主题网络图

（二）线性单元路径（以小班"食舟鱼"好吃的鱼为例）

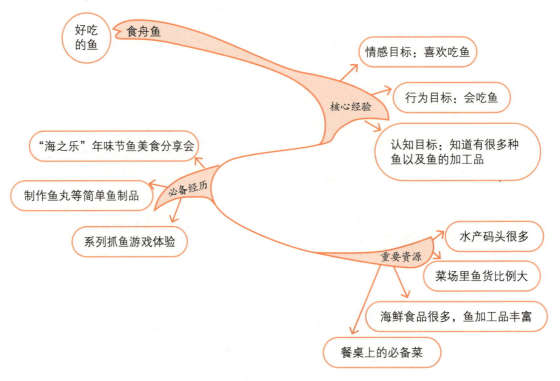

图3　小班班本化实施路径

（三）线性主题活动：从鱼到"渔"主题活动开展一览表

表2　从鱼到"渔"主题活动开展一览表

年龄段	主题名称	主题展开思路	主题活动名称（列举）	侧重领域与涉及领域	实践活动
小班	食舟鱼	好吃的鱼	鱼味大餐	社会、健康	●家长美食助教活动，如做鱼丸、面拖鱼等。 ●家长职业助教活动，如认识渔民、舟山渔民号子等。 ●舟山各类博物馆参观活动。 ●水产城、水产加工厂参观活动。 ●渔村体验活动。 ●本土节日体验活动，如开捕节、谢洋节等。
			快乐吃鱼	科学、语言	
			鱼儿知多少	语言、科学	
			面拖鱼	健康	
		好玩的鱼	小鱼游	艺术	
			鱼儿找家	艺术	
			拯救小鱼	科学	

续表

年龄段	主题名称	主题展开思路	主题活动名称（列举）	侧重领域与涉及领域	实践活动
中班	品舟鱼	鱼传说	咬尾巴的带鱼	语言	●家长美食助教活动，如做鱼丸、面拖鱼等。 ●家长职业助教活动，如认识渔民、舟山渔民号子等。 ●舟山各类博物馆参观活动。 ●水产城、水产加工厂参观活动。 ●渔村体验活动。 ●本土节日体验活动，如开捕节、谢洋节等。
			梅童鱼成亲	语言、艺术	
			箸鳗做媒	语言、社会	
		鱼游戏	弹涂鱼跳	健康	
			捉带鱼	健康	
			猜鱼谣	语言、健康	
		鱼饰品	鱼骨工艺品	艺术	
			鱼印画	艺术	
			海泥塑鱼	艺术	
大班	寻舟渔	渔之生	渔民伯伯回来了	社会语言	
			渔夫捕鱼	健康科学	
			晒鱼鲞	社会科学	
			阿拉舟山人	社会语言	
			渔船之谜	社会、科学	
		渔之美	渔歌号子	艺术	
			舟山渔民画	社会艺术	
			渔家姑娘	艺术	

上述线性内容我园在实施中有两种操作模式：一种是小、中、大各个年龄段不同班级同步运行；另一种是以特定班级为对象，开展线性渔文化的系列探究和建构。无论何种操作，我们都以幼儿的兴趣为起点，以幼儿的发展为重点推进与实施。

四、组织实施

（一）"三深"行动，丰富鱼渔资源

1. 深入宣传鱼渔价值，采集网状鱼渔资源

鱼渔文化是地域文化瑰宝，家长则是教育的重要合力。课程起初，幼儿园邀请家长共同参与班本主题审议，共同参与鱼渔资源的开发和挖掘。实践证明，立足于幼儿兴

趣、需要和成长的活动，家长会为之倾尽全力。从家长本体资源到家庭优势，再到园部社会力量的拓展开发，幼儿园或班级采集到了种类丰富的鱼渔资源，为主题活动的开展提供资源保障。

2. 深入捕捉幼儿兴趣，链接关键资源

鱼渔文化教育首先要让幼儿喜欢，才能激发他们的内驱力。教师积极在常态化运行的"海之乐"课程中捕捉幼儿的兴趣点；幼儿园定期开展大型海洋特色节庆活动来切入经验，在营造—捕捉—判断中锁定关键鱼渔资源进行重点开发和利用，并和幼儿共同进入"鱼渔"文化的深度对话。

图4　小池塘捕鱼

3. 深入价值识别，形成适宜素材库

随着孩子和鱼渔的对话，我园发现传统"鱼渔"文化有很多不同的色彩，因此我们在筛选"鱼渔"文化时，遵循两个标准：一是从至今仍"活"在本地日常生活中的传统文化，慢慢延伸到保存在博物馆中的文化，是幼儿可以触摸和感知的；二是体现在可接触器物、直观的待人接物行为方式中的传统文化，优先于用文字符号表达的传统文化。因此我们选择了粗浅的渔文化资源，如生产实用类渔港、渔岛、渔船、渔具、渔饰、渔网等器物文化；如生活实用类渔村、渔宅、渔服等生活文化；如渔贸加工类鱼汛、渔市、渔制等渔贸文化；如文学艺术类渔歌、渔谣、渔舞、渔鼓等文艺审美文化。建立文化资源库，方便活动过程中根据幼儿的兴趣走向和认知经验进行选择性实施。

（二）"三造"行动，对话鱼渔文化

对话"鱼渔"文化价值，就是要我们"贵在理念"——珍视文化教育渗透性原则；"巧在设计"——创设多感官参与的妙趣活动；"重在亲历"——充分挖掘本土地域资源优势，让幼儿走进集结地，走进文化源。

1. 营造浓郁鱼渔风情的教育环境

幼儿园阶段的文化启蒙教育关注渗透性教育，要让文化教育存在于幼儿一日生活的方方面面，于是在开展"鱼渔"主题的过程中，我们充分发挥了环境的隐性渗透教育。

（1）公共环境中感受。

图5　海洋大环境一　　　　　图6　海洋大环境二

鱼贯而入，舳舻千里，幼儿园丰厚的海洋特色大环境率先吸引了幼儿的探究兴趣和欲望，为我们的主题运行提供了基础性的环境支持，成为我们主题运行的发源地。

（2）主题环境中直面。

图7　鱼渔主题墙

形形色色的鱼，几经变迁的"渔"，源于幼儿、教师、家长共同参与创设的价值主题环境，给予幼儿充分直面"鱼渔"的机会和平台，帮助幼儿获得粗浅的直观经验，在他们初步感受鱼渔特色文化的同时，进一步刺激他们产生个性化的探究兴趣。

（3）区域环境中对话。

表3 区域设置

区域	目标	材料	创设范例
海鲜美食城(小班)	1.加深对舟山鱼类的认识。 2.体验扮演厨师进行操作的乐趣。	1.海鲜美食图片。 2.提供操作厨具。 3.小厨师服装、餐具。 4.自制"海鲜"食材。	
海鲜加工厂(小班)	1.认识舟山特色美食,形成初步的家乡意识。 2.能根据食物进行分类整理。	1.加工海产品。 2.舟山老酒。 3.地方特产(如岱山香干、岱西葡萄盒子等)。 4.幼儿自制价目表。	
看戏文(中班)	1.喜欢欣赏"鱼"童谣、参与"鱼"游戏,能大胆用方言和肢体进行表演。 2.以物代物的方法设计、制作简单的场景或道具,分工布置、整理场景。	材料:各种服饰、装饰头饰、海底动植物服饰。 特色剧目:《箬鳎做媒》《黄鱼姑娘》《咬尾巴的带鱼》。	
鱼鲞场(中班)	1.能用鱼鲞的简单步骤图进行晒鱼的工作。 2.明确自己的职责和角色进行游戏。	1.晒网。 2.鱼鲞(代替物)。 3.织网工具。	
鱼饰工坊(中班)	1.了解探寻具有浓郁家乡特色的民间工艺,萌发对家乡民间文化的兴趣。 2.欣赏与鱼相关的工艺作品并大胆运用多种艺术形式进行表达表现。	1.鱼骨画。 2.海泥塑形。 3.鱼形拓印画。 4.渔民画。	
阿拉窝里(大班)	1.丰富对渔民生活的认知,体验渔民劳作与生活的快乐。 2.能用生活中的小工具、小用具进行劳作。	各类菜肴、餐具、小床、桌子、柜子、角色牌等。	
造船厂(大班)	1.在模拟建构中学习各种基本的建构技能和建构物体的基本特征。 2.进一步产生对渔船的探究兴趣和建构欲望。	1.提供自制的大型纸箱、积木、小型积木。 2.提供中型、小型塑料花片以及一些辅助材料。 3.提供废旧的可乐瓶罐等。	

欣赏"鱼渔"、表现"鱼渔"、体验"鱼渔"，利用同一文化下不同的区域特色，支持孩子们循着自身的兴趣探究对话"鱼渔"，从而建构起自身对于"鱼渔"的认知系统，成为他们探究更多元、更开放"鱼渔"的宝贵基础。

2. 打造幼儿喜闻乐见的园内教育活动

《3—6岁儿童学习与发展指南》社会领域指出"运用幼儿喜闻乐见和能够理解的方式激发幼儿爱家乡、爱祖国的情感"的教育建议。的确，儿童具有"乐嬉游而惮拘检"的天性，组织和实施鱼渔主题教育中，我们充分尊重了幼儿这一天性。

（1）多通道感官体验活动。为了激发幼儿在参与文化活动时主动学习，我们组织和实施了"多元感官"体验式的教育活动：一是"舌尖上的鱼渔"教育行动。我们有效整合家长资源，通过系列美食助教活动，实施"欣赏—操作—品尝—认知提升"教学模式，让幼儿在美味诱导下喜欢"鱼渔"文化。二是"巧手中的鱼渔"教育行动。我们充分挖掘本土"鱼渔"文化中的传统器物，通过"欣赏器物—动手操作—认知提升"教学模式，让幼儿在欣赏并尝试创作中喜欢"鱼渔"文化。三是"视听下的鱼渔"教育行动。我们充分挖掘舟山文化系统的专业资源，通过"实物观察—欣赏经典—聚焦讨论—认知提升"教学模式，让幼儿在欣赏舟山经典"鱼渔"文学作品、艺术作品中喜欢"鱼渔"文化。上述三个教学行动虽均适合小中大三个年龄段，但在线性运行的过程中，方式一更适合小班幼儿，方式二、三更适合中大班幼儿。

（2）趣味游戏的体验活动。幼儿园传统文化教育不同于其他学段的最大特点是更适宜以游戏的方式进行。我们积极践行了这一原则。一是开展社会性游戏。"海岛小镇"是我园特有的海洋主题性区域场所，亦是孩子们的乐园，我们将"鱼渔"文化有机渗透到各个区域，采用混龄的模式开展活动。孩子们在这片乐园里扮演渔民织网，扮演舟山艺人表演民间故事、渔歌号子、创作渔民画，扮演游客选购舟山特产等。游戏中幼儿的认知经验得到了再现，并获得了关于"鱼渔"文化的新知。二是开展其他领域性游戏。对应"鱼渔"文化，我们还开发了许多领域性游戏，让幼儿在多元的游戏中对话"鱼渔"。如语言游戏"买鱼"中，幼儿通过选购不同的鱼，发现了鲜鱼和冻鱼，发现了鱼身体各部位加工而成的鱼制品，从而对探究鱼的类别文化产生了兴趣；科学游戏"渔夫捕鱼"中，幼儿通过捕鱼游戏，探究和发现了渔网洞眼大小与捕鱼效果的关系，从而对渔具

图8　尝试编网

文化产生了浓厚的探究兴趣等。

3. 创造走进鱼渔文化的园外实践活动

（1）走进渔村，体验乡风食俗。俗话说"靠山吃山，靠海吃海"。对于现在生活在高楼大厦里的幼儿来说，渔村是陌生的。古老的海草房、悠久的渔村文化都激发着孩子探究的欲望。结合主题，我们开展了"快乐渔村行"系列参观活动。一是著名渔村之行，品传统"鱼渔"文化。如参观普陀塘头村、嵊泗东海渔村等，听听渔村美丽的传说，尝尝肥美的鱼鲜，感受传统的渔村文化。二是现代渔港之行，品新生"鱼渔"文化。幼儿置身万船穿梭的沈家门渔港，通过采访、调查、参观等活动，收集了现代"鱼渔"文化信息，萌发对家乡的热爱，具有深远而重大的意义。

（2）巡游博物馆，畅游文化之旅。博物馆是"鱼渔"文化的聚集地。在主题活动尾声，我们组织了"博物馆"走访行动。舟山博物馆里"美丽家园 —— 舟山自然陈列"和"渔风海韵 —— 舟山民俗陈列"这两个基本陈列室好像一部百科全书，让孩子们流连忘返。此外舟山还有诸多大大小小的博物馆，都各有重点地提供孩子所需要的文化信息。博物馆之旅只有出发，没有终点，幼儿会多次跟进去探访。

图9　参观海洋博物馆

（3）亲历本土节日庆典，提升文化熏陶。节日是文化最好的传播方式，每年6月份在舟山岱山举办的中国海洋文化节暨休渔谢洋大典，已被列入中国非物质文化遗产名录。此外还有中国舟山沙雕节、舟山海鲜美食节等。我们带领幼儿亲历本土节日庆典，让幼儿在畅游"鱼渔"文化中感受更多元的本土文化，从而对舟山地域文化的探索和了解有了更多的兴趣。

五、亮点分享

如何理性地看待、智慧地传承传统文化？我们在实施中梳理并收获了以下几个策略，这些策略让我们的渔文化教育变得更有人气、更接地气、更具魅力。

（一）通力合作，让文化教育有迹可循

渔文化教育作为一种传统文化教育，资源的充分开发和有效利用是一大要点。正所谓巧妇难为无米之炊，在践行渔文化教育的过程中，我们进行了资源的合力挖掘。一是对本土资源的充分挖掘。我们联合家长、社区、文体局、博物馆、典型渔村等进行了资源挖掘的通力合作，最大化地集合了舟山本土的渔文化资源，让我们的渔文化教

育有丰富的资源保障，可以根据幼儿的探究兴趣和认知需求源源不断地取用。二是同类资源的相互借鉴。锁定本土渔文化资源外，我们打开了向外学习的通道。象山作为中国渔文化之乡、中国渔文化研究基地，也在以特有的视角传承和创新着渔文化资源。我们积极与象山石浦镇规划部门联系，同步收获了更具价值的渔文化。与内外专业机构的通力合作，让我们建构了更丰富的渔文化资源库，也让我们的文化教育有迹可循。

（二）降解策略，让文化教育积淀前行

渔文化对于幼儿来说既陌生又熟悉，因此我们在实施中，对渔文化进行了分解，从最熟悉的鱼（小班）—象征的鱼作品（中班）—意义上的渔（大班）来帮助幼儿由实体到意象，从简单到深入来感知渔文化，是一项有效的教育行动。

小班案例：美味的鱼

幼儿园"海之乐"年味节开幕了，孩子们带来了琳琅满目的鱼味大餐。

果果：这是我最喜欢吃的红烧鲳鱼！

淇淇：这是我奶奶做的风鳗！

天天：这是香喷喷的糖醋米鱼！

浩浩：老师，我带来的带鱼和小小带来的带鱼不一样，我是清蒸带鱼，她的颜色和我的不一样（香酥带鱼）。

孩子们不仅介绍了自己喜欢吃的鱼味大餐，还引发了许多话题，如"鱼"从哪里来，"鱼"可以怎么吃。追随幼儿的兴趣，我们开展了一系列如参观菜场、搓鱼丸等有趣的活动。

图10 "海之乐"年味节食鱼

（三）畅玩游戏，让文化教育妙趣前行

大五班的孩子们在走进渔村活动后，在户外游戏中有了出海捕鱼的游戏意愿，于是老师捕捉了孩子们的浓厚兴趣，和孩子们开启了一次精彩的出海捕鱼记。通过自主设计创设渔场环境以及欣赏渔民工作场景等帮助幼儿积累渔民文化的相关经验，从而使幼儿对渔民文化产生更加浓厚的欣赏和探究兴趣。东海大渔场越来越热闹，捕来的鱼怎么办？于是有了海上交易、有了船的分工、有了舟山冷库厂，孩子们的游戏经验一次次得到升级。

图11　东海大渔场

"每一个渔字都是一笔宝贵的遗产，都是渔文化的精神产品"，发扬和创新渔文化是舟山人的目标和方向。优秀传统文化教育既要立足本土，又要放眼中国，我们将继续坚持甄别与明晰在前、思考与践行跟进，让传统文化教育真正做到基于幼儿、融于生活、重在实效。

（朱珊珊　陆旭球　袁芳燕　桑铭蔚　沈吴琼）

梨园童音亮　甬韵乡情长

宁波市海曙区横街镇中心幼儿园

甬剧曾名串客、宁波滩簧，是源于宁波地区、流行于浙江东部的传统地方戏曲，有着深厚的乡土文化底蕴，2008 年被列入第二批国家级非物质文化遗产名录。宁波市海曙区横街镇中心幼儿园开设幼儿甬剧艺术活动始于 2011 年。多年来我园基于儿童视角选择、改编甬剧曲目，设计符合幼儿年龄与学习特点的主题艺术活动，不断构建基于甬剧、萌发乡情的"甬剧·乡情"教育范式，为幼儿提供可依可触的家乡传统文化学习载体，为幼儿链接热爱家乡、情感熏陶的渠道。相关成果先后于 2015 年、2016 年荣获区、市、省教育科学研究规划课题优秀成果一等奖，于 2019 年荣获市教育教学突出成果（基础教育类）一等奖。活动开展期间产生了明显效果和重大影响，幼儿甬剧作品先后两次在中央电视台戏曲频道录播。

"甬剧·乡情"教育活动围绕悦乡音、习文化、善表现三大目标，架构舌尖上的甬剧、指尖上的甬剧、足尖上的甬剧三大板块内容，围绕乡情生发、乡情滋长、乡情根植三大线索，利用三大层面（"竹之韵"甬剧团学习层面、全园普及层面、园外公众展示层面）组织实施，铺垫幼儿对甬剧形式的认同感、助推幼儿对甬剧活动的参与感、酿就幼儿对甬剧情结的自豪感。遵循社会与艺术两大领域教学互生共长的原则，引导幼儿逐步萌发热爱家乡的美好情感，为良好个性品质的形成奠定基础。

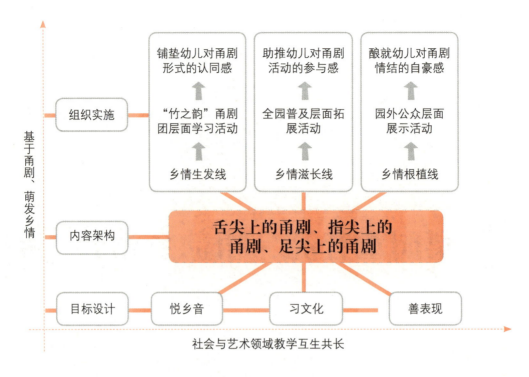

图1 "甬剧·乡情"教育范式

一、资源分析

我园地处宁波偏远山区横街镇。横街镇由近 30 个行政村组成。我园幼儿除了部分外来务工人员子女，大部分来源于这些村落。横街是甬剧发源地之一，部分经典作品或近年作品相继起源或取材于本镇。据不完全统计，我园附近 6 个村庄有老祠堂（内设戏台），几乎每年都会上演甬剧大戏。其他村庄会在文化礼堂或搭建而成的戏台，邀请甬剧团一唱就是三天三夜。每逢这样的时刻，当地民众会携老带小赶集似的前去观看。据调查，我园很多家长都是甬剧戏迷，其中有多位还是表演甬剧的民间高手，他们会在每天晚饭后的露天聚会上吹拉弹唱，使幼儿在其成长的根本性场域里较大程度地受到了本土甬剧文化的陶冶。

我园一直尝试让甬剧成为幼儿进一步了解当地传统文化的载体，成为促进幼儿身心、思维发展的媒介。2011 年 10 月，我园被列为宁波首家幼儿甬剧培训基地，创立"竹之韵"幼儿甬剧团，每周由市甬剧团专业老师来园执教，为幼儿学习甬剧提供了平台。这也为以甬剧为载体帮助幼儿萌发热爱家乡的美好情感开拓了有利条件。

二、目标设计

表1　幼儿甬剧艺术活动目标之"悦乡音"

一级目标	二级目标		三级目标
悦乡音	感受甬剧	小班	1.容易被甬剧好听的旋律、好看的动作所吸引。 2.乐于欣赏与甬剧元素相关的绘画、泥塑等艺术作品。
		中班	1.喜欢倾听甬剧中好听的旋律。 2.能专注观看甬剧演出或甬剧元素作品，有模仿参与的愿望。
		大班	1.感知甬剧旋律的快慢、长短、强弱等变化。 2.积极参与甬剧相关活动，有自己比较喜欢的活动形式。 3.欣赏甬剧相关作品时会产生相应的联想和情绪反应。

表2　幼儿甬剧艺术活动目标之"习文化"

一级目标	二级目标		三级目标
习文化	了解甬剧	小班	1.知道1—2部经典甬剧作品名称。 2.了解简单的甬剧小知识。
		中班	1.观看甬剧时关注其色彩、形态等特征。 2.知道3—4部经典甬剧作品名称。 3.知道简单的甬剧小知识。
		大班	1.知道宁波是甬剧之乡。 2.知道4—5部经典甬剧作品名称。 3.了解甬剧小知识。

表3　幼儿甬剧艺术活动目标之"善表现"

一级目标	二级目标		三级目标
善表现	表现甬剧	小班	1.能模仿甬剧有趣的动作、表情和声调。 2.能涂涂画画、粘粘贴贴甬剧相关元素并乐在其中。
		中班	1.能用自然的声音基本准确地唱出园内自编甬剧曲目。 2.能用舞蹈动作基本准确地表演幼儿园自编甬剧曲目。 3.能运用绘画、手工等表现对甬剧及相关元素的所见所想。
		大班	1.能用基本准确的节奏和音调唱幼儿园自编甬剧曲目。 2.能用协调的舞蹈动作准确表演幼儿园自编甬剧曲目。 3.能用创作的甬剧元素绘画，用绘画作品和手工作品布置环境美化生活。

三、内容架构

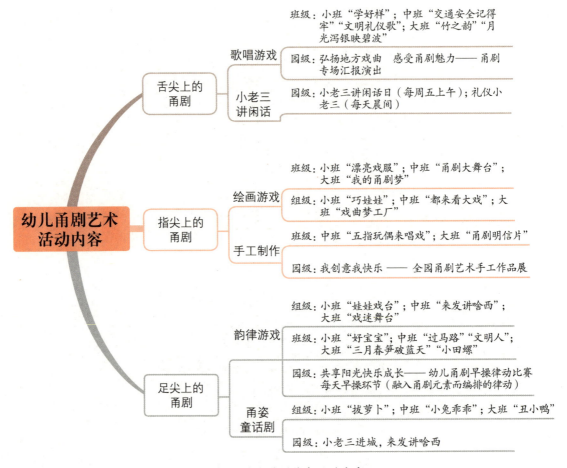

图3 幼儿甬剧艺术活动内容

（一）舌尖上的甬剧

通过改编、创编甬剧歌唱曲目和"小老三讲闲话"等玩舌尖上的甬剧。

编甬剧歌唱曲目，玩舌尖上的甬剧。所采用的一系列甬剧教学曲目，有的根据经典曲目改编而成，更多的是自编幼儿甬剧曲目。其中音乐旋律由宁波市甬剧团专业老师把关设计，歌词由园内教师自创。将自编甬剧歌唱曲目如《学好样》《文明礼仪歌》《竹之韵》等设计到幼儿集体教学活动中和全园综合活动中，使活动内容更为丰富。

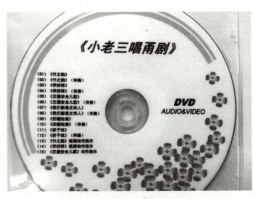

图4 自编幼儿甬剧曲目

激"小老三"：讲闲话，拓舌尖上的甬剧。"小老三"在宁波方言中指聪明可爱、能说会道的小朋友。"小老三讲闲话"重在引导幼儿在平时言语上了解宁波本地方言，激发幼儿对家乡语言的热爱。尤其当下"新宁波人"不断增加，"小老三讲闲话"能作为引导其子女学习宁波话、融入宁波的有力措施。将每周五定为"小老三讲闲话"日。

图5 礼仪小老三用宁波话欢迎问候

每当这天，小朋友、老师都相互用甜脆的方言问候与交流，让全园幼儿就学唱甬剧所要运用的宁波话有更好的基础。"礼仪小老三"则是每天晨间，都有幼儿做礼仪天使，在门口用宁波话欢迎、问候。

（二）指尖上的甬剧

通过创作甬剧绘画作品和制作甬剧手工作品等玩指尖上的甬剧。

创甬剧绘画作品，玩指尖上的甬剧。利用甬剧元素引导幼儿进行绘画创作。在专属甬剧创意汇集室中创设甬剧绘画创作区，提供绘画材料，为幼儿自主性绘画活动提供空间；旁边还设有寓意深远的"梅林照片墙"，用静态墙面图片展现动态甬剧活动，供幼儿模仿、自由绘画。另规划创设"甬剧星大道"，张贴各种幼儿甬剧绘画作品，使幼儿置身于自己参与创作的、浓浓的甬剧艺术氛围中。

制甬剧手工作品，扩指尖上的甬剧。利用甬剧元素引导幼儿进行剪、贴、捏等形式的手工制作。每个教室都有一块"甬剧小天地"，每当区域活动开始，选择该创作区的幼儿便会剪剪贴贴、搓搓捏捏甬剧相关元素并乐在其中。在各班创作的基础上，每学期举行全园甬剧艺术手工作品展，以此不断激发幼儿制作甬剧手工创意作品。

图6 幼儿甬剧绘画作品

图7 幼儿创意泥塑甬剧人物

（三）足尖上的甬剧

通过学跳甬剧旋律舞蹈和编导"甬姿童话剧"等玩足尖上的甬剧。

跳甬剧韵律舞蹈，玩足尖上的甬剧。将甬剧元素有意识地进行取舍、整合，融入幼儿的律动活动。甬剧韵律舞蹈以甬剧动作为基础，以甬剧节奏感训练为中心。编排取材立足于幼儿社会性发展，如动作分化、男女有别甬剧律动之《交通安全记得牢》，情境贯穿、德育渗透甬剧律动之《学好样》，扎根竹乡、特色传承甬剧律动之《竹之韵》。几年来，每年逐一推出自编甬剧曲目，并邀请甬剧团老师与全体教师共同研讨编排动作。

图8　甬剧动作演绎话剧

导甬姿童话剧，阔足尖上的甬剧。将甬姿童话剧，经过舞台（区域）加工和具有甬剧舞蹈特点的歌舞设计，通过演员舞台（区域）表演，呈现观众面前。在引导幼儿进行甬姿童话剧演绎时，注重在动作、舞步中融合甬剧动作要领来展现，用甬剧动作来形象地表达现代孩子的各种日常生活，如背书包、戴小黄帽等，使甬剧舞蹈动作在幼儿心中进一步生根发芽。

四、组织实施

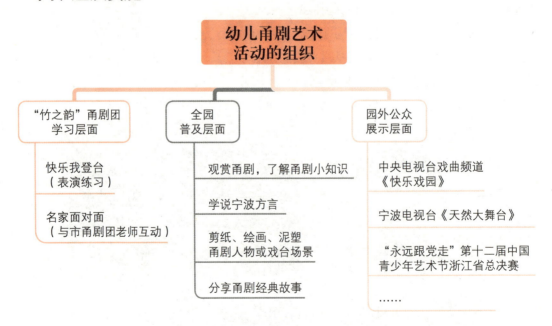

图9　幼儿甬剧艺术活动的组织

（一）乡情生发线 —— 铺垫幼儿对甬剧形式的认同感

主要基于"竹之韵"甬剧团学习层面开展活动。2011年10月，我园成为宁波市首家幼儿甬剧培训基地，便成立了"竹之韵"甬剧团，由著名甬剧艺术家王锦文老师挑选剧团小演员，旨在挖掘幼儿艺术潜能，传承甬剧传统文化。当时第一批学员共18人，在参加面试的34名小朋友（中、大班）中产生。至今已挑选了9批剧团成员。9年来由市甬剧团安排甬剧演员陈珺

图10　每周两次接受市甬剧团老师指导

老师执教，负责幼儿、教师培训工作，并每周开设两次课程，对剧团成员开展甬剧学唱指导。由此生发的系列活动，逐渐让甬剧团成员及全园幼儿近距离认识、接触甬剧艺术，逐步形成对甬剧这一艺术表现形式的认同感。

（二）乡情滋长线 —— 助推幼儿对甬剧活动的参与感

主要基于全园普及层面开展活动。为从多角度培养幼儿对甬剧的感知和体验，激发幼儿参与更多的甬剧相关活动，我们基于舌尖上的甬剧、指尖上的甬剧和足尖上的甬剧三类内容，创设了童声唱甬韵、童影跳甬姿、童笔画甬景、童指创甬作、童言说甬语和童力合甬戏六玩方式来助推幼儿对甬剧活动的参与感。除了唱跳，我们还通过观赏甬剧、了解甬剧小知识，学说宁波方言，

图11　声情并茂唱甬韵

剪纸、绘画、泥塑甬剧人物或戏台场景，分享甬剧经典故事等来达成培养目标。

（三）乡情根植线 —— 酿就幼儿对甬剧情结的自豪感

主要面向园外公众层面开展展示活动。由教育部门、宣传部门、甬剧团等单位安排，利用社区资源，开展慰问演出等活动，增强了幼儿表演甬剧的自信心。

图12　幼儿多次受邀出演甬剧作品

另外组织幼儿参加各类比赛，连续取得不俗成绩。如参加第九届"德艺双馨"中国文艺宁波市总决赛，荣获一等奖（14人），浙江省总决赛，荣获幼儿组2个金奖、8个银奖和4个铜奖（15人）；参加第十届中国青少年艺术节宁波市总决赛，获得集体金奖（18人），浙江省总决赛，获得集体金奖（18人）；参加"永远跟党走"第十二届中国青少年艺术节宁波市总决赛，荣获幼儿组一等奖（11人），浙江省总决赛，荣获个人金奖（15人），同时获团体金奖。一系列可喜的荣誉也逐步生发了幼儿的甬剧情结与自豪感。

图13　幼儿甬剧作品获奖照片

五、亮点分享

（一）各方参与有共识

为全面展现幼儿学习甬剧的风采，加强幼儿对本土戏曲的热爱，幼儿园每年开展甬剧专场汇报演出等大型活动。通过会演，甬剧在幼儿心中生根开花、结出硕果，香飘万里！参与活动的对象包括幼儿、家长、教师、市甬剧团以及其他戏曲进校园的学校小票友，逐渐形成了多方参与的共识。

案例："弘扬地方戏曲·感受甬剧魅力"甬剧专场汇报演出侧记

一年一度的甬剧专场汇报演出又快到来了。以下是我和小朋友的一段对话：

"你们想邀请哪些人来观看或者一起演出？"

"我想邀请爷爷，因为我爷爷也喜欢听甬剧。"

"我要邀请妈妈，妈妈说要在台下给我鼓掌。"

"我能邀请小姨一起演出吗？她唱甬剧可好听了！"

"我要邀请陈老师（市甬剧团专业老师），我觉得陈老师是世界上唱甬剧最好听的人。"

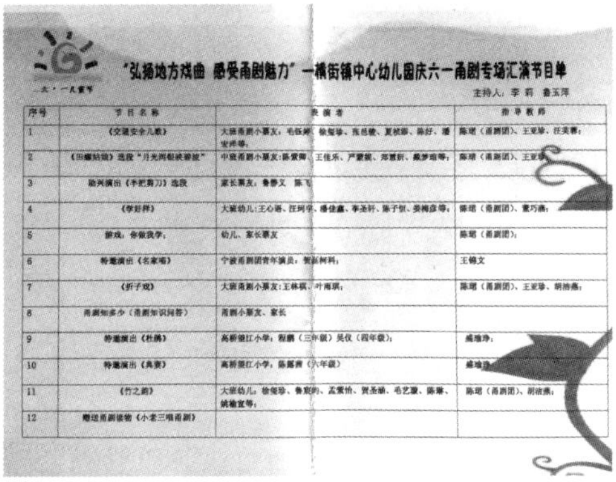

图14　甬剧专场演出节目单

"王老师，我想邀请你，我们一起参加甬剧知识抢答赛好吗？"

……

每年的甬剧专场会演已经成为小朋友心目中的一件盛事。通过甬剧知多少（甬剧知识问答）、快乐我登台（幼儿园小票友表演）、名家面对面（与甬剧团老师互动）、你唱我唱大家唱（邀请家长票友表演唱）等形式，让幼儿与家长、老师一起全方位感受甬剧魅力，弘扬戏曲文化。（大四班王老师记录）

（二）教学对象有突破

首先，幼儿甬剧艺术活动的成功开展突破了本市地方戏曲教学对象的年龄所限；其次，由于外来务工人员即新宁波人不断增加，引导其子女与本地幼儿共学甬剧，突破了地方戏曲教学对象的地域界限，也促进了新宁波人与第二故乡的文化融合。

案例：5岁小娃携甬剧选段上央视

2011年12月我园10名幼儿登上中央电视台戏曲频道《快乐戏园》，向全国观众展现了甬剧《田螺姑娘》选段。其中最小幼儿水淼淼年龄只有 5 岁，成为全场的焦点，大家对其称赞不已。（"竹之韵"甬剧团老师记录）

图15　2012年12月、2015年11月幼儿参加央视戏曲频道演出

（三）活动视角有创新

本活动克服了以往戏曲进校园中基于成人作品即成人视角开展教学的弱点，而是基于儿童视角，不仅创编幼儿甬剧曲目，还从儿童视角解读甬剧经典人物。

案例：泥塑甬剧经典人物：田螺姑娘

今天在开展甬剧人物田螺姑娘的泥塑活动中，我不仅提供了田螺姑娘的甬剧人物形象图片，还提供了真实的田螺供幼儿识别外形，并利用大道具"田螺壳"，请幼儿角色模拟田螺姑娘，体验因担心别人看见而使劲躲进"田螺壳"里的角色情感。在幼儿角色模拟中，我将过程进行录像，结束后将录像回放，供幼儿观赏，并让幼儿讨论该如何更好地表现田螺姑娘不想让别人看见的心情，以

图16　幼儿作品《田螺姑娘》

此不断加深幼儿对自己塑造的角色的情感表达。这样有利于幼儿在泥塑过程中更好地把握塑造对象的明显特征。（中班老师记录）

（四）领域整合有升华

幼儿甬剧艺术活动是对传统戏曲教育"只重表演"的一种跨越，同时也是艺术与社会两大教学领域高度整合的成功样板。一方面，甬剧艺术活动的开展为幼儿提供了热爱家乡的美好情感熏陶渠道；另一方面，爱乡情结的萌发也为当地甬剧文化的传承与发展提供了更广阔的舞台，两者相辅相成，互生共长。

案例: 咿咿呀呀唱甬韵　神气十足现乡彩

今天, 我们班的小朋友特别开心, 因为接到了我们横街镇党委书记爷爷的邀请, 出演甬剧《竹之韵》, 向客人们展示家乡甬剧文化。舞台上, 小朋友们个个精神抖擞, 毫不懈怠, 展示出自己最好的唱功和舞姿, 咿咿呀呀, 你一板我一眼, 多么神气! (大班老师记录)

图17　向客人展现家乡甬剧风采

（钦凯红）

图书在版编目（CIP）数据

我是中国娃 ： 幼儿园传统文化教育活动精选 / 虞莉
莉主编. -- 杭州 ： 浙江教育出版社，2020.12
（幼儿园课程建设实践成果丛书）
ISBN 978-7-5722-1154-6

Ⅰ．①我… Ⅱ．①虞… Ⅲ．①中华文化－学前教育－
教学参考资料 Ⅳ．①G613.2

中国版本图书馆CIP数据核字(2020)第257188号

幼儿园课程建设实践成果丛书

我是中国娃 —— 幼儿园传统文化教育活动精选

WO SHI ZHONGGUO WA——YOUERYUAN CHUANTONG WENHUA JIAOYU HUODONG JINGXUAN

虞莉莉　主编

责任编辑：王　华　　　　　　　　**责任校对：**余晓克

美术编辑：张曲如　　　　　　　　**责任印务：**曹雨辰

封面设计：高　玮

出版发行：浙江教育出版社
　　　　　　（杭州市天目山路40号　电话：0571-85170300-80928）
图文制作：杭州万方图书有限公司
印　　刷：杭州富春印务有限公司

开　　本：787mm×1092mm　1/16　　　**印　　张：**24　**字　　数：**550 000
版　　次：2020年12月第1版　　　　　**印　　次：**2020年12月第1次印刷
标准书号：ISBN 978-7-5722-1154-6
定　　价：63.00元

如发现印、装质量问题，请与本社市场营销部联系。电话：0871-88909719